Hubertus Brantzen

Die sieben Säulen des Priestertums

Vorwort

Vor 50 Jahren ging das Zweite Vatikanische Konzil zu Ende und verabschiedete in seiner letzten Phase so wichtige Dokumente wie „Gaudium et spes“ und „Presbyterorum ordinis“. Am 7. Dezember 1965 stimmte es mit 2390 gegen vier Stimmen dem Dekret über Dienst und Leben der Priester zu, sodass Papst Paul VI. es anschließend sofort promulgierte (Hünermann 2005, 410).

In großer Dankbarkeit dürfen wir auf die Zeit seither zurückschauen. Es gab einen rasanten Wandel in Gesellschaft und Kirche. Die ältere Generation durfte miterleben, wie die Fenster und Türen geöffnet wurde, um die Kirche in eine neue Zeit zu führen. Mit der jüngeren Generation gemeinsam darf sie heute neue Wege in eine gute Zukunft für die Kirche suchen.

Wir erlebten und erleben zwar auch viele Turbulenzen. Doch wen wundert dies, wenn die „Mutter Kirche“ bei der Geburt einer neuen Epoche Wehen erleiden muss (vgl. Röm 8,22). Das Bild von der Geburt sollte uns mahnen, nicht endlos über Schmerzen und Verluste zu klagen, sondern uns über die neue, zukunftsfähige Gestalt der Kirche zu freuen, wie sie sich langsam zeigt.

Bei der Danksagung nach der Priesterweihe formulierte ein Neupriester die Situation so: „Wir danken für unsere Priesterweihe, wenn wir auch noch nicht recht wissen, wie die Seelsorge der Zukunft aussehen wird. Aber wir haben Vertrauen auf Gottes Geist, dass er die Kirche und uns in unserem Dienst führen wird.“ Das sind Worte, die Mut machen und voller Zuversicht die Zukunft willkommen heißen.

Dieses Buch über die sieben Säulen des priesterlichen Dienstes steht ganz unter dem Eindruck der neuen Zeit. Zwar werden um der nüchternen Einschätzung der gegenwärtigen kirchlichen Situation willen auch Widrigkeiten zur Sprache kommen. Doch viel mehr geht es darum, positiv den Blick nach vorn zu wenden, zu bedenken, wie kirchliches Leben und priesterlicher Dienst gelingen können.

Viele Bücher sind in den letzten Jahrzehnten über den priesterlichen Dienst entstanden. Theologische Durchblicke, spirituelle Anregungen und pastoral-praktische Anregungen wurden gegeben, die dieses Buch mit berücksichtigen soll. Doch nicht alles kann eingeholt werden, was viele auf vielen Tausend Seiten zusammengetragen haben.

Die folgende Darstellung der „Sieben Säulen des Priestertums" will den Weg von der erlebten Praxis her gehen. Bewusst wird ein induktiver Weg gewählt – mit den Fragen: Wie erleben die Priester sich selbst und ihren Dienst? Und: Wie werden sie von den Menschen wahrgenommen, für die sie ihren Dienst tun? Diesen Erfahrungen werden jeweils biblische und theologische Aussagen, besonders auch Konzilsaussagen, zugeordnet.

Die „sieben Säulen" gehören zusammen, bedingen einander, greifen ineinander, sind nicht trennscharf zu unterscheiden. Sie sind wie Säulen in kommunizierenden Röhren. Verändert sich der Wasserspiegel in einer der Säulen, so hat das Auswirkungen auf alle anderen. Gibt es positives Wachstum in einer Säule, zieht das Wachstum in den anderen Säulen nach. Gibt es in einer der Säulen einen Absturz des Wasserspiegels, dann ist das Ganze in Gefahr.

Für den Leser werden immer wieder die Fragen im Hintergrund stehen: Wie schätze ich bei mir den Zustand dieser und jener Säule ein? Und: Was möchte ich verändern, was beschleunigen oder was grundlegend umgestalten? Diese Fragen werden bewusst aufgegriffen. Ein Nutzen der Ausführungen wird sich besonders für den Leser einstellen, der sich auf die Fragen und Anregungen einlässt, die hinter vielen Abschnitten zu finden sind. Denn was für das Leben und den Dienst des Einzelnen hilfreich und wichtig ist, muss jeder für sich herausfinden und formulieren.

Darum legen es die folgenden Ausführungen gerade darauf an, Sätze zu provozieren wie „Das und jenes finde ich auch wichtig!" oder „Das sehe ich aber ganz anders!" oder „Das fehlt mir!" Vielleicht entsteht so mittels dieses Buches ein Gespräch, das ein „Priesterbild von unten" entwirft und dadurch in eigener Weise hilfreich sein kann.

Dazu wünsche ich Gottes führenden und inspirierenden Geist!

Hubertus Brantzen

Einführung

Das Bild des Priesters ist über Jahrhunderte, ja über Jahrtausende hinweg gewachsen. Es wurde im Laufe der Zeit durch viele neue Ideen und Erfahrungen angereichert. Das Priesterbild, wie wir es heute durch konkrete Personen in unseren Gemeinden leibhaftig erleben, wurde entscheidend durch die Person Jesu Christi geprägt. Doch die Vorstellungen, was allgemein ein Priester sei, sind einen langen Wanderungspfad durch die Geschichte gegangen, haben alte und neue Aspekte aufgenommen oder verworfen, waren immer im Wandel.

Archaische, mythologische und magische Vorstellungen von dem, der zwischen Gott und den Menschen vermitteln soll, waren und sind durch die Erfahrung Jesu von Nazareth nicht einfach verschwunden. Tief sitzen die Wünsche und Sehnsüchte nach solchen Menschen, die helfen, das Leben zu bewältigen, Schaden und Leid abzuwenden, Heil zu erfahren und eine gedeihliche Zukunft zu sichern. Archetypen wie der Vater, der Retter, der Heros und viele andere kommen zum Tragen.

Diese Vorstellungen gilt es nicht vorschnell als unchristlich oder überholt abzuwehren und abzuwerten. Denn sie sind die psychologische Grundlage dafür, dass den Menschen die eigene Erlösungsbedürftigkeit plausibel und notwendig erscheint. Nur wer von innen heraus erlebt, dass er grundsätzlich und in seinen verschiedenen Lebenssituationen, von der Wiege bis zur Totenbahre, auf Hilfe von Menschen und die erlösende Hilfe Gottes angewiesen ist, kann einen Erlöser und Heiland ersehnen und erhoffen.

Geschichtlich geprägte Priesterbilder

Fragt man Kinder nach dem Erscheinungsbild der Priester im Gottesdienst und im Leben, erhält man unbefangen wohl folgende oder ähnliche, zunächst formal klingende Antworten: „Priester haben besondere Kleider an. Im Gottesdienst tragen sie auch besondere Gewänder und beim Beten heben sie die Arme so nach oben." Und dabei strecken die Kinder ihre Arme in die Höhe.

Für Christian, für Weihbischof Udo
und viele Freunde im priesterlichen Dienst.

Mit einem Dank an die Stiftung Mainzer Priesterseminar
für die freundliche Unterstützung.

Hubertus Brantzen

Die sieben Säulen des Priestertums

FREIBURG · BASEL · WIEN

www.herder.de
Umschlaggestaltung: Finken und Bumiller, Stuttgart
Umschlagfoto: © Harald Oppitz/kna
Satz: Barbara Herrmann, Freiburg im Breisgau
Herstellung: CPI books GmbH, Leck
Printed in Germany
ISBN 978-3-451-34271-4

Inhalt

In der Tat sind das besondere Merkmale. Im Blick auf die Kleidung bestehen zum Beispiel Medienmenschen regelrecht darauf, dass Bischöfe oder Priester im Fernsehen in ihrer Amtskleidung erscheinen. „Ein Feuerwehrmann wird auch nur in seiner Dienstkleidung und mit Helm interviewt, sonst wirkt er nicht authentisch. Das gilt entsprechend für Priester", meinte ein erfahrener Journalist. Das bestätigt auch ein interessantes Spiel unter Priestern, wenn sie von Erfahrungen in Bahn oder Bus berichten: Menschen reagieren auf die priesterliche Kleidung und beginnen plötzlich, aus ihrem Leben zu erzählen. Die Amtskleidung, auch wenn sie nur aus einem Kreuz am Revers besteht, wirkt also. Ein interessanter Nebeneffekt: Der Staat erkennt ganz offiziell die Notwendigkeit der Amtskleidung an. Priester können jährlich zwei schwarze Anzüge als Werbungskosten von der Steuer absetzen.

Was hier fast ein wenig banal klingt, hat einen ernsten Hintergrund: Die Amtskleidung ist ein sozialintegratives Zeichen, das für alle sichtbar eine Sonderstellung und Dienststellung des Priesters ausweist. In allen alten und jüngeren Kulturen sind darum Priester wenigstens bei Kulthandlungen, meist aber auch im Alltagsleben mit besonderer Kleidung ausgestattet. Die Amtskleidung auch im Alltagsleben weist darauf hin, dass der Amtsträger auch außerhalb „seines Dienstes" der ist, der er für die Menschen sein soll. Sein Dienst haftet sozusagen an seiner Person – so im Empfinden der Menschen, die das Gemeinte nicht in theologischen Termini ausdrücken können.

Jene befragten Kinder beschreiben weiterhin als typisches äußeres Merkmal der Priester im Gottesdienst die Orantenhaltung bei den amtlichen Gebeten. Immer wieder kann man beobachten, wie gerade Kinder in Nachahmung des Zelebranten beim Gebet die Arme erheben. Auch hier handelt es sich um ein universales Phänomen, das so alt ist wie die Menschheit, die eine größere Macht über sich spürt. In dieser Haltung stand schon der Schamane vor den Mächten der Natur oder den Ahnen. Bereits 3000 Jahre vor Christus stand so der ägyptische Priester vor seiner Gottheit, um Heil und Segen zu erflehen.

Intuitiv wird das Göttliche über den Menschen vermutet. Wie ein Kind, das hilfesuchend seine Arme vor seinem Vater oder seiner Mutter ausstreckt, streckt auch der betende Mensch vor seinem Gott die Arme aus, um ihn zu loben und zu preisen, seine Größe zu rühmen und Heil zu erflehen. Unabhängig von christlichen, theologischen und liturgischen Begründungen steckt der Drang, uns so an ein Größeres über uns zu wenden, gleichsam in unseren Genen.

Diese religionsgeschichtliche Erkenntnis bedeutet nun keine Abwertung dieses Rituals. Im Gegenteil: Es weist darauf hin, dass die Art und Weise dieser Gebetsform keine theoretisch konstruierte ist, sondern das aufnimmt, was an religiösem Urgestein in der menschlichen Seele ruht. Es ist eine Bestätigung, dass diese Gebetshaltung „richtig" ist.

Wandlungen im Priesterbild

Diese Beispiele mögen verdeutlichen, dass im heutigen Bild des Priesters viele inhaltliche und formale Aspekte aus einer langen Religions- und Kirchengeschichte zusammenfließen. Es gilt, sich zu Beginn der Überlegungen zu vergegenwärtigen: Das Bild des Priesters, seiner Aufgaben, seiner äußeren Erscheinung und seines Selbstverständnisses unterliegt Entwicklungen und Beeinflussungen – und das darf so sein. Der Presbyter in den ersten Jahrhunderten des Christentums hatte andere Merkmale als ein Leutepriester im Mittelalter, der Pfarrer in der Neuzeit oder der Pastor in unseren Tagen.

Doch nicht nur die großen Zeitabschnitte verweisen auf Wandlungen. Die Älteren können heute recht genau beschreiben, wie sie in ihren Kindertagen den „hochwürdigsten" Herrn Pfarrer ihrer Pfarrei erlebten und wie sie heute den Priester in ihrer Gemeinde verstehen.

Neben dieser diachronen Betrachtung entlang der Kirchengeschichte weist auch eine synchrone auf die Vielfalt und den Wandel des Priesterbildes hin. Quer durch die heutigen Ortskirchen in verschiedenen Kulturen und Riten lassen sich eine Vielzahl und eine Ungleichzeitigkeit der Priesterbilder erkennen. Die große Zahl von ausländischen Priestern in unseren Bistümern, besonders aus Polen und Indien, lässt erleben, wie unterschiedlich das Selbstbild und die Selbsteinschätzung der Priester sein können.

Hinzu tritt die unterschiedliche Lebensform der Priester heute im Gesamt der Weltkirche. Bei einem Besuch im irakischen Basra stellte der chaldäische Erzbischof voll Freude den neben ihm sitzenden Bischofssekretär vor. Der 35-Jährige, schwarz gekleidet und mit Kollar, war verheiratet und hatte drei Kinder. Der Erzbischof kommentierte: „Es geht ausgezeichnet!" Die anwesenden 17 deutschen Pfarrer lachten verständnisvoll, aber auch ein wenig angestrengt. Wie sehr unterscheidet sich das Priesterbild des verheirateten vom zölibatär lebenden Priestern – nicht theologisch, sondern bezüglich der erlebten Praxis des priesterlichen Lebens und in der Außenansicht durch die Gläubigen!

Ein weiterer Aspekt: Die Priester in unseren Breiten erleben gegenwärtig einen Umbruch ihrer eigenen Selbstbilder. Viele beschreiben es so: „Ich bin auf diesen Beruf zugegangen in der Vorstellung ‚Ich und meine Gemeinde!'. Doch inzwischen habe ich mehrere Gemeinden zu betreuen und zu leiten. Ich entwickle mich immer mehr zu einem Manager mit großen Verwaltungsaufgaben. Zuvor hatte ich drei Gemeinden, die ich noch auf die Reihe bekam. Jetzt habe ich bereits fünf und das Problem, mir die Namen der Ehrenamtlichen zu merken."

Im Alltagsleben eines solchen Priesters spielen hehre Gedanken über das Priestersein kaum eine Rolle. Für ihn heißt es, Tag für Tag seine acht Kindergärten zu managen, zwischendurch die Kasualien gut zu gestalten, die Gottesdienste würdig zu feiern und vieles andere zu bewältigen. Eine gewisse Atemlosigkeit entsteht, und die existenzielle Frage wird bei vielen lauter: Wer bin ich eigentlich? Und will ich das alles, was ich tue, eigentlich wirklich?

1.

Erste Säule: Mensch sein

Vielleicht mutet Menschsein als erste Säule des Priestertums sehr einfach an, vielleicht zu einfach. Ja, ja, Mensch sein und Mensch bleiben ist natürlich auch ein Thema! Aber es als spezifisch für das Priestersein hochzustilisieren, mag dann doch etwas übertrieben erscheinen!

Bei genauerem Hinschauen wird jedoch deutlich: Genau dieses Menschsein ist die „Materie" des Priesterseins. Über Christus-Repräsentation, über christologische, ekklesiologische und pneumatologische Begründungen des geistlichen Amtes kann man erst im Hinblick darauf sprechen, dass da ein Mensch aus Fleisch und Blut, mit einer persönlichen Geschichte und spezifischen Eigenschaften in Dienst genommen wird. Das Menschsein des konkreten Amtsinhabers trägt wesentlich dazu bei, wie er dieses Amt ausübt und ob das Zeichen seines Dienstes von den Menschen verstanden und angenommen wird.

Eine Gegenprobe zu dieser Überlegung liefert das Gespräch mit Menschen aus den Gemeinden. Fragt man Gemeindemitglieder danach, wie sie ihren Pfarrer erleben, geben sie z. B. selten über dessen theologische Qualifikation Auskunft. Eigentlich ärgerlich, wenn man bedenkt, dass alle Priester mit großem Einsatz ein theologisches Diplom erworben haben. Stolz darauf führen sie in manchen Ländern sogar ihren „Magister" vor dem Namen. Auch der „Dr. theol." beeindruckt die Menschen offenbar nicht sehr.

Öfter wird genannt, dass ein Pfarrer gut predigt – wenn er dies denn wirklich tut. Dabei bleibt zunächst offen, was eine gute Predigt ist. Wenn ein Pfarrer eher ein mittelmäßiger Prediger ist, wird interessanterweise dieser Umstand selten genannt.

Was aber alle interessiert: Wer ist unser Pfarrer als Mensch? Geht er auf die Menschen zu? Hat er ein Ohr für unsere Anliegen? Versteht er uns und kann er mitempfinden, wie wir leben? Lebt er mit uns? Und wenn er gar am Ende des Gottesdienstes nach „evangelischer Art" an der Kirchentür steht, um die Menschen per Handschlag zu begrüßen, dann sind die mäßige Predigt und viele andere Missgeschicke nicht mehr so wichtig.

Das höchste Lob für einen Pfarrer lautet etwa so: „Also unser Pfarrer ist ein guter Kerl!" „Unser Pastor ist ein lieber Mensch!" „Unser Pfarrer hat ein Herz für die Menschen!" Wer als Priester direkt oder öfter indirekt mit solchen Einschätzungen bedacht wird, der ist ein Priester nach dem Herzen der Menschen und wohl auch nach dem Herzen Gottes. Er kann vieles falsch machen und wird dennoch die Achtung und Liebe seiner Gemeindemitglieder bewahren.

So ist es wichtig, zuerst über das Menschsein des Priesters zu sprechen, damit nicht ein theologisch-spiritueller Überbau entsteht, den nur die theologischen Spezialisten verstehen.

Das Dekret „Presbyterorum ordinis" Nr. 3 fordert im Blick auf das Menschsein, dass die Priester nur dann wirkliche Hirten ihrer Gemeinde sein können, wenn sie um das Leben der Menschen wissen:

> *„Die Priester des Neuen Testamentes werden zwar aufgrund ihrer Berufung und Weihe innerhalb der Gemeinde des Gottesvolkes in bestimmter Hinsicht abgesondert, aber nicht um von dieser, auch nicht von irgendeinem Menschen, getrennt zu werden, sondern zur gänzlichen Weihe an das Werk, zu dem sie Gott erwählt hat. Sie könnten nicht Christi Diener sein, wenn sie nicht Zeugen und Ausspender eines anderen als des irdischen Lebens wären; sie vermöchten aber auch nicht den Menschen zu dienen, wenn diese und ihre Lebensverhältnisse ihnen fremd blieben. Ihr Dienst verlangt in ganz besonderer Weise, dass sie sich dieser Welt nicht gleichförmig machen; er erfordert aber zugleich, dass sie in dieser Welt mitten unter den Menschen leben, dass sie wie gute Hirten ihre Herde kennen und auch die heimzuholen suchen, die außerhalb stehen, damit sie Christi Stimme hören und eine Herde und ein Hirt sei."*

Diese Aussagen könnten zunächst den Verdacht nahelegen, dass Priester eigentlich für sich diesen Weltbezug nicht bräuchten, sondern sich nur um ihres Dienstes willen mit der Welt und dem Menschlichen befassen sollten. Dabei scheint weniger an den notwendigen Abstand etwa eines Beraters oder Therapeuten zum Klienten, ohne den eine wirkliche Hilfe nicht möglich wäre, gedacht zu sein. Hier wird Priestersein offenbar verstanden als ein Herausgehoben-Sein aus dem Menschlichen. Die Forderung, mit den Menschen zu leben, erscheint gleichsam nur als eine didaktische Notwendigkeit.

Doch dann spricht der Text weiter:

> *„Dabei helfen ihnen gerade jene Eigenschaften viel, die zu Recht in der menschlichen Gesellschaft sehr geschätzt sind: Herzensgüte, Aufrichtigkeit, Charakterfestigkeit und Ausdauer, unbestechlicher Gerechtigkeitssinn, gute Umgangsformen und Ähnliches, das der Apostel Paulus empfiehlt: ‚Was wahr ist, was ehrwürdig und recht, was lauter, liebenswert und ansprechend, überhaupt was Tugend und Lob verdient, darauf seid bedacht‘ (Phil 4,8).“*

Hier geht es dann doch um ganz menschliche Eigenschaften, die nicht nur aus didaktischen Gründen zu erwerben sind, sondern die der Seelsorger als Habitus mitbringen soll. Und diese Eigenschaften haben etwas zu tun mit seinem persönlichen Werdegang, mit seiner Herkunftsfamilie, mit seinen Lebenserfahrungen, mit der Qualität seiner Persönlichkeit.

Menschliche Eigenschaften und seelsorglicher Auftrag

In der Erzählung vom Gang der Jünger nach Emmaus kommt genau dieser Zusammenhang von menschlichen Fähigkeiten und seelsorglicher Praxis zum Tragen. Jesus Christus selbst zeigt sozusagen modellhaft, was Seelsorge bedeutet, und leitet seine Jünger durch sein Vorbild an, wie Menschsein unter Menschen seelsorgliches Handeln bestimmt.

Jesus sucht zuerst und grundlegend für die Begegnung mit den Menschen deren Nähe und Gemeinschaft.

> *„Am gleichen Tag waren zwei von den Jüngern auf dem Weg in ein Dorf namens Emmaus, das sechzig Stadien von Jerusalem entfernt ist. Sie sprachen miteinander über all das, was sich ereignet hatte. Während sie redeten und ihre Gedanken austauschten, kam Jesus hinzu und ging mit ihnen. Doch sie waren wie mit Blindheit geschlagen, sodass sie ihn nicht erkannten. Er fragte sie: Was sind das für Dinge, über die ihr auf eurem Weg miteinander redet?“ (Lk 24,13–17).*

Die Begegnung der beiden Jünger mit dem Auferstandenen ist ein sprechendes Beispiel dafür, wie Jesus als Seelsorger mit den Menschen umgeht. Er kommt nicht als einer daher, der alles weiß und Fragen beantwortet, die nicht gestellt sind. Er ist zuerst einer, der sich zu den beiden Jüngern auf ihrem Weg gesellt. Vor allem Reden und Wissen steht die Gemeinschaft, die communio, mit den Menschen. „Er kam hinzu und ging mit ihnen."

Dieses Mitgehen ist mehr als nur Kontaktaufnahme. Es ist mehr als nur zwangsläufig anwesend sein zu müssen bei Menschen, mit denen man reden will. Wer ein Stück des Weges mit einem anderen geht, lässt sich innerlich auf ihn ein, will an seinem Leben Anteil nehmen.

Als Mitgehender ergreift Jesus selbst nicht gleich das Wort, sondern will, dass die beiden Jünger ihre offensichtliche Sorge selbst formulieren. Das erinnert an viele Situationen im Wirken Jesu, in denen er, der eigentlich weiß, was die Betroffenen benötigen, fragt: „Was willst du, das ich dir tun soll?"

Dieses Vorgehen beruht auf der durchaus psychologischen Einsicht: Nur was ein Mensch selbst als Anliegen, Freude oder Leid formuliert, was er beim Namen nennen kann, ist er bereit anzuschauen, zu bearbeiten, zu bewältigen.

Die Formulierung des Anliegens ist aber nicht nur für den wichtig, der das Anliegen vorträgt. Sie ist auch für den notwendig, der fragt: „Wie geht es dir?" Nur so kann er eine wenigstens anfanghafte Gewissheit erwerben, was das angesprochene Problem ist. Sonst bliebe ihm nur die Möglichkeit, aufgrund der Gestik und Mimik des anderen zu interpretieren, was ihn wohl umtreibt – wie etwa das traurige Gesicht der Emmausjünger. Der ausgesprochene Wunsch oder das beim Namen genannte Problem ist die Voraussetzung, dass ein Gespräch gelingen und wirklich hilfreich wirken kann.

Qualifikationen zum Mitgehen des Weges

Damit sind menschliche Qualitäten angesprochen, ohne die der Priester seinen seelsorglichen Dienst nicht erfüllen kann. Eine erste Qualifikation ist die Fähigkeit, für ein Gespräch und einen gemeinsamen Weg in guter Weise Verbundenheit zu signalisieren und zugleich Unabhängigkeit einzuhalten. Es gilt, die rechte Nähe und die notwendige Distanz einschätzen zu können. In der Emmauserzählung wird das rechte Verhältnis von beiden dadurch deutlich, dass Jesus einerseits sich mit auf den Weg der Jünger macht, zugleich den beiden aber die Freiheit gibt, selbst ihre Betroffenheit von den Ereignissen um den Tod ihres Herrn zu formulieren.

Auf Grundbedürfnisse achten

Zwei Grundbedürfnisse der Menschen sind also in einer Weggemeinschaft zu beachten: das Bedürfnis, Verbundenheit mit dem anderen zu zeigen, und das Bedürfnis, trotz der Nähe die eigene Unabhängigkeit zu bewahren. Die Realisierung dieser Bedürfnisse wird in der Regel nicht thematisiert, sondern läuft unbewusst ab. Darum gilt es, im seelsorglichen Mitgehen eines Weges bewusst einerseits diese Verbundenheit anzubieten, andererseits dem Begleiteten alle Freiheit zu lassen, wie sehr er sich im Gespräch öffnen möchte.

Heute spricht man gerne von einem Verhältnis auf Augenhöhe. Diese Art des Umgangs verzichtet auf jede Art von Machtausübung, sowohl im Wort als auch emotional. Es wird keine Unterordnung, bewusst oder unbewusst, eingefordert, etwa nach dem Motto: „Ich weiß schon, wie ich dich führen muss." Wichtig sind dagegen Zeichen und Worte echter Solidarität und gleichrangiger Gefährtenschaft.

In diesem Miteinander gibt es geschlechtsspezifische Eigenheiten. Frauen haben in der Regel ein höheres Bedürfnis nach Verbundenheit, Männer betonen dagegen eher ihre Unabhängigkeit. Frauen drücken ihre Wünsche oft mehr in einer indirekten Sprache aus, Männer steuern oft eher direkt auf ihr Gesprächsziel hin.

☞ Darum sind wichtige Fragen des Seelsorgers:
Wie erlebe und lebe ich persönlich die Spannung von Verbundenheit und Freiheit?
Kann ich anderen meine Begleitung anbieten, sodass bei ihnen eine echte, menschliche Verbundenheit ankommt, zugleich ihnen aber deutlich wird, dass sie sich nur soweit zu offenbaren brauchen, wie sie es möchten?

Diese Freiheit im Gespräch und in der Weggemeinschaft kann ich aber nur dann gewähren und realisieren, wenn ich sie selbst in den Situationen und Lebensphasen, die ich durchlebt oder durchlitten habe, erfahren habe. Hier handelt es sich um eine Gabe oder eine Hypothek, die ich besonders aus meinem Elternhaus mitbekommen habe. Verbundenheit und Unabhängigkeit wurden dort Tag für Tag erlebt und eingeübt. Die Art und Weise, wie zu Hause diese Spannung gelebt wurde, erzeugte in mir das bleibende Gefühl: So funktionieren Beziehungen und Begegnungen mit Menschen.

Grundhaltungen üben

Neben der Notwendigkeit, die Grundbedürfnisse von Verbundenheit und Unabhängigkeit zu beachten, kommt es in der Wegbegleitung wesentlich auf Grundhaltungen an, die der Begleiter und Seelsorger sein Eigen nennen muss.

Authentizität

Die wichtigste Grundhaltung ist die der Echtheit oder Kongruenz. Das, was der seelsorgliche Begleiter sagt und wie er es sagt, muss er in Übereinstimmung mit sich selbst sagen. Echt und unverstellt soll die Begleitung verlaufen. Das kann nur geschehen, wenn er es aus dem Inneren seiner Person heraus tun kann.

Die Gläubigen einer Gemeinde spüren sehr genau, ob ihr Pfarrer wirklich bei ihnen angekommen und nun mit ihnen auf dem Weg ist. Sie spüren sehr genau, wie sehr die Gemeinde als Ganze, ihre Gruppen, wie sehr die Einzelnen ihm am Herzen liegen.

Umgekehrt bemerken die Gläubigen auch, wenn ihr Pfarrer nur in Pflichterfüllung seinen Dienst tut. Wenn er z. B. immer wieder zitiert, wie er in seiner früheren Gemeinde so gut zurechtkam, oder wenn er betont, der Generalvikar habe ihn gebeten, die Gemeinde zu übernehmen, dann entsteht bei den Gemeindemitgliedern bald eine Ungewissheit, ob er wirklich gerne hier ist.

☞ Daraus ergibt sich die Anforderung an einen Seelsorger, in Abständen neu zu überprüfen:

Stimmt der Dienst, den ich versehe, wo ich ihn und wie ich ihn versehe, tatsächlich mit dem überein, was ich von innen heraus möchte?

Diese innere Übereinstimmung und Authentizität bezieht sich nicht auf aktuelle oder auch längerfristige Probleme, wie sie sich in einer Gemeinde oder Aufgabe ergeben können. Unstimmigkeiten und Konflikte gibt es in allen Dienstfeldern. Die Notwendigkeit, echt und authentisch da zu sein und zu handeln, bezieht sich auf das grundsätzliche Ja zu einer Aufgabe. Wichtig ist die Erfahrung, sie von innen heraus, gerne, mit Motivation und Mut hier, mit dieser Gemeinde und mit diesen konkreten Menschen angehen zu können.

Dabei kann der dem Bischof versprochene Gehorsam eine Falle darstellen. Jenes Gehorsamsversprechen in der Stunde der Weihe bedeutet nicht, bei der Übernahme einer neuen Aufgabe die Stimme des eigenen Inneren außer Acht lassen zu müssen. Authentische Übernahme einer Aufgabe erfordert geradezu das Gespräch darüber, ob diese Aufgabe zu mir passt. Bin ich der Überzeugung, dass dies nicht der Fall ist, muss ich laut und deutlich meine Vorbehalte sagen. Erst am Ende eines guten Entscheidungsprozesses, in dem der gute Wille aller deutlich geworden ist, kann ein in Freiheit gesprochenes authentisches Jawort stehen, auch zu einer Aufgabe, die mir zunächst erschien, als wäre sie nicht angemessen oder nicht von mir zu bewältigen.

Niemand sollte sich überschätzen und meinen, er könne aus einer Spiritualität leben, welche die eigene, innere Stimme nicht benötigt oder nicht zu beachten braucht. Umgekehrt gehört es gerade zu einer reifen Spiritualität, jenen Satz auszusprechen, der am Anfang des Neuen Testamentes bei der Verkündigung einer zentralen Aufgabe in der Heilsgeschichte gesprochen wurde: „Wie soll das geschehen?"

Kann dieses grundsätzliche Ja zu einer Aufgabe nicht gesprochen werden, setzen sich oft ein Groll, eine Unzufriedenheit oder gar ein Widerwille fest, die sich wie ein Grauschleier über alle Einzeltätigkeiten legen. Der emotionale Aufwand, davon abzusehen, um den Menschen vor Ort gerecht zu werden, ist dann enorm.

Wertschätzung

Eine weitere Grundhaltung eines Wegbegleiters ist die unbedingte und uneingeschränkte Wertschätzung der Person, die der Seelsorger begleitet. Diese Art der Wertschätzung bedeutet: dem anderen entgegenzukommen, ihm alle Freiheit zu lassen, ihn nicht zu vereinnahmen, ihn nicht einzuschränken in seinen Äußerungen, seine Aussagen nicht zu beurteilen.

Das Gefühl, von einem anderen Menschen wertgeschätzt zu sein, verträgt weder eine patriarchalisch herablassende Art, noch Sentimentalität, noch eine Freundlichkeit oder Liebenswürdigkeit, die nur oberflächlich wäre. Alles, was in der pastoralen Aus- und Weiterbildung für eine gelingende Gesprächsführung erarbeitet wurde, ist hier wichtig.

Das bedeutet nicht, allem, was der Begleitete sagt, inhaltlich zustimmen zu müssen. Gerade aufgrund von Fragen oder gar von Widerspruch kann der andere genauer sein Thema finden und formulieren. Doch bei allem muss der Weggefährte spüren, dass die grundlegende positive Beziehung der Wertschätzung nicht gefährdet ist. Die klassische Unterscheidung von der Person und ihrer Tat kommt hier voll zum Tragen.

☞ Es ist eine Frage des Menschenbildes, mit welcher Haltung ich anderen begegne. Wenn ich der Überzeugung sein kann, dass Gott mit dem anderen bereits auf dem Weg ist – Gott also vor dem „Missionar" bereits angekommen ist –, dann werde ich ihm mit Ehrfurcht begegnen, ihn mit Liebe anhören. Die verworrensten Biografien und schurkischsten Lebensgeschichten können dann nicht daran hindern, in anderen Menschen das Kind Gottes, den Bruder und die Schwester auf dem Weg zu entdecken.

Ein solches bedingungsloses Akzeptieren der Person setzt voraus, dass ich selbst mich in dieser Weise akzeptiert erlebe. Und hier entstehen Fragen wie:

Bei welchen Menschen konnte ich selbst die Erfahrung machen, bedingungslos angenommen und wertgeschätzt zu sein?
Bei welchen Menschen würde ich diese Wertschätzung auch dann noch erwarten, wenn ich ihnen meine dunklen Seiten offenbaren würde, wenn ich das sagen würde, was ich als geheim in meinem Inneren zurückhalte und verschließe?

Oder umgekehrt:

Was versuche ich im Geheimen zu halten, damit mein Ansehen nicht leidet?
Mein Ansehen vor der Gemeinde?
Mein Ansehen vor dem Bischof und seinen maßgeblichen Mitarbeitern?
Mein Ansehen vor Mitbrüdern und Freunden?

An diesem Punkt wiederum zeigt sich, wie sehr Menschen- und Gottesbild ineinander verwoben sind. Denn diese Frage schließt sich an:

Kann ich mich vor Gott völlig bloßstellen und dennoch an seine uneingeschränkte Wertschätzung glauben?

Empathie

Eine dritte Grundhaltung in der Wegbegleitung eines Menschen ist das einfühlende Verstehen, die Empathie. In der Emmauserzählung kommt diese Fähigkeit Jesu schon darin zum Ausdruck, dass Jesus die Betroffenheit der beiden Jünger bemerkt, diese anspricht und ihr dann einen breiten Raum gibt. Das Lukasevangelium schildert diese Betroffenheit in sieben Versen – das ist der weitaus längste inhaltliche Abschnitt der Erzählung. Jesus lässt die Erlebnis- und Gedankenwelt der Jünger auf sich wirken, fühlt sich in die Not der beiden ein. Er hört mehr als die gesprochenen Worte, fühlt hinter diesen die Sorge und die Angst. Er erfasst deren emotionale Bedeutung.

Erst dann beginnt er mit einer Erklärung: „Wusstet ihr nicht …?“ Doch auch bei seinem Angebot der Erklärung aus den Worten der Propheten lässt er Freiheit. Ihm ist klar, dass die beiden immer noch nicht verstehen. Am Ende seiner Erklärungen und am Ziel des Weges tut er so, als wolle er weitergehen. Freiheit geht für ihn über alles. Erst als im Fortgang der Erzählung Kommunikation in Kommunion übergeht, begreifen die Jünger, wer zu ihnen spricht und was er spricht.

Viele Entwicklungspsychologen bezweifeln, dass man Empathie im Erwachsenenalter erlernen kann. Sie vermuten, dass der Mensch entweder im frühen Kindesalter diese Fähigkeit erworben hat, oder später nur Techniken erlernen kann, um gleichsam so zu tun, als sei er emphatisch. Alle in der Gesprächsführung erlernten Regeln – aktives Zuhören, Zusammenfassen, offene Fragen stellen oder Rückmeldungen von Gefühlen geben u. a. – wirken nur bedingt, wenn nicht Empathie als Grundhaltung dem Gespräch zugrunde liegt.

☞ Hier schließen sich viele Fragen an:
Wem habe ich mein Gespür für andere Menschen zu verdanken?
Wann konnte ich im Laufe meiner persönlichen Geschichte die Erfahrung machen, dass sich jemand in meine Gedanken- und Vorstellungswelt gut einfühlen konnte?
Was habe ich von diesen Menschen Wichtiges für meinen seelsorglichen Beruf gelernt?
Im Blick darauf, dass ich mein ganzes Leben, meine Existenz der Seelsorge verschrieben habe, schließt sich die Frage an:
Bei wem von den Verantwortlichen in der Kirche und in meinem Bistum spüre ich jenes einfühlende Verstehen?
Oder habe ich an manchen Stellen eher das Gefühl, dass meine Anliegen nur technisch abgehandelt werden?

Nicht nur eine Frage der Professionalität

Wenn man diese Überlegungen an sich vorüberziehen lässt, mag die Frage aufkommen, ob das Gesagte wirklich zu einer eigenen Säule des Priestertums gehört. Handelt es sich dabei nicht einfach um notwendiges „Handwerkszeug" für die Ausübung eines seelsorglichen Berufs? Sind das nicht Grundeinsichten, die genauso für alle anderen pastoralen Berufe, ja darüber hinaus für Sozialarbeiter, Ärzte und Therapeuten gelten?

Ja, das ist so. Es stimmt aber auch, dass genau dieses „Handwerkszeug" die tägliche Arbeit wesentlich beeinflusst. Nicht nur deshalb, weil durch eine professionelle Gesprächsführung die seelsorgliche Wegbegleitung besser gelingt, sondern weil davon, wie an einigen Punkten klar wurde, die eigene Persönlichkeit wesentlich bestimmt ist.

So ist die Rede über Menschsein nicht nur ein untheologisches Vorgeplänkel, ein Vorfeld des eigentlichen Priesterseins. Vielmehr ist es der Stoff, aus dem ein Priester besteht – auch besteht! Das mag ein wenig locker klingen. Doch wenn ein Priester ehrlich bedenkt, womit er es tagtäglich zu tun hat, wird er sich eingestehen müssen: Genau das macht die kleinen und großen Anstrengungen, die Freuden und Leiden der seelsorglichen Arbeit aus: mit den „Menschlichkeiten" der anderen und mit den eigenen umzugehen, diese auszuhalten, zu ergänzen, in ihnen das Positive zu entdecken.

Schöpfungstheologische Perspektive

Dieses Menschsein hat der Priester mit allen gemeinsam. Diese Erkenntnis eigens zu betonen ist nicht banal. Besonders deshalb, weil in der theologischen Diskussion über das priesterliche Amt nicht selten eine deutliche Unterscheidung, Trennung, Abhebung des Priesters von allen anderen betont wird. „Aus den Menschen genommen" erhält dann allzu oft die Konnotation, dass sich der Priester durch seine Weihe irgendwie von den Menschen entfernt, dass er das Menschsein hinter sich lässt, dass dieses Menschsein überboten und darum zweitrangig wird. Wer innerlich diese Vorstellung pflegt, entfernt sich mit der Zeit tatsächlich von den Menschen.

Entgegen diesen oder ähnlichen Vorstellungen hat die Vorstellung, gemeinsam mit allen anderen Menschen unterwegs zu sein, eine tiefe spirituelle Dimension. Mit allen Menschen steht auch der Priester unter der Beurteilung Gottes am sechsten Schöpfungstag (Gen 1,31): „Gott sah alles an, was er gemacht hatte: Es war sehr gut."

Ist es nicht eine überaus emotionale Erfahrung und tröstliche Erkenntnis, mit allen Menschen, die Gott in dieser Weise qualifiziert, gemeinsam in dem einen großen Boot der Menschheitsfamilie zu sitzen? Ist es nicht eine bergende Vorstellung, in dieser Familie ein Zuhause zu haben, aufgehoben und geliebt zu sein?

Natürlich beinhaltet dieses Menschsein auch die Gefahr, von verbotenen Äpfeln zu essen. Es birgt die Gefahr, sein zu wollen wie Gott, die eigenen Fähigkeiten und Talente in eine Richtung zu lenken, die gegen das Menschsein verläuft. Darum ist der Priester mit allen anderen gemeinsam auf die Barmherzigkeit der Menschen und die Barmherzigkeit Gottes angewiesen.

Christologische Perspektive

Gerade dieser letzte Aspekt ist der Grund, warum Gott für seine für die Sünde anfällige Schöpfung eine neue Initiative ergreift. Gott selbst lässt sich in seinem Sohn Jesus Christus auf dieses Menschsein ein. Jesus Christus, „geboren von der Frau und dem Gesetz unterstellt" (Gal 4,4), ist sich nicht zu schade, Mensch zu sein. Es ist das ganze Menschsein, von Empfängnis und Geburt bis hin zum Tod, das Jesus Christus ausschöpft. Dieses Menschsein ist kein Vorfeld seiner Sendung, vielmehr ereignet sich diese Sendung, die Versöhnung der Menschen untereinander und mit Gott zu bringen, in diesem Menschsein. „Wir haben ja nicht einen Hohenpriester, der nicht mitfühlen könnte mit unserer Schwäche, sondern einen, der in allem wie wir in Versuchung geführt worden ist, aber nicht gesündigt hat" (Hebr 4,15).

☞ Wenn man sich auf diese gedankliche, theologisch-spirituelle Spur begibt, dann fallen viele weitere Argumente und Dimensionen auf, die hier nicht genannt zu werden brauchen. Vielleicht können sie aber Fragen zur persönlichen Betrachtung aufwerfen:
Sehe ich spontan in Jesus Christus eher den Erlöser, den Herrn, den Hohenpriester und weniger den Menschen – ohne diese voneinander trennen zu wollen?
Was bedeutet das Menschsein Jesu für meine eigene Spiritualität?
Wie ordne und interpretiere ich für mich die Aussage „Aus den Menschen genommen, für die Menschen bestellt"?

Wie kann ich in mir selbst ein Gefühl der Geborgenheit in der Menschheitsfamilie zulassen und eine Solidarität mit den Freuden und Leiden dieser Familie entwickeln?

Beziehungsmotive des Menschen

Wenn darum Mensch zu sein tatsächlich als eine erste Säule des Priestertums bejaht werden kann, ist es auch möglich und sinnvoll, weitere Perspektiven dieses Menschseins mit Blick auf das Leben des Priesters auszuloten. Das soll im Folgenden durch die Betrachtung von Beziehungsmotiven, die jeder Mensch sein Eigen nennt, geschehen.

Die oben bereits erläuterten beiden Grundbedürfnisse von Verbundenheit und Unabhängigkeit bilden dabei eine Hintergrundfolie. Sie entfalten sich in Motiven und Beweggründen, warum Menschen überhaupt Beziehungen miteinander eingehen: Menschen wünschen sich auf dem Grund ihrer Seele Anerkennung, Wichtigkeit, Verlässlichkeit, Solidarität, Autonomie und Grenzen.

Die folgenden Überlegungen beziehen sich auf das, was Rainer Sachse in seiner Schrift „Therapeutische Beziehungsgestaltung" (Göttingen u. a. 2006) ausgeführt hat.

In der Entwicklung eines Menschen läuft diese Erfahrung ab: Damit jene Bedürfnisse befriedigt werden, geht der Mensch, vom jüngsten Lebensalter an, Beziehungen mit anderen Menschen ein. Macht er in diesen Beziehungen die Erfahrung, dass er z. B. Anerkennung durch den anderen erhält, entwickelt sich in ihm das Lebensgefühl: Es lohnt sich, in Beziehungen zu investieren, denn in diesen Beziehungen wird mein Bedürfnis nach Anerkennung gestillt. Doch können die Rückmeldungen in solchen Beziehungen, besonders in denen zu den Eltern und wichtigen Bezugspersonen, auch anders verlaufen. Neben jener positiven Rückmeldung können eher neutrale oder gar negative erfolgen. Dann setzt sich die Erfahrung durch: Es lohnt sich eher bedingt oder gar nicht, in Beziehungen zu investieren, weil ich doch nur wenig oder gar keine Anerkennung erfahre. Dann stellt sich eine Resignation ein.

Anerkennung

Anerkennung erfährt ein Mensch, wenn andere ihm eine positive Rückmeldung zu seiner Person, seinem Charakter und seinen Fähigkeiten geben. Wenn ein Gemeindemitglied also z. B. formuliert „Unser Pfarrer ist ein lieber Mensch!", dann ist das eine Anerkennung seiner Person und eine Bestätigung seines Verhaltens und seiner Arbeit, die sein Selbstwertgefühl stärkt. Er empfindet das Zutrauen seiner Gemeinde, dass er mit seiner Art und seinem seelsorglichen Einsatz wirklich den Menschen hilft, sie auf ihrem Weg begleitet.

Hat er im Laufe seines Lebens das unbewusste Schema erlernt „In Beziehungen zu investieren lohnt sich, weil darin mein Grundbedürfnis nach Anerkennung befriedigt wird!", dann kann er mit Freude jene persönliche Anerkennung annehmen. Sie bestätigt sein Lebensfühl: Ich bin liebenswert und von den Menschen gemocht.

Jemand, der eher ein Schema erlernt hat, das von Selbstzweifel oder gar von Selbstabwertung geprägt ist, wird intuitiv nach Gründen suchen, warum andere ihn loben oder ihm eine gute Rückmeldung geben, etwa: „Die sagen das ja nur, weil sie etwas von mir wollen!" Oder: „Ich komme ja nur meinen Aufgaben nach. Das ist doch nichts Besonderes!" Hierhin gehört auch eine zunächst fromm anmutende Reaktion in biblischen Worten, die aber möglicherweise letztlich eine Selbstabwertung darstellt: „Wir sind unnütze Sklaven; wir haben nur unsere Schuldigkeit getan" (Lk 17,10).

☞ So ist es in einem ersten Schritt wichtig, für sich zu wahrzunehmen, in welchem Schema ich auf Lob und Anerkennung reagiere:
Freue ich mich spontan über Anerkennung, oder beschleicht mich eher ein komisches Gefühl?
Wehre ich Anerkennung intuitiv ab, oder werte ich sie ab?
Das Ziel ist, sich zuerst ungehemmt über Anerkennung zu freuen. Dann kann ich meinem Schöpfer danken, der meinen Lebensweg so begleitet hat, dass mir eine solche Anerkennung geschenkt wird. Erst in einem dritten Schritt kann ich diese Anerkennung in den Dienst

meiner Sendung hineingeben und dem Herrn sagen: „Ich bin ja dein Knecht!"

Die biblische Erzählung von der Taufe Jesu kann einen wertvollen Hinweis auf den Umgang mit Anerkennung geben. Der vollkommen demütige Jesus steigt wie alle anderen in das Wasser des Jordans, um sich von Johannes taufen zu lassen. Er, der ohne Sünde ist, reiht sich ein unter die Sünder. In diese Situation hinein spricht Gott die höchste Anerkennung, die er einem menschlichen Wesen gegenüber ausdrücken kann: „Du bist mein geliebter Sohn, an dir habe ich Gefallen gefunden" (Mk 1,11). Hier wird das in Szene gesetzt, wovon das Markusevangelium am Beginn redet: „Anfang des Evangeliums von Jesus Christus, dem Sohn Gottes." Der Mensch Jesus von Nazareth ist der Christus, der Sohn Gottes.

In Jesus Christus sind alle Getauften zu Kindern und Erben Gottes geworden (vgl. Röm 8,17), sodass diese Anerkennung „Du bist mein geliebter Sohn!" – „Du bist meine geliebte Tochter!" zur Grundaussage Gottes zu uns geworden ist.

Gleichgültig, welche Anerkennung mir also im Laufe meines Lebens zuteilwurde, gleichgültig, welche unbewussten Schemata ich mir angeeignet habe, diese Anerkennung Gottes steht in jedem Fall. Und diese Aussage bezieht sich nicht in einem vergeistigten Sinn auf irgendwelche Anteile in mir, sondern meint mich als ganzen Menschen, meint mich in meinem Menschsein.

☞ Diese Zusage ist so ungeheuerlich, ist ein reines Geschenk ohne Vorleistungen, so grundsätzlich und unabhängig von meinen persönlichen Dispositionen, dass ich sie immer wieder anhören und meditieren sollte.
Vielleicht ist es ratsam, mir diesen Satz auf ein Blatt zu schreiben und eine Zeitlang auf meinen Schreibtisch zu legen oder über mein Bett zu hängen. Ich muss ihn wohl sehr oft sozusagen in mich hineinlesen, damit er von einer theologischen Wahrheit in einen von mir wirklich rezipierten Lebenswert gewandelt wird.

Wichtigkeit

Ein zweites Beziehungsmotiv des Menschen besteht darin, für andere wichtig zu sein. Jeder möchte im Leben anderer Menschen, wenigstens bei einigen oder gar nur bei einem, eine bedeutsame Rolle spielen. Jeder möchte das Gefühl und das Erleben haben, dass andere ihn wirklich brauchen, dass andere sich darüber freuen, mit ihm zusammen zu sein. Jeder möchte die Erfahrung machen, dass sich andere durch seine Anwesenheit bereichert fühlen.

In Familien wird dieses Bedürfnis manchmal erst richtig und fühlbar deutlich, wenn die Kinder das elterliche Haus verlassen und selbstständig werden. So manche Mutter, die sich entschlossen hatte, für die Familie auf berufliche Arbeit zu verzichten, kann dann in eine regelrechte Sinnkrise stürzen. In jüngerer Zeit wird diese Erfahrung abgefedert, indem Frauen nach der Geburt ihrer Kinder wieder sehr schnell in ihren Beruf einsteigen. Für manche Eltern ist der gesellschaftliche Druck, wichtig für die Wirtschaft zu sein, größer geworden als die Wichtigkeit, den eigenen Kindern größere Zeiträume zu schenken. In jedem Fall wird dieses Grundbedürfnis angesprochen und so manches Mal auch manipuliert.

Das kann ein Priester aber nicht nur an seinen Gemeindemitgliedern beobachten, sondern auch an sich selbst. Als ein entscheidendes Argument für den Zölibat wird immer referiert, für die seelsorgliche Arbeit ganz frei zu sein. Das bedeutet: Hier wird in ganz eigener Weise das menschliche Bedürfnis, für andere wichtig zu sein, angesprochen.

In der älteren Generation der Priester wurde oft die brennende, sich verzehrende Kerze als Bild für den priesterlichen Dienst verwendet. Brennen bedeutet in diesem Zusammenhang die Bereitschaft, sich mit vollem Engagement und Eifer im seelsorglichen Dienst einzusetzen. Sich-Verzehren bedeutet, für diesen Dienst alles herzugeben oder schlicht der Satz: Dieser Beruf und diese Berufung dürfen mich mein Leben kosten.

Die jüngere Generation hat eher gelernt, sich in den verschiedenen Arbeitsbereichen auch einmal abzugrenzen und Nein zu sagen. Doch im Grunde ist bei ihren die Vorstellung von einer ganzen Hingabe an den Beruf genauso vorhanden, nur wird sie in anderer

Weise ausgedrückt. „Sich ganz auf den Beruf einlassen!" – „Die Berufung hat eine absolute Priorität!" – „Alles und sich selbst in das seelsorgliche Tun hineingeben!"

Das Bedürfnis, für andere wichtig zu sein, ist sozusagen das Gegenstück zum Gehorsam. Wenn ein junger Mann diesen Gehorsam gegenüber seinem Bischof verspricht, übereignet er diesem die Vollmacht, zu bestimmen, wie und wo er den Rest seines Lebens gebraucht wird. Diese Einsicht erfordert von beiden Seiten einen verantwortlichen Umgang mit diesem Versprechen. Einerseits soll der Priester in einer besonderen Art von Verfügbarkeit sich offen halten für alle Aufgaben, die er übernehmen soll. Andererseits soll der Bischof die Bereitschaft, sich gebrauchen zu lassen, so nutzen, dass der einzelne Priester und seine Möglichkeiten und die Bedürfnisse eines Bistums nicht in Gegensatz geraten. Sehr schnell kann es zu Überforderungen kommen, wenn der Stellenplan eines Bistums mehr Gewicht bekommt als die Möglichkeiten und Fähigkeiten derer, die den Plan erfüllen sollen. Sätze wie „Sie werden dort gebraucht!" fühlen sich für den Betroffenen zunächst als Wertschätzung an, können aber auch manipulativ missbraucht werden, um ein Soll zu erfüllen.

Diese äußerlichen Vorgänge treffen im Inneren des Einzelnen auf erlernte Schemata, mit dem eigenen Bedürfnis, für andere wichtig zu sein und gebraucht zu werden, umzugehen. Auch das Grundbedürfnis, für andere wichtig zu sein, ist eng verbunden mit dem Erfolg als Kind, Beziehungen zu knüpfen. Auch hier gilt wieder die Korrelation: Um dieses Grundbedürfnis zu befriedigen, nimmt der Mensch Beziehungen zu anderen auf. Erfährt der Einzelne in diesen Beziehungen, dass andere gerne und mit Freude mit ihm zusammen sind, dass ihm Respekt entgegengebracht wird, dass er gerne um Rat gefragt wird, dann entsteht das Gefühl: Beziehungen aufzunehmen lohnt sich.

Hat sich dagegen das Schema festgesetzt, dass andere kaum Zeit in das Kind investierten, ja sogar Signale kamen wie „Wenn du da bist, geht alles schief!", dann entwickelt sich das Gefühl: Ich werde nicht gebraucht, ich bin überflüssig oder stehe im Weg.

Ein Beispiel: Einem Pfarrer warfen die Mitarbeiter ständig vor, er nehme keine Leitung wahr. Auch eine Beratung brachte das Team nicht weiter. In Einzelgesprächen mit dem Pfarrer stellte sich folgender biografischer Hintergrund heraus: Er war das vorletzte Kind in einer langen Geschwisterreihe und kommentierte: „Bis ich an die Reihe kam, etwas zu sagen, war bereits alles gesagt."

Ein anderes, wenn auch extremes, Beispiel verdeutlicht das Gemeinte: Ein Priester wusste von seiner eigenen Mutter, dass diese ihn eigentlich als Embryo abtreiben wollte. Die Abtreibung misslang – und er musste sein Leben in diesem Bewusstsein verbringen. Eine größere Last für ein gesamtes Menschenleben als eine elterliche Verfügung „Du sollst nicht sein!" ist kaum vorstellbar. Unbewusst hastet ein solcher Mensch durch gesteigerte Aktivität dem Lob anderer hinterher, um wenigstens einen kleinen Ersatz für die Befriedigung seines Grundbedürfnisses, wichtig zu sein, zu erhaschen. Er wird allergisch auf jede Art von Respektlosigkeit reagieren und sich nur schwer in Beziehungen geborgen fühlen können.

Solche Erfahrungen erschweren das Leben, müssen aber keine endgültige Weichenstellung für ein misslingendes Leben bedeuten. Nacherfahrungen, beispielsweise in einer guten geistlichen Begleitung oder in therapeutischen Interventionen, können helfen, Schritte in eine positive Sicht von Beziehungen zu gehen.

Jemand, der im Laufe seiner Kindheit seine eigene Wichtigkeit erleben durfte, hat es leichter, mit Freude und Elan auf andere Menschen zuzugehen. Er wird keine Angst haben, von anderen ausgenutzt zu werden, denn er kann sich einerseits von anderen gerne in seinen Kompetenzen gebrauchen lassen, sich andererseits aber in Freiheit abgrenzen und Nein sagen.

☞ Die Bedeutung dieses Bedürfnisses für den priesterlichen und seelsorglichen Dienst ist offensichtlich. Folgende Fragen können helfen, mit diesem Bedürfnis in mir selbst in Kontakt zu treten. Allerdings wird es deutlich mehr helfen, diese Fragen nicht nur mit sich selbst auszumachen, sondern z. B. in der geistlichen Begleitung direkt anzusprechen.
Wo mache ich die Erfahrung, dass Menschen mir gerne zuhören und mich ernst nehmen?

Bei welchen Menschen habe ich ein starkes Gefühl der Zugehörigkeit und Gemeinschaft? Warum gerade bei diesen?
Wie reagiere ich auf Respektlosigkeit, die sich auf mich persönlich oder meinen Dienst als Priester und Seelsorger bezieht?
In welchen Beziehungen und Kreisen habe ich das Gefühl, überflüssig zu sein?

Die Erzählung über die Begegnung Jesu mit der kanaanäischen Frau (Mt 15,21 ff.) kann einen biblischen Zugang zu diesem Thema eröffnen. Im Gebiet von Tyrus und Sidon, das bei den Juden als minderwertiges Gebiet galt, kommt diese Frau auf Jesus zu und bittet für ihre Tochter, die von einem Dämon, wohl einer Krankheit, geplagt wird. Jesus, ganz im jüdischen Denken daheim, gibt keine Antwort, straft sie also mit Nichtbeachtung. Das ist so gar nicht der Jesus, der mit großer Anteilnahme einen kranken Volksgenossen fragt: „Sag mir, was ich dir tun soll!" Selbst dem Einwand der Jünger, dass sie hinter ihnen herschreie, entgegnet Jesus mit dem engen Selbstverständnis, er sei nur zu den verlorenen Schafen Israels gesandt. Auf den nochmaligen Hilferuf der Frau spricht er die harten Worte: „Es ist nicht recht, das Brot den Kindern wegzunehmen und den Hunden vorzuwerfen."

Der Wert dieser Frau ist also der eines Straßenköters. Und die hilfesuchende Frau gibt Jesus auch noch recht. Doch sie greift das Bild des Hundes, der unter dem Tisch seines Herrn sitzt, auf, und bittet um den „Brotrest" der Heilung ihrer Tochter. Erst dann schwenkt Jesus um: „Frau, dein Glaube ist groß. Was du willst, soll geschehen."

Offenbar muss selbst Jesus dazulernen. Das Urteil der Minderwertigkeit eines Menschen kann tief sitzen. Und die Frau selbst scheint im Bewusstsein dieser geringen Wertigkeit und Wichtigkeit zu leben. Aber ihre Not ist größer als ihr möglicherweise verletzter Stolz. Es ist der Verzweiflungsschrei einer Mutter, der Jesus „bekehrt".

☞ So kann ich mit der Wertigkeit und Wichtigkeit, die ich mir aufgrund meiner persönlichen Geschichte selbst zumesse, mit der Frau vor Jesus treten.

Ich kann vor ihm die Not meines mangelnden Selbstwertgefühls aussprechen, eines Gefühls, das ich kaum vor einem anderen Menschen zugeben möchte.
Wenn ich der Meinung bin, dass mir eine große Portion Selbstbewusstsein beschert ist und ich hier kein Problem habe, dann kann ich mich bei der nächsten Herausforderung, Kritik oder Beleidigung, beim nächsten Konflikt fragen: Warum rege ich mich eigentlich so auf?

Verlässlichkeit

Ein weiteres Motiv, sich auf Beziehungen mit anderen Menschen einzulassen, ist das Bedürfnis, dass diese Beziehungen Verlässlichkeit bringen. Viele Kontakte zu Menschen, auch in der Seelsorge, werden flüchtige Begegnungen sein. Man trifft einen Menschen, der sympathisch ist, möchte vielleicht öfter mit ihm zusammen sein, doch die äußeren Umstände lassen es nicht zu. Bei den wichtigen Beziehungen, vielleicht bei der einen wichtigsten Beziehung, ist das anders. Sie soll berechenbar und andauernd sein.

Hier spielt der Begriff der Treue eine entscheidende Rolle. In Treue zueinander sagen Menschen einander zu, dass sie beieinander bleiben wollen, dass sie sich aufeinander verlassen können. Die Beziehung soll belastbar sein. Nicht jeder Streit soll die Beziehung infrage stellen.

Dieses verlässliche Miteinander brauchen die Partner sich nicht dauernd zuzusagen oder zu beschwören. Mehr noch kommt es im konkreten Verhalten zum Ausdruck. Wichtig sind dabei wiederum die Erfahrungen, die Menschen in ihren jungen Jahren machen. Eltern kritisieren einander, haben einen heftigen Streit miteinander. Doch das ist insofern nicht schlimm, weil die Beziehung dadurch nicht infrage gestellt wird. Kinder, die einen solchen Elternstreit erleben, brauchen keine Angst zu haben, dass die Familie auseinanderbricht. Eltern tragen mit ihren Kindern Konflikte aus, werden laut, verordnen Hausarrest. Aber durch diesen Konflikt hindurch scheint die Fürsorge und unbedingte Liebe der Eltern: Du kannst anstellen, was du willst, du wirst immer mein Sohn bzw. meine Tochter bleiben. Ich stehe zu dir.

Wenn Kinder solche Erfahrungen machen dürfen, dann stellt sich neben einem großen Selbstwertbewusstsein die Sicherheit ein: Es lohnt sich, sich auf Beziehungen einzulassen, in sie zu investieren, weil sie das Bedürfnis nach Verlässlichkeit beantworten und befriedigen.

Machen dagegen Kinder die Erfahrung, dass sich die Eltern bei falschem Verhalten abwenden, mit Liebesentzug drohen, evtl. sogar ankündigen, die Kinder wegzugeben, dann prägen sich entsprechende Ängste ein: Streit oder falsches Verhalten bedrohen eine Beziehung. Wenn ich etwas falsch mache, kann die Beziehung aufgekündigt werden. Wenn in späterer Zeit nicht überzeugende andere Erfahrungen diese negativen familiären Erfahrungen überstrahlen, dann steht ein solcher Mensch innerlich immer in Alarmbereitschaft: Pass auf, was du sagst und tust, sonst setzt du diese Beziehung aufs Spiel.

Diese Sehnsucht nach Verlässlichkeit prägt auch das Gottesbild. Die Erfahrung der Menschen, dass diese Sehnsucht nur bedingt von Menschen erfüllt wird, lässt die Hoffnung wachsen, Gott möge der sein, der gegen alle Erfahrung der absolut Treue und Verlässliche ist. In Psalm 27,9–10 heißt es darum:

> *„Verbirg nicht dein Gesicht vor mir;*
> *weise deinen Knecht im Zorn nicht ab!*
> *Du wurdest meine Hilfe.*
> *Verstoß mich nicht, verlass mich nicht, du Gott meines Heiles!*
> *Wenn mich auch Vater und Mutter verlassen,*
> *der Herr nimmt mich auf.“*

Hier sieht man den Beter wie ein Kind vor seinen Eltern stehen, in der Angst, dass sie sich von ihm abwenden, im Zorn es davonjagen oder verstoßen. Hier steht eine harte, ja vernichtende Erfahrung zwischen Menschen im Hintergrund. Zugleich wird die Einsicht deutlich, dass es eigentlich Vater und Mutter sind, die als Letzte ihr Kind aufgeben. Doch auch das kommt eben vor, ist menschliche Realität. So wird die Hoffnung formuliert: Wenn die letzten verlässlichen Bindungen zerreißen, dann ist da Gott, der Herr, der den Menschen aufnimmt.

☞ *Wie habe ich meine Eltern erlebt?*
Lebte ich in dem Gefühl: Ich kann anstellen, was ich will, sie werden immer zu mir halten?
Oder habe ich ihre Liebe eher als eine Zuwendung erfahren, die mein Wohlverhalten voraussetzt?
Wie geht es mir, wenn ich in meinem Dienst Verlässlichkeit oder Unzuverlässigkeit der Menschen spüre?
Wie schätze ich meine eigene Verlässlichkeit ein?

Eine der einprägsamsten Verlässlichkeits-Geschichten ist der Gang Jesu auf dem Wasser (Mt 14,22–33). Nach der Speisung der Fünftausend, durch die Jesus seine Fürsorge und Macht den Menschen und besonders seinen Jüngern gezeigt hat, folgt die Begegnung auf dem See Genezareth. Die Jünger sind mit dem Boot vorausgefahren. Jesus erscheint wie ein Gespenst, als er über das Wasser auf sie zukommt. „Habt Vertrauen, ich bin es, fürchtet euch nicht!", fordert Jesus die Jünger auf. Im Überschwang des vermeintlichen Vertrauens fragt Petrus an: „Herr, wenn du es bist, so befiehl, dass ich auf dem Wasser zu dir komme." Und auf das verlässliche „Komm!" Jesu steigt Petrus wirklich aus dem Boot. Und dann folgen im biblischen Text die bemerkenswerten Verse:

> *„Als er aber sah, wie heftig der Wind war, bekam er Angst und begann unterzugehen. Er schrie: Herr, rette mich! Jesus streckte sofort die Hand aus, ergriff ihn und sagte zu ihm: Du Kleingläubiger, warum hast du gezweifelt?"*

Der Glaube an das verlässliche Wort ist offenbar schwer. Die stürmischen Außenbedingungen lassen das Vertrauen schwinden, und die Angst um Leib und Leben wird übermächtig. Und Petrus geht nicht im Wasser des Sees unter, sondern in seiner eigenen Angst.

Doch das Ende ist nicht der Untergang in der Angst. Wenn alle Verlässlichkeiten seines Lebens Petrus verlassen, dann greift die Hand Jesu zu und reißt ihn aus seiner Angst heraus. Und dann legt sich sogar der bedrohliche Wind. Jene stürmischen Außenbedingungen sind entzaubert.

Solidarität

Ein weiteres Motiv dafür, dass Menschen Beziehungen zu anderen Menschen suchen, ist das Bedürfnis, Hilfe und Unterstützung zu bekommen. Die Beziehung zu einem anderen zeigt sich gerade dann als verlässlich, wenn er da ist und sich um mich kümmert, wenn ich Hilfe und Beistand brauche, z. B. in Krankheit, in einer Notlage, wenn ich angegriffen werde.

Kinder, besonders kleine Kinder, können Notlagen noch nicht in Worte fassen. Oft schreien sie einfach laut, und Mutter und Vater müssen wissen oder herausfinden, was den Kleinen fehlt. Wenn Kinder von anderen kritisiert, gemobbt oder verprügelt werden, erleben sie sich von den Eltern verteidigt. Wenn in der Schule etwas misslingt, erfahren sie Unterstützung. Und im ersten Liebeskummer erleben sie Mitgefühl und positiven Zuspruch.

In diesen Situationen wird das Motiv der Solidarität aufgebaut. Die einfache Gleichung lautet: Wenn ich in Not bin, schreie ich meine Not heraus, und da ist jemand, der verlässlich zu mir kommt, um meine Not zu lindern. Es lohnt sich also, diese Beziehung zu pflegen, denn durch sie wird das Bedürfnis, Schutz und Hilfe zu erfahren, beantwortet. Das lateinische Ursprungswort von Solidarität „solidus" meint „echt, gediegen, wahrhaft, wesentlich, dauerhaft, fest, unerschütterlich". Das alles sind Attribute wirklicher Solidarität.

Die innere Überzeugung, dass Beziehung Solidarität bringt, zieht sich durch das gesamte Leben. Die Partnerschaft mit einem anderen Menschen in der Ehe oder in einer Freundschaft setzt darauf, jene Hilfe in jeder Lebenslage zu erhalten. Alte, manchmal demente Menschen kehren oft zum Verhalten ihrer frühen Kinderjahre zurück. Sie könnten nicht mehr ihr Bedürfnis nach Hilfe und Nähe artikulieren, sondern rufen z. B. laut durch das ganze Haus: „Hallo! Hallo!"

Auch diese Lebensgleichung von Hilferuf und Hilfe verlängert sich in das religiöse Leben hinein. Sie spiegelt eine Grundeinstellung des Menschen vor seinem Gott wider.

„Höre mein lautes Flehen, wenn ich zu dir schreie,
wenn ich die Hände zu deinem Allerheiligsten erhebe" (Ps 28,2).

„Herr, du Gott meines Heils,
zu dir schreie ich am Tag und bei Nacht“ (Ps 88,2).
„Herr, darum schreie ich zu dir,
früh am Morgen tritt mein Gebet vor dich hin“ (Ps 88,14).
„Herr, ich schreie zu dir,
ich sage: Meine Zuflucht bist du,
mein Anteil im Land der Lebenden“ (Ps 142,6).

Ganz anders fühlt sich ein Leben an, wenn das Bedürfnis nach Solidarität nur bedingt oder gar nicht erfüllt wird. Da schreit etwa ein Kind ganz Nächte hindurch, weil es Nahrung oder Nähe braucht, sie aber nicht erhält. Irgendwann resigniert es, weil es gelernt hat, es lohnt nicht zu rufen. Oder ein Kind bricht sich beim Sport ein Bein und muss für längere Zeit ins Krankenhaus. Es wartet sehnsüchtig auf den Besuch der Eltern, der ausbleibt. Es resigniert und lernt: Letztlich bin ich doch auf mich gestellt und bleibe allein. Oder den Eltern wird zugetragen, dass ihr Sohn etwas ausgefressen hat. Sie fühlen sich blamiert, hören gar nicht richtig zu, was der Sohn dazu sagt, und strafen ihn. Er resigniert und lernt: Wenn ich etwas falsch mache, schlagen alle ohne Ausnahme auf mich ein.

☞ Wie die anderen Motive, Beziehungen einzugehen, ist das Motiv der Solidarität tief im Menschen verankert. Im günstigen Fall lehrt seine Lebensgeschichte, dass er sich auf Beziehungen einlassen soll, damit das Bedürfnis nach Solidarität gestillt wird.
Bei welchen Menschen habe ich im Laufe meiner Lebensgeschichte echte, hilfreiche und verlässliche Solidarität erlebt?
Bei welchen Menschen habe ich sie mir sehr gewünscht, aber nicht erhalten?
Bei welchen Gelegenheiten wünsche ich mir in meiner Gemeinde oder bei meinen kirchlichen Vorgesetzten Solidarität?
Habe ich die Erfahrung gemacht, dass sie mir gerne gewährt wird?
Oder habe ich manchmal das Gefühl, alleine dazustehen?

In der Reich-Gottes-Verkündigung Jesu wird das Motiv der Solidarität so hoch angesetzt, dass es ausschlaggebend dafür wird, wer am Ende der Zeit zu den „Schafen“ oder den „Böcken“ gehören, wer zur Rechten oder zur Linken des Weltenherrschers Jesus Christus stehen wird. An den gotischen Portalen wird die Szene vom Weltgericht nach Matthäus 25,31–46 drastisch dargestellt: Zur Rechten stehen mit verklärten Gesichtern die Gerechtfertigten in einer Reihe, zur Linken stehen die von schrecklichen Dämonen und Teufeln geplagten Verdammten.

Das entscheidende Kriterium, wer auf welcher Seite zu stehen kommt, ist: „Amen, ich sage euch: Was ihr für einen meiner geringsten Brüder getan habt, das habt ihr mir getan." Bzw.: „Amen, ich sage euch: Was ihr für einen dieser Geringsten nicht getan habt, das habt ihr auch mir nicht getan." Der Dienst für Jesus Christus wird identifiziert als Dienst für die Menschen, also das solidarische Verhalten denen gegenüber, die Not leiden und um Hilfe rufen.

Autonomie

Bei aller Verbundenheit mit anderen Menschen spielt, wie bereits oben erwähnt, das Bedürfnis nach Selbstständigkeit und Autonomie eine wichtige Rolle. Der Mensch möchte nicht nur ein Teil eines größeren Ganzen sein, in dem er sich geborgen fühlt und Hilfe erfährt. Er möchte auch als eigenständige Persönlichkeit wahrgenommen sein. Er möchte eigenständige Entscheidungen treffen und eigene Lebensbereiche aufbauen dürfen.

Dies ist zunächst eine Frage der Abnabelung von einer Abhängigkeit von den Eltern. Dieser Weg in die Autonomie beginnt damit, dass ein Kind in einer sehr frühen Lebensphase übt, willentlich Gegenstände fallen zu lassen oder wegzuwerfen, aber auch festzuhalten. Im Wechselspiel von beidem entwickelt sich der eigenständige Wille des Kindes. Interessanterweise werden ausgerechnet in der Reinlichkeitsentwicklung, so Erik Erikson (Erikson 1973, 75 ff.), die Entwicklung zur Großzügigkeit, aber auch zur Kleinlichkeit im Blick auf Liebe, Zeit und Geld gefördert. Erlebt das Kind die Möglichkeit, nach eigenem Willen etwas loszulassen und sich selbst zu beherrschen, dann entsteht ein dauerndes Empfinden, autonom zu sein und darauf stolz sein zu können. Das Gegenteil, nämlich Selbstzweifel und Scham, entwickelt sich, wenn das Kind die Erfahrung macht, dass seine Eltern alles kontrollieren und überall eingreifen.

Mit jedem Schritt, den ein kleines Kind zu gehen lernt, beschreitet es weiter seinen Weg in diese Autonomie. Der Drang hinein in die Selbstständigkeit wird besonders in der Zeit der Pubertät deutlich, wenn alle bisherigen Identifikationen auf den Prüfstand gestellt und verschiedene Lebensrichtungen ausprobiert werden. Die eigene Entscheidung, welche Kleider getragen, wie das Zimmer gestaltet und die Freizeit verbracht wird, ist die Einübung in eine erwachsene Autonomie. Wesentlich ist dabei, dass Eltern es, dem jeweiligen Alter des Kindes angemessen, zulassen, dass ihr Kind auch einmal falsche Entscheidungen trifft und Grenzen überschreitet.

☞ *Wie habe ich persönlich in meiner Herkunftsfamilie erlebt, dass eigene Entscheidungen und die Autonomie der Kinder gefördert oder aber gebremst wurden?*
Wie erlebte ich die Möglichkeit, mich in Freiheit und ohne Druck für Freunde, für Freizeitaktivitäten und für meinen Beruf entscheiden zu können?

Indem man sich diese entwicklungspsychologischen Vorgänge bewusst macht, werden Entwicklungsstrukturen im Leben des einzelnen Menschen deutlich. Emotionen, die im Umgang mit anderen Menschen, besonders aber mit Vorgesetzten und sogenannten Autoritäten bestimmend werden, werden transparenter.

So kann jeder für sich überdenken, welche Reaktionsweisen er im Umgang mit Vorgesetzten bei sich selbst erlebt.

☞ *Erlebe ich bei mir eher ein ruhiges Zuhören dessen, was ansteht, oder spüre ich bei mir bereits eine gewisse Gereiztheit, wenn ein Vorgesetzter überhaupt schon etwas infrage stellt?*
Kann ich eher sachorientiert Anfragen aufnehmen, oder muss ich zunächst meine Emotionen beruhigen, bevor es mir möglich ist, zu einem angefragten Problem sachlich zu antworten?

Bei solchen und ähnlichen Fragen an mich selbst muss ich nicht gleich meine eigene Souveränität oder meine Autonomie anzweifeln. Es geht hier zunächst um die Möglichkeit zu verstehen, warum ich in bestimmten Situationen aufgrund erlernter Verhaltensmuster so oder anders reagiere. Das hilft mir letztlich, angemessener eigene Reaktionen einzuordnen und mit ihnen umzugehen.

Die Kehrseite des Umgangs mit Vorgesetzten ist das eigene Verhalten als Vorgesetzter.

☞ *Wie erfahre ich mich selbst im Kontakt und in der Führung pastoraler Mitarbeiterinnen und Mitarbeiter?*
Wie erfahre ich mich selbst und meine Stellung in den Gremien meiner Gemeinde oder meines Arbeitsbereiches?

Ein Beispiel: In einer kontroversen Diskussion, etwa um die Verlegung von Gottesdienstzeiten, werden im Pfarrgemeinderat die Argumente ausgetauscht. Die einzelnen Gemeinden kämpfen für ihre bisherigen Zeiten, was aber in einem Gesamtkonzept für die Seelsorgeeinheit nicht umgesetzt werden kann. Letztlich muss der Pfarrer seine Möglichkeiten als Zelebrant aufzeigen und verteidigen, was aber den Zorn der Mitglieder der Einzelgemeinden entfacht. Die eigenen Reaktionsweisen des Pfarrers können verschieden sein.

Er kann einerseits die Diskussion laufen lassen und nur die Unmöglichkeit, Gottesdienste an verschiedenen Orten gleichzeitig zu halten, aufzeigen. In aller Ruhe kann er warten, bis sich die Gemüter beruhigt haben und Lösungen gefunden werden.

Er kann sich aber auch in seiner Kompetenz als Gemeindeleiter und als Zelebrant angekratzt fühlen, nach dem Motto: Was denken die sich eigentlich, wer ich bin? Das erzeugt in ihm eine große innere Unruhe. Er empfindet die Diskussion als einen Angriff auf seine Autorität. Die harte Variante dieser zweiten Reaktion könnte münden in die Aussage: „Ich bin hier der Pfarrer und entscheide jetzt, wie wir das Problem lösen."

In jedem Fall muss er damit rechnen, dass seine Verhaltensweise wiederum auf Menschen trifft, die ihrerseits verschiedene Arten des Umgangs mit Autoritäten, mit Entscheidungen und Kompromissen, mit der eigenen Autonomie und Selbstbestimmung erlernt haben und pflegen. Vielleicht hilft ihm diese Einsicht, mit mehr pädagogischem Feingefühl die Situation zu bewältigen.

☞ *Wie habe ich mich bisher in solchen und ähnlichen Situationen erlebt?*
Wo erlebe ich in meiner Arbeit Brennpunkte, in denen diese Überlegungen aktuell werden?

Interessant erscheint in diesem Zusammenhang die Erfahrung, dass Priester, die ihre Seminarzeit völlig unauffällig und im Blick auf die Leitung konfliktfrei durchliefen, in der Gemeinde oft auf Konfrontationskurs geraten und das Argument „Ich bin der Pfarrer!" häufig strapazieren. Ein Mitbruder eines solchen Pfarrers formulierte dies so: „Im Seminar ein Lamm, als Pfarrer ein Tyrann." Nach dem oben Gesagten fällt es nicht schwer, eine solche Verhaltensweise zu verstehen. Die mangelhaft erworbene Autonomie lässt auf der einen Seite innerhalb eines Systems wie einem Priesterseminar eigene Bedürfnisse völlig zurückstecken, in dem freien Raum einer Gemeinde eigene Vorstellungen aber in unangemessener Weise ausleben.

In diesen Zusammenhang gehört auch die Frage der Identifikation mit der Kirche grundsätzlich und der Loyalität zu den vorgesetzten Amtsträgern, besonders dem Bischof. Identifikation mit der Kirche, Loyalität zum Bischof und Gehorsam ihm gegenüber bedeuten nicht Aufgabe der eigenen Autonomie. Im Gegenteil. Nur einer, der um seine eigene Autonomie weiß und sie lebt, kann in Freiheit Ja sagen zu einem Leben mit und in der Kirche und zum Gehorsam gegenüber dem Bischof. Nur wer mit Freimut seine Meinung zu Problemen in und mit der Kirche äußert – sicher ohne in eine unangemessene „Nestbeschmutzung" auszuarten – kann in Freiheit anderslautende Entscheidungen annehmen. Nur Brav-Sein und Alles-Hinnehmen und ein solches Verhalten mit Gehorsam zu verwechseln, wäre eine Duckmäuserei und ein Opportunismus, die der Würde eines Menschen, zumal eines Christenmenschen nicht entsprächen.

Ein autonomer Umgang mit Kirche und Vorgesetzten muss sich auch im Stil des Umgangs auf den verschiedenen Ebenen eines Bistums und einer Gemeinde ausdrücken. Widerspruch ist nicht nur zugelassen, sondern erwünscht. Er stärkt die Mitverantwortung aller und motiviert zum Mitdenken und Mitarbeiten. Er hilft bei Problemlösungen, weil er dazu beiträgt, zu einem möglichst vollständigen und ausgewogenen Bild einer Situation zu gelangen.

Möchte man Entscheidungsprozesse unter einer spirituellen Perspektive betrachten, kann man formulieren: Der Wille Gottes für eine Situation oder ein Problem wird erst deutlicher oder zu ahnen sein, wenn Entscheidungsträger ihre Vorstellungen dem Urteil anderer, besonders der Betroffenen, aussetzen, um deren Meinung einzubeziehen. Alleingänge in wichtigen Angelegenheiten zeugen mehr von Selbstüberschätzung oder mangelnder Demut als von Kompetenz.

☞ *Wie erlebe ich den freimütigen Umgang in meinem Bistum?*
Wie fördere ich eine freimütige Zusammenarbeit in meiner Gemeinde oder meinem Aufgabenbereich?

Grenzen

Ein weiteres Motiv, Beziehungen zu anderen Menschen einzugehen, ist das Bedürfnis, ein eigenes, sicheres Areal mit abgesteckten Grenzen zu besitzen. In der Verhaltensforschung spricht man in diesem Zusammenhang von der Territorialität des Menschen. Wenn diese Grenzen schon in der frühen Kindheit von den Bezugspersonen, besonders von den Eltern, eingehalten werden, wächst in dem Kind das Bewusstsein: Beziehungen einzugehen ist gut, denn sie bieten mir einen geschützten Raum, in dem ich selbst bestimmen darf, wer diesen Raum betreten darf und wer nicht.

Dieses Bewusstsein entfaltet sich durch viele kleine Erfahrungen, wenn Eltern schon bei ihrem Säugling darauf achten, dass Ruhe und Kontakt nicht erzwungen werden, sondern von dem Kind selbst bestimmt werden dürfen. Gemeint ist damit nicht ein willkürliches, beliebiges und launisches Bestimmen des Kindes, sondern ein selbstbestimmter Spielraum innerhalb bestimmter Grenzen, an denen sich das Kind orientieren kann. So berichten Eltern schon bei Kleinkindern von deren Vorlieben in der Kontaktsuche. Sie schildern die einen als „verschmust", andere dagegen als auf gebührenden Abstand bedacht. Kinder müssen beispielsweise nicht bei Fremden wie dressierte Tiere die Hand geben, nur um „gut erzogen" vor anderen zu glänzen.

Das Einhalten von Grenzen setzt sich fort, indem Eltern anklopfen, wenn sie das Zimmer des größer werdenden Kindes betreten.

Einhalten von Grenzen verbietet, intime Tagebücher ihrer Kinder zu lesen, dauernde Kontrolle, ob Zimmer und Bad aufgeräumt sind, Entsorgen von Gegenständen, die den Kindern gehören. Außer wenn es um Leib und Leben geht, werden Eltern darauf bedacht sein, respektvoll mit der Intimsphäre ihrer Kinder umzugehen, auch ohne dass Kinder und Jugendliche darum kämpfen müssen.

Zum Einhalten der Grenzen gehört wesentlich die körperliche Unversehrtheit. Körperliche Übergriffe wie Schlagen und Verletzen oder gar regelrechtes Züchtigen zerschlagen das Bedürfnis nach Grenzen. Sie erzeugen vielmehr das Gefühl, anderen ausgeliefert zu sein. Besonders einschneidend erleben Kinder sexuelle Übergriffe und sexuellen Missbrauch. Hier wird in einer Weise die Schutzbedürftigkeit des Kindes so missachtet, dass es zutiefst in seiner Würde und Selbstachtung verletzt wird.

Das Fatale bei allen Grenzverletzungen, besonders aber bei sexuellem Missbrauch, ist die Erfahrung, wie sehr diese Verletzungen mit Selbstabwertungen der Kinder einhergehen. Diese Kinder entwickeln das Gefühl, nicht wert zu sein, dass man sie schützt. Mit den Selbstabwertungen sind oft sogar Schuldgefühle verbunden, das Gefühl, selbst nicht in Ordnung zu sein.

In unserer Gesellschaft und in den Kirchen wird seit etlichen Jahren versucht, Hypotheken aus der Vergangenheit langsam ans Licht zu holen, öffentlich zu machen und aufzuarbeiten. Es entsteht langsam in der Öffentlichkeit eine Sensibilität dafür, dass Grenzen der Intimsphäre unbedingt eingehalten werden müssen und auf jede Art von Gewalt, sei sie physischer oder psychischer Natur, verzichtet werden muss. Das Problem dabei ist, dass grenzüberschreitende Verhaltensweisen nicht einfach dadurch verschwinden, dass man sie benennt. Verstöße müssen konsequent und sofort geahndet werden. Doch braucht es letztlich eine Zeitspanne von Generationen, um effektive Veränderungen zu erreichen, da Opfer von Übergriffen meist lebenslang leiden, nicht wenige aber selbst auch wieder zu Tätern werden.

☞ *Wie habe ich in meiner Herkunftsfamilie den Umgang mit Grenzen erlebt?*
Welche Unterschiede erlebte ich in der Einhaltung der Grenzen bei meiner Mutter und meinem Vater?

In welchen Fällen erlebte ich die Eltern als übergriffig und damit verletzend?
Wie versuche ich in der Seelsorge, einerseits einen offenen und unbefangenen Kontakt zu pflegen und angemessen Sympathie und Zuneigung zu signalisieren, andererseits aber eine gute Balance von Nähe und Distanz zu halten?
Wie halte ich es mit körperlicher Berührung, zum Beispiel bei den üblichen Begrüßungsritualen?

Interessant erscheint in biblischen Erzählungen, wie Jesus das Bedürfnis nach Einhaltung der Grenzen berücksichtigt. Einerseits achtet er darauf, dass sein eigenes Bedürfnis berücksichtigt wird. Andererseits wahrt er die Grenzen der anderen.

In der Erzählung von der blutflüssigen Frau in Mk 5,25–34 drängt sich eine leidende Frau, wie viele andere, an Jesus heran, um sein Gewand zu berühren. Sie spürt in diesem Augenblick, wie sie von ihrem Leiden befreit wird. Jesus spürt ebenfalls in diesem Moment, wie eine Kraft von ihm ausgeht, und schaut sich nach dem Menschen um, der ihn berührt hat. Unter der Perspektive der Einhaltung von Grenzen hat diese Frau offensichtlich eine Grenze überschritten und ist in seinen Kraftbereich eingedrungen. Das lässt er nicht auf sich beruhen. Doch dann kommt diese geplagte Frau, zitternd vor Furcht, und gesteht Jesus ihre ganze Geschichte. Erst dann ratifiziert Jesus sozusagen den Vorgang, der bereits geschehen ist: „Meine Tochter, dein Glaube hat dir geholfen. Geh in Frieden! Du sollst von deinem Leiden geheilt sein."

Noch klarer tritt die Selbstbewahrung Jesu bei dem Besuch im heimatlichen Nazareth zum Vorschein (Lk 4,16–30). Das, was so verheißungsvoll am Sabbat in der Synagoge beginnt, endet im Fiasko. Nachdem er aus dem Propheten Jesaja vorgelesen und das Schriftwort ausgelegt hat, bekommt er noch Beifall. Als er die Gottesdienstteilnehmer aber mit ihrem Unglauben konfrontiert, geraten sie in Wut, treiben ihn aus der Stadt und wollen ihn vom Felsen stürzen. Doch Jesus bleibt souverän Herr über seine Vollmacht, Wunder zu tun. Er lässt sich durch niemanden und in keiner Situation zwingen.

Die Wahrung seiner Integrität bleibt bis in die Extremsituation seiner Verurteilung bestehen. Er erscheint halbnackt, misshandelt und verhöhnt vor Pilatus, der mit ihm reden will. In dieser Situation, der er völlig hilflos ausgeliefert ist, kann er sich nur noch abgrenzen, indem er schweigt.

Doch Jesus wahrt ebenso das Bedürfnis der Menschen nach Anerkennung ihrer Integrität. So schenkt er selbst solchen, die zu ihm kommen, um geheilt zu werden, nicht ungefragt die Heilung. Denn selbst Gesundheit und Krankheit gehören zunächst dem Menschen selbst und allein. Er fragt sie, was er für die tun soll. Wenn dann der ausdrückliche Wunsch nach Heilung ausgesprochen wird, kommt er dem Wunsch nach.

Lebensfelder

Aus der Betrachtung der Grundhaltungen und der Beziehungsmotive ergibt sich eine Reihe von Perspektiven des Menschseins, die in der Lebensführung des Einzelnen zum Tragen kommt und die es darum bewusst zu gestalten gilt. Für den Priester sind diese Perspektiven nicht nur um seiner selbst willen wichtig. Er steht mit seinem ganzen Menschsein für seinen priesterlichen Auftrag ein. Seine Glaubwürdigkeit in seinen priesterlichen und seelsorglichen Aufgaben hängt zu einem großen Teil von der positiven und inspirierenden Art seiner Lebensführung ab. Das beginnt mit seinem äußeren Erscheinungsbild, reicht über seine charakterlichen Eigenschaften bis hin zum konkreten Umgang mit den Menschen. Einige dieser Perspektiven sollen im Folgenden genauer betrachtet werden.

Herkunftsfamilie – Geschenk und Hypothek

Niemand erfindet sein Leben und seinen Lebensstil neu. Jeder knüpft an das an, was er im Laufe seines Lebens erlernt hat. Dabei spielt das Leben in der eigenen Herkunftsfamilie, wie es in der Betrachtung der Beziehungsmotive deutlich wurde, eine entscheidende Rolle. Es gibt gute Gründe, den Satz ernst zu nehmen: Die Erziehung eines Menschen beginnt hundert Jahre vor seiner Geburt.

Was wir zu Hause lernten

So ist es immer wieder überraschend, wie schnell wir Erscheinungsbild und Verhalten von Menschen als nett und sympathisch oder aber als eigenartig oder gar abstoßend registrieren. Wenn wir in irgendwelchen Zusammenhängen deren Eltern kennenlernen, wird zum Beispiel schnell deutlich: Die freundliche Art der Kommunikation und den offenen Blick hat er wohl von seiner Mutter übernommen, und die Art, mit Späßen die Leute zu unterhalten, von seinem Vater. Oder: Das schrille Lachen hat er offenbar bei seiner Mutter erlernt und den flapsigen Gang bei seinem Vater.

Was hier über eher äußerliches Verhalten gesagt ist, gilt in vielen anderen Bereichen. Die Herkunftsfamilie beeinflusst die Art und Weise, Kontakt aufzunehmen, Wärme und Zärtlichkeit zu schenken, andere angemessen zu berühren oder Abstand zu halten, die Bedürfnisse anderer wahr und ernst zu nehmen, selbstständig und kontrolliert zu handeln und Initiative zu ergreifen. In ihr lernen wir, Leistung angemessen zu bejahen und zu entwickeln, uns selbst und in Bezug auf andere einzuschätzen. In der Herkunftsfamilie üben wir ein, uns selbst etwas zu gönnen und uns wertzuschätzen, eine Rolle in Gruppen einzunehmen, einander Freiraum zu gewähren, uns gegen die Umwelt abzuschotten oder zu öffnen und dabei eine Balance zu halten. Wir üben Verhaltensformen ein wie Motzen, Schreien, Intrigieren, um unseren Kopf durchzusetzen. Und vieles andere mehr. Diese Verhaltensweisen und Werte lernen wir durch Kontrolle, die in jeder Familie spezifisch angelegt ist.

Bestimmte menschliche Eigenschaften sind zwar angelegt, doch müssen diese Anlagen sozusagen aktiviert und damit eine emotionale Fundierung geschaffen werden. Das Kind lernt, ein soziales Wesen zu werden. Es lernt von den Eltern und den ersten Bezugspersonen, dass es Vertrauen in sich und die Welt haben darf und wie es die Welt verstehen und bewerten soll.

Zudem wird dem Kind in der Familie ein erster fester Platz im Leben zugewiesen. In dieser ersten Gemeinschaft, die es erlebt, erhält es für sich einen bestimmen Status. Etwa: „Ich bin meinen Eltern ganz wichtig, und darum nehmen sie mich überall mit hin." – „Ich kann mir sicher sein, dass sie für mich sorgen." – „Sie zeigen mich stolz den Verwandten und Freunden." Das Kind fühlt sich durch solche Statuszuweisungen abgesichert und kann darauf seine Ich-Identität aufbauen. Es wird also als Individuum durch die Eltern geformt und auf eine bestimmte soziale Rolle festgelegt. Später weitet sich diese Rolle über den Bereich der Familie hinaus aus. Etwa im Sinne der Zugehörigkeit zu einer sozialen Schicht: „Wir sind eine wichtige Familie und haben wichtige Aufgaben in unserer Gesellschaft, und ich gehöre dazu.“ – Oder: „Meine Familien steht weit unten in der Reihe des Ansehens, und ich gehöre dazu.“

Weiterentwicklung

Natürlich werden wir im Laufe unseres Lebens solche Verhaltensmuster variieren. Doch scheinen sie etwa in Stresssituationen unweigerlich wieder durch. So greifen wir zum Beispiel in einem Streit, der uns sehr zusetzt, wieder auf alte Muster zurück, werden aggressiv und laut oder ziehen uns in unser Schneckenhaus zurück.

Auch in der Gestaltung des Tages, der Woche, des Jahres leben in uns Vorstellungen aus der Herkunftsfamilie: Wie gestalten wir intuitiv unseren Tagesablauf? Wie viel Raum brauche ich für mich, wie viel Raum benötige ich im Kontakt mit anderen Menschen? Wie möchte ich die persönlichen Festtage, wie Weihnachten und Ostern, privat feiern? Doch auch diese Verhaltensmuster werden wir im Laufe des Lebens nach unseren erwachsenen Bedürfnissen variieren.

Auch kirchliche oder politische Ausrichtungen werden durch die Herkunftsfamilie beeinflusst. Selbst wenn jemand im Laufe seines Lebens zum Beispiel die politischen Fronten wechselt und eine andere Partei wählt als die Eltern, kommt oft die Energie gerade daraus, dass er sich von den Ansichten und Einstellungen der Herkunftsfamilie absetzen will.

Bei allen Möglichkeiten, sich in einem Erwachsenenleben weiter- oder in eine andere Richtung zu entwickeln, bleibt das, was wir in unserer Herkunftsfamilie erlernt haben, als „Energie“ in uns erhalten. Auch das Lebensgefühl, die Lebensart und der Lebensstil eines Erwachsenen nehmen unbewusst, aber wirkungsvoll Maß an dem Erlernten.

☞ *Was lebt in mir von meiner Herkunftsfamilie weiter?*
Was davon erlebe ich als eine Gabe und Ressource für mein Leben und für meinen Dienst in der Seelsorge?
Was empfinde ich als eine Belastung, derer ich mich am liebsten entledigen würde? Benötige ich dazu Hilfe?
Wovon möchte ich mich bewusst und mit Kraft absetzen?
Wo bekam ich in der vergangenen Zeit von denen, die mich gut kennen, die Rückmeldung, dass ich dies und jenes aus meiner Familie mitbringe?

Geschwisterreihe

Auch die Stellung in einer Geschwisterreihe wirkt sich auf das Lebensgefühl des Einzelnen und darauf aus, wie er Aufgaben und Beziehungen angeht und bewältigt. Die Geschwister sind in der Regel die Menschen, mit denen man die längste Zeit des Lebens zu tun hat. Die Geschwisterkonstellation wirkt sich auch dann auf das Verhalten aus, wenn Geschwister als Erwachsene über lange Zeiträume hinweg wenig Kontakt miteinander pflegen. Wegen der Bedeutung und Wirkung der Geschwisterkonstellation für das Verhalten allgemein und das Leitungsverhalten im Besonderen, lohnt es sich, diese Konstellation hier genauer zu betrachten.

Sozialpsychologische Forschungen, besonders von Kevin Leman (1992) und Walter Toman (1980), haben statistische Auffälligkeiten von Erst- und Letztgeborenen, von „Sandwich"-Kindern und Einzelkindern herausgefunden, die das Verhalten beeinflussen. In sogenannten quantitativen Studien über Fragebögen wurden die Eigenschaften und Merkmale der einzelnen Positionen erhoben, ohne Rücksicht auf die soziale Herkunft – soziale Schicht, Bildung und Beruf der Eltern, Familieneinkommen, sozialer Status und soziale Position der Eltern, Religion, Land-Stadt-Unterschiede usw. – und die meisten prägenden Aspekte der Herkunftsfamilie – z. B. Scheidung der Eltern, häufige Ortswechsel oder Schulwechsel des Kindes, Verlusterfahrungen in der Kindheit usw. Dabei kamen Merkmale und Befindlichkeiten zum Vorschein, die viele Menschen mit der entsprechenden Position in ihrer Geschwisterreihe spontan bestätigen.

Doch bleibt zu betonen, dass es zum einen ein Leben und eine Entwicklung nach der Kindheit gibt, zum anderen niemand gezwungen ist, im konkreten Einzelfall genauso reagieren und agieren zu müssen, wie er es in der Herkunftsfamilie getan hat. Dennoch gibt es interessante Tendenzen, die es wert sind, beachtet zu werden, weil sie viele Verhaltensweisen wenigstens teilweise erklären.

Gefühlsgeleitete Haltungen, Motive und Interessen sowie das soziale Verhalten werden demnach nachhaltig von der eigenen Position in der Geschwisterkonstellation beeinflusst. Dies gilt umso mehr, je weniger es ein Bewusstsein um diesen Einfluss in unserem Leben gibt. So setzen sich in Berufen, die bestimmte Charaktereigenschaften erfordern, auffällig Kinder durch, die in ihrer Geschwisterposition die erforderlichen Eigenschaften erworben haben. So waren beispielsweise von den ersten 23 Astronauten 21 erste Kinder oder Einzelkinder. Über 90 % der amerikanischen Architekturprofessoren sind erste Kinder. Leider gibt es keine aussagekräftigen und jüngeren Untersuchungen über Geschwisterreihen, aus denen jemand Priester wird. Dennoch darf man davon ausgehen, dass hier wichtige Einflüsse auf das Verhalten im seelsorglichen Dienst zu finden sind.

In der Geschwisterkonstellation ist der Abstand zwischen zwei Kindern wichtig. Sind mehr als drei Jahre Abstand zu dem älteren Geschwister, entwickelt das Kind Eigenschaften von Erstgeborenen. Ferner beeinflusst das Geschlecht der Kinder das Lebensgefühl. Bei gleichgeschlechtlichen Geschwisterreihen haben es die nachgeborenen Kinder oft schwerer, fühlen sich oft sogar übersehen. Bei einem behinderten Kind in der Familie entwickelt sich eine besondere Fürsorge zum Geschlecht des behinderten Kindes. Bei Zwillingskindern prägt sich meist eine besondere Verbundenheit aus. Trotzdem erstwickelt das zuerst geborene Kind Eigenschaften eines Erstgeborenen, das zweitgeborene Kind Eigenschaften eines nächstgeborenen Kindes. Verändert sich die Geschwisterkonstellation zum Beispiel in Patchwork-Familien, wächst das Konfliktpotenzial, besonders wenn Alter und Geschlecht in den beiden ersten Familien ähnlich waren.

Eigenschaften aufgrund der Geschwisterkonstellation

Es ist nun interessant, die einzelnen Geschwisterpositionen anzuschauen. Das kann hier natürlich nicht umfassend geschehen. Ein besonderer Fokus soll im Blick auf den priesterlichen Dienst auf das Führungs- und Leitungsverhalten gelegt werden, das durch die Geschwisterkonstellation beeinflusst wird.

Bezüglich der Brisanz dieses Zusammenhanges sei an das bereits genannte Beispiel erinnert: Ein Team in einer Gemeinde beschwert sich immer wieder darüber, dass der Pfarrer zu wenig Leitung wahrnimmt. Im Team, aber auch in den Räten und Gruppen der Gemeinde hört er immer interessiert zu, gibt auch ab und zu einen Kommentar, lässt aber ansonsten vieles einfach laufen. In Beratungsgesprächen kommt das Team nicht weit über eine Analyse der Situation hinaus. In einem privaten Gespräch kommt er auf seine Herkunftsfamilie zu sprechen und meint: „Bis ich an die Reihe kam, etwas zu sagen, war bereits alles gesagt."

○ *Mittlere Kinder*

Wenn man das bedenkt, was die bereits genannten Studien an Merkmalen eines „Sandwich"-Kinders beschreiben, meint man ein Portrait dieses Pfarrers zu lesen: „Mittlere Kinder" werden zu spät geboren, um die besondere Behandlung des ersten Kindes zu erfahren, und zu früh, um die ungewöhnliche Großzügigkeit zu genießen, mit denen die meisten Eltern ihre jüngsten Kinder behandeln. Ein zentraler gemeinsamer Effekt im Verhalten ist, dass sich die nachgeborenen Kinder an dem jeweils älteren Geschwisterkind orientieren. Sie entwickeln auffällig kontrastierende Merkmale und Eigenschaften zum älteren Kind (den sogenannten „bouncing off effect"). Das bedeutet, bei einem ruhigen, ernsten und scheuen vorangehenden Kind wird das nachgeborene Kind gewöhnlich laut, fröhlich und gemeinschaftsorientiert sein, oder umgekehrt. Mittlere Kinder haben oft das Gefühl, keinen besonderen Platz in der Familie zu haben, und entwickeln darum häufig das Gefühl, nicht genügend beachtet zu werden. Mittlere Kinder sind im Familienalbum gegenüber Erstgeborenen deutlich unterrepräsentiert. Außerdem werden sie meistens nicht allein, sondern mit dem ältesten Kind auf dem Bild zu sehen sein.

Zweite und mittlere Kinder spielen viel häufiger mit Freunden als mit einem Geschwisterkind. Sie haben typischerweise weitaus früher und mehr Spielgefährten außerhalb des Hauses als das erste Kind und orientieren sich viel früher an den Standards der Gleichaltrigen. Sie entwickeln sich tendenziell zu guten Vermittlern und lernen früh, Kompromisse zu schließen. Sie wollen es allerdings oft auch allen recht machen, sind auf eine friedfertige soziale Umgebung angewiesen und geraten daher schneller in die Lage, eigene Ansprüche und ihre Selbstachtung aufzugeben. Sie gehören überdurchschnittlich zu den Menschen, die sich selbst und das eigene Leben unter der „Opferperspektive" interpretieren. Zwei weitere typische Merkmale sind ihre Neigung, sich für etwas zu schämen, sowie ihre Fähigkeit, Probleme zu akzeptieren und ausgewogene Lösungen zu suchen.

○ *Erstgeborene*

Wer als erstes Kind geboren wurde, fühlt sich typischerweise von allem angezogen, was Präzision, Konzentrationskraft und Durchhaltevermögen erfordert. Sie haben einen ausgeprägten Sinn für Struktur und Ordnung. Der Perfektionismus – den sie mit den Letztgeborenen teilen – ist das auffälligste Merkmal. Erste Kinder erhalten (zu) viel Aufmerksamkeit und Anerkennung, zugleich aber auch überdurchschnittlich viel elterlichen Druck. Sie entwickeln einen tieferen Sinn für Gehorsam, das Notwendige und Pflichten aller Arten. Sie sind zielstrebig, selbstständig, hingabefähig und opferwillig, allerdings auch eher konservativ, Ritualen und Gesetzen verpflichtet. In ihrem Berufsfeld bemühen sie sich häufig, möglichst erfolgreich und anerkannt zu sein. Dies führt oft zu interessanten Berufswahlen: Sie fürchten keine langen Ausbildungszeiten und wählen anspruchsvolle Berufe und Führungspositionen. Erstgeborene möchten auf keinen Fall übersehen oder ignoriert werden. Zwei Haupttypen können dabei statistisch unterschieden werden: die willensstarken und aggressiven sowie die pflegeleichten und angepassten Erstgeborenen. Die Ersteren setzen sich durch, die Letzteren erwarten Anerkennung.

Zugleich leiden die Erstgeborenen unter ständigem Druck. Ihnen ist besonders Zuverlässigkeit wichtig, sie fühlen sich aber auch schnell verantwortlich und zuständig. Von ihnen wird erwartet, dass sie die Standards für die jüngeren Geschwister setzen und ihnen ein gutes Vorbild sind. In dem ständigen Bemühen, erwachsen, vernünftig, gewissenhaft und verlässlich, perfekt zu sein, fühlen sich viele Erstgeborene den Anforderungen ihres Lebens nicht gewachsen und entwickeln starke Schuld- und Versagensgefühle, da sie es gewohnt sind, Verantwortung zu übernehmen und die Ursachen bei sich zu suchen. So ist es nicht verwunderlich, dass mehr als die Hälfte aller Personen, die eine Therapie suchen, Erstgeborene oder Einzelkinder sind.

○ *Einzelkinder*

Für Einzelkinder gilt alles, was über die Erstgeborenen gesagt wurde, allerdings in verschärfter Form. Alles ist noch etwas perfekter, genauer, sauberer usw. Sie sind z. B. noch kritischer sich selbst und anderen gegenüber oder noch hilfreicher als Erstgeborene. Einzelkinder sind überdurchschnittlich häufig Kinder von älteren Eltern, also Personen, die bereits ein deutlicher strukturiertes Leben führen. Auch dies trägt zur Herausbildung eines übermäßigen Perfektionismus bei. Zugleich haben sie auch alle positiven Eigenschaften der Erstgeborenen in starker Ausprägung.

Sie sind schneller als andere verstimmt, wenn sie ihren Willen nicht durchsetzen können. Dabei haben sie klarere Vorstellungen als alle anderen Kinder, was, wie und wann etwas zu geschehen hat – und sie finden es schwer, Kompromisse zu schließen und Abstriche von ihren Vorstellungen zu machen. Insgesamt haben Studien immer wieder belegt, dass Einzelkinder von den anderen ihrer Altersgruppe als mehr selbstbezogen, Aufmerksamkeit suchend, unglücklich und weniger sympathisch als Kinder mit Geschwistern wahrgenommen werden.

Eine Besonderheit vieler Einzelkinder im Vergleich mit Erstgeborenen ist ihre viel stärkere Abwehr gegen den Anspruch der Eltern, bereits früh erwachsen zu werden. Einzelkinder haben es schwerer als andere Kinder. Weil sie in einer Erwachsenenwelt aufwachsen, sind die Ansprüche oft nicht kindgerecht. Oft setzen sie sich unerreichbare Lebensziele. Sie sind typische „Misserfolgsvermeider", weil sie mehr Probleme mit ihren Misserfolgen haben als andere und sich auch auffällig besser an Misserfolge erinnern als an das, was ihnen gelungen ist.

○ *Letzte Kinder*

Letzte Kinder erhalten von ihren Eltern viel Spielraum und eine besondere Aufmerksamkeit. Daher haben sie das Gefühl, besonders wichtig zu sein. Sie sind es gewohnt, im Mittelpunkt zu stehen. Meistens sind es extrovertierte Kinder mit viel Charme. Sie sind liebenswürdig, unkompliziert im Umgang und wirken öfters etwas geistesabwesend. Sie übernehmen meistens die Rolle des „Unterhalters" in der Familie. Oft unternehmen sie etwas, um beachtet zu werden.

Die letzten Kinder leiden immer wieder unter dem Gefühl, dass sie von anderen nicht ernst genug genommen werden. Sie haben es schwer, aus dem Schatten älterer Geschwister zu treten. Das liegt auch daran, dass Eltern den jüngsten Kindern auffällig häufig Instruktionen durch die älteren Geschwister geben lassen. Dadurch entwickeln jüngste Kinder das Gefühl, dass sie den älteren Kindern, und infolgedessen später vielen anderen Menschen, etwas zu beweisen haben. Sie werden oft als selbstbezogen wahrgenommen. Letzte Kinder ergreifen gewöhnlich Berufe, die mit Menschen zu tun haben. Sie sind gute Lehrer, Verkäufer, Schauspieler usw. In der Unterhaltungsindustrie sind sie überrepräsentiert.

Führungsverhalten

Das Führungs- und Leitungsverhalten wird, sicher nicht nur, aber deutlich auch durch die in einer bestimmten Geschwisterposition erworbenen Verhaltensweisen beeinflusst. Beim Vergleich der bei sich selbst erlebten Eigenschaften mit den hier beschriebenen bleibt immer zu bedenken, dass es sich bei diesen Aussagen um statistische Daten handelt. So kann jeder bei sich Übereinstimmungen, aber auch deutliche Abweichungen erkennen.

☞ *Wie würde ich für mich meine Erfahrungen als Erst-, Mittel- oder Letztgeborener beschreiben?*
Wie kann ich mich in den hier beschriebenen Eigenschaften und Merkmalen wiederfinden?
Welchen Einfluss haben jene erlernten Eigenschaften auf mein Verhalten im Umgang mit den Menschen meiner Gemeinde bzw. meines Aufgabengebietes?

Welchen Einfluss haben sie auf mein Führungsverhalten und meine Leitungsaufgaben?

Versöhnung mit der Herkunftsfamilie

Erik H. Erikson beschreibt in seinem bereits erwähnten Buch „Identität und Lebenszyklus" als letzte Stufe und Frucht der menschlichen Entwicklung die „Integrität" (Erikson 1973, 118 ff.). Er meint damit, dass ein Mensch das eigene Leben, so wie er es in allen seinen Stationen durchlebt und durchlitten hat, annehmen kann. Diese Annahme schließt besonders auch die eigenen Eltern ein, die so und nicht anders waren, ohne den Wunsch, dass sie anders hätten sein sollen. Man kann hinzufügen, dass zu allen Bedingungen, unter denen das eigene Leben sich entwickelte, auch wesentlich die Geschwister und die eigene Position in der Geschwisterreihe gehören.

In unserem gegenwärtigen Erleben gibt es ja nicht *die* Herkunftsfamilie. In uns leben sozusagen viele Herkunftsfamilien. Je nachdem, worauf wir in unserer Erinnerung den Fokus legen, werden die verschiedensten Bilder dieser Familie in uns wach. Niemand hat ein nur positives oder ein nur negatives Bild seiner Familie. Es gibt wohl Hunderte oder gar Tausende Facetten dieser einen Familie in unserem Innern. Hinzu kommt, dass jedes einzelne Mitglied dieser Familie noch einmal ein anderes Erleben besitzt. Ein eher positives oder ein eher düsteres Bild kann zudem auch durch gegenwärtige Gefühlszustände beeinflusst werden.

Jener Prozess der Annahme und in manchen Teilen auch sicher der Prozess der Versöhnung schließt ein, einerseits die Hypotheken, die die Herkunftsfamilie aufgebürdet hat, klar zu sehen, andererseits aber diese Herkunftsfamilie bewusst und überwiegend als positive Ressource zu begreifen. Das Ziel ist, aus den positiven Erfahrungen der Vergangenheit die Gegenwart und Zukunft des persönlichen Lebens anzuschauen und zu fokussieren.

☞ *Schaue ich heute eher mit Groll oder mit positiven Gefühlen auf meine Eltern und Geschwister?*
Wie kann ich für mich diese Gefühle beschreiben?
Wie weit bin ich mit der Annahme meiner Herkunftsfamilie gekommen?

Welche Versöhnung steht für mich noch aus?
In welchen Punkten fällt mir eine solche Versöhnung schwer oder halte ich sie sogar für ausgeschlossen?

Beheimatung

Der zweite Schöpfungsbericht lässt Gott die Sätze sprechen: „Es ist nicht gut, dass der Mensch allein bleibt. Ich will ihm eine Hilfe machen, die ihm entspricht" (Gen 2,18). Damit ist ein Zentralpunkt dieser Weltentstehungsgeschichte die Einsicht, dass der Mensch als Einzelwesen unvollkommen ist und eine Ergänzung braucht. Um diese Einsicht kreisen viele Erzählungen, so zum Beispiel der Mythos vom Kugelmenschen, wie ihn Platon in einer seiner Schriften schildert.

Ursprünglich, so der Mythos, besaßen die Menschen kugelförmige Körper mit vier Händen und vier Beinen. Sie hatten zwei Köpfe, die in entgegengesetzte Richtungen schauten. Es gab drei Geschlechter. Rein männliche Menschen stammten von der Sonne ab, rein weibliche von der Erde, und zweigeschlechtliche hatten ihren Ursprung im Mond. Die Kugelmenschen wurden übermütig und wollten die Götter im Himmel angreifen. Im Götterrat unter dem Vorsitz des Göttervaters Zeus wurde beschlossen, die Menschen zu schwächen, indem sie diese halbierten. So entstanden die heutigen Menschen. Doch nun litten die Menschen schwer unter der Trennung ihrer Hälften. Sie wollten ihre Einheit wieder erlangen, umschlangen sich, doch konnten sie diese Einheit nicht erreichen. Da sie an nichts anderes mehr dachten und darum vor Sehnsucht zu verhungern drohten, versetzte Zeus ihre Geschlechtsorgane, die sich aus ihrer Kugelzeit noch auf dem Rücken befanden, auf die Vorderseite ihrer Körper. So konnten die Menschen ihr Bedürfnis nach Einheit befriedigen, sich zugleich fortpflanzen und sich auch wieder anderen Dingen zuwenden. Doch ihre Sehnsucht nach Einheit blieb den Menschen.

Ins Herz eingeschrieben

Dem Menschen ist es also in sein Wesen eingeschrieben, dass er die Einheit mit anderen Menschen sucht. Es ist eine Ursehnsucht, nicht alleine zu sein. Das hat sich auch in einer Zeit, in der viele menschliche Beziehungen sehr ungesichert bestehen und darum zu zerbrechen drohen, nicht geändert. Die letzten Shell-Studien über das Verhalten und die Werte von Jugendlichen weisen darauf hin, dass der wichtigste Wert für junge Menschen die Beheimatung in einer Familie ist. Und je mehr über Scheidungsraten diskutiert wird, desto mehr steigt, in statistischen Zahlen ausgedrückt, dieser Wert. Ehe und Familie sind also, vom biblischen Text bis zu heutigen Untersuchungsreihen, das Urbild für Geborgenheit und Heimat.

Das können Menschen, die zölibatär leben, nicht einfach und ungestraft überspringen. Immer wieder geschieht es, dass Priesterkandidaten im Eifer ihres Sendungsbewusstseins meinen, diese Frage schnell ad acta legen zu können. Doch viele holt jene Sehnsucht nach Geborgenheit und Heimat bei einem Menschen im Laufe ihres Lebens ein, in der einen oder anderen Weise.

Bei der Beerdigung eines noch jungen Pfarrers sagte ein Freund in sehr berührender Weise: „Er hat bei seiner Diakonenweihe den Zölibat versprochen – und er hat sich an dieses Versprechen gehalten. Doch es war ihm immer wieder anzumerken, wie schwer es auf ihm lastete."

Das Wissen um diese Leerstelle im eigenen Leben und die positive Gestaltung der Suche nach Beheimatung ist bitter notwendig. Bleibt diese Leerstelle unbearbeitet, setzt unwillkürlich ein noch schwierigerer Prozess ein: Menschen kommen mit ihren Problemen und Fragen zum Priester, um Begleitung und Hilfestellung zu erfahren. Ein selbst unbeheimateter Priester wird in solchen pastoralen Begegnungen immer wieder für sich selbst Happen von Beheimatung zu erhaschen suchen. Je weniger verarbeitet das Problem der Beheimatung ist, desto unkontrollierter wird die Suche danach in seelsorglichen Prozessen. In besonders schwerwiegenden Fällen kommt es zu Grenzüberschreitungen oder gar Übergriffen.

Orte der Beheimatung

Mit dieser Beheimatung ist nicht gemeint, dass sich ein Priester in seiner Arbeit wesentlich auch von seiner Gemeinde getragen fühlt. Wäre dies nicht so, müsste mehr die Frage gestellt werden, ob er mit seinem Herzen bei der Sache ist.

Um der Freiheit im anvertrauten seelsorglichen Feld willen ist es in der Regel besser, ja notwendig, jene persönliche Beheimatung außerhalb der Gemeinde zu suchen und zu finden. Freundschaften mit Mitgliedern des eigenen Weihekurses, Freundeskreise, einzelne Freundschaften und Familien, in denen man „die Beine ausstrecken kann", sind die richtigen und adäquaten Orte. Wird das Bedürfnis nach Beheimatung nicht bewusst gestaltet, wird der Mensch bald zum Einzelgänger und zu einem einsamen Wolf, der sich im Dunkeln seine Beute sucht.

○ *Daheim bei sich selbst*

Eine andere Art der Beheimatung ist das, was gemeinhin als Selbstbesitz des Menschen bezeichnet wird. Diese Art meint wesentlich, daheim zu sein bei sich selbst. Das bedeutet auf der einen Seite, in sich selbst so viel Kraft und zugleich Ruhe zu finden, dass das Empfinden entsteht, nicht dauernd auf Aktivitäten, Events, Bestätigungen, auch nicht auf dauernde seelsorgliche Arbeit zum eigenen Wohnbefinden angewiesen zu sein. Hier geht es nicht um ein geruhsames oder gar faules, „schlaues" Leben, sondern um den gesunden Ausgleich zu der oft gewaltigen Arbeit und Anspannung in der Gemeinde.

Diese innere Kraft und Ruhe kann man sich aber nicht kognitiv erarbeiten oder herbeireden. Man muss sie in konkreten Handlungen und Verhaltensweisen erleben. Das beginnt mit der Gestaltung der Wohnung, etwa in der Darstellung dessen in Bildern, was mir wichtig ist. Das findet seinen Ausdruck in einer inneren und äußeren Ordnung, die auch einmal lockerer gesehen werden kann, aber doch sichtbar sein muss. Das ist weiter erfahrbar in einer vernünftigen Trennung von Arbeit, öffentlicher Präsens und Privatheit.

Den Pfarrer alten Typs, der in seiner 500-Seelen-Gemeinde am Nachmittag seine Rosen schneidet, gibt es nicht mehr. Was sich in diesem Typ aber sinnvoller Weise verkörpert, ist die Pflege des persönlichen Lebensumfeldes. Die exemplarische Pflege eines Gartens oder der Blumen im Haus oder der Spaziergang mit einem Hund können heute Tätigkeiten des „Rosen"-Pfarrers sein. Wer sich dazu Zeit nimmt, und seien es nur überschaubare Minuten an jedem Tag, der bringt sein Leben in eine Balance.

○ *Daheim in der Welt und Kultur*

Wer sich selbst besitzt, kann auch große Bogen um die Welt schlagen. Um mit dem Zirkelgleichnis der heiligen Hildegard zu sprechen: Wer den Dorn seines Lebenszirkels tief genug eingesteckt hat, der kann mit dem Zirkel weite Kreise ziehen. Steckt der Dorn dagegen nicht tief genug, dann rutscht der gesamte Zirkel weg, wenn er Kreise ziehen soll.

Daheim in der Welt und Kultur zu sein, kann sich in verschiedener Weise ausdrücken. So kann uns die tägliche Zeitungslektüre oder Tagesschau auf den Wissensstand bringen, den viele Menschen um uns herum haben und der teilnehmen lässt an den Erfahrungen der ganzen Menschheitsfamilie.

Daheim sein in der Kultur kann auch bedeuten, regelmäßig neue Filme und Theatervorstellungen zu besuchen. Dort findet sich die Möglichkeit, nahe an das Lebensgefühl der heutigen oder gar der morgigen Menschen heranzukommen. Künstler als Seismografen einer kommenden Zeit vermitteln Einsichten in das, was die Menschen denken, fühlen, ersehnen, erhoffen und befürchten. Und da ein Seelsorger selbst auch ein Kind seiner Zeit ist – vielleicht nicht von der Welt, aber in der Welt –, kann er vielleicht manche Tendenzen in sich selbst, über die er das eine oder andere Mal erstaunt sein mag, besser verstehen. „Gaudium et spes" gibt gleich in den ersten Worten eine Begründung: „Freude und Hoffnung, Trauer und Angst der Menschen von heute, besonders der Armen und Bedrängten aller Art, sind auch Freude und Hoffnung, Trauer und Angst der Jünger Christi."

Manchmal wird er dabei das Gefühl der Fremdheit haben, wenn zum Beispiel zynisch über das hergezogen wird, was ihm selbst heilig ist. Dann gilt es eben auch, diese Welt und ihre kulturellen Ausdrucksformen einfach auszuhalten – um der Nähe zu den Menschen willen.

○ *Daheim im Hier und Jetzt*

Wer mit seinem Leben in der Gegenwart nicht zurechtkommt oder es als defizitär erlebt, hat zwei Fluchtmöglichkeiten. Entweder kann er sich in die Vergangenheit flüchten und die Taten der Kirche oder die eigenen in alten Zeiten preisen, oder er springt geistig in eine Zukunft, in der vermeintlich alles anders und besser wird. Beide Möglichkeiten hindern ihn daran, erfolgreich und zufrieden im Heute zu leben und zu arbeiten.

Natürlich leben die Kirche und jeder Einzelne aufgrund der Erfahrungen in der Vergangenheit. Vor unserer Zeit haben die Menschen gelebt, geglaubt, gestritten, geliebt und gehofft. Wir können uns gar nicht von dieser Vergangenheit abkoppeln, weil sie, ohne dass wir das bewusst wahrnehmen, immer wieder in der Gegenwart durchscheint und durchschlägt. Zu der bereits genannten Perspektive „Die Erziehung des Menschen beginnt 100 Jahre vor seiner Geburt" könnten wir analog sagen: „Der Glaube eines Menschen, der als Christ leben will, beginnt vor 2000 Jahren."

Dennoch muss der Glaube heute in Korrelation zu den gegenwärtigen Strömungen in Kirche und Gesellschaft gelebt werden. Mein Gebet heute, mein hoffendes Vertrauen auf Jesus Christus, meine Beziehung zu meiner Gemeinde findet jetzt statt. Darum wird der Blick in die Vergangenheit nur dann sinnvoll und fruchtbar sein, wenn ich nicht in die Vergangenheit hinabsteige und dort bleibe, sondern mit dem Lebens- und Glaubenswissen von damals heute die mir gestellten Herausforderungen angehe.

Visionen und Projekte in der Zukunft müssen auch sein. Doch diese dürfen nicht nach dem Schema konzipiert werden: Wenn das und das erfüllt ist, dann ... Visionen, die keinen konkreten Angelpunkt in der Gegenwart haben, sind keine wirklichen Visionen, sondern eher Ausreden, mit denen man sich aus der Gegenwart herauszuschleichen versucht.

o *Daheim bei Gott*

Jeder weiß um die Brüchigkeit und die Bedrohung von Beziehungen und Heimat. So gibt es, bei aller Anstrengung und allem Engagement, keine letzten Gewissheiten. Gott soll nun nicht als das Kompensationsmodell gegen den tiefen Fall herangezogen werden, wenn Freundschaften und Beziehungen zerbrechen, wenn altbekannte oder lange tragende Beheimatungen ausfallen.

Daheim sein bei Gott meint vielmehr die geistliche Gewissheit, dass er in allen gelingenden und misslingenden Beziehungen, in der Erfahrung von Beheimatung und Entwurzelung ständig gegenwärtig und ein treuer Begleiter ist. Er wird ein Glück, eine Beziehung, einen Ruhepol bei einem lieben Menschen nicht behindern, so wenig wie er ein Unglück, Einsamkeit oder Sehnsucht nach dem, was mir abgeht, verursacht. Vielmehr ist er der, der durch alle Situationen hindurchträgt – wenn wir es zulassen.

☞ *Wie habe ich die Beheimatung in meiner Herkunftsfamilie und an meinem Heimatort erlebt?*
Was hat mich getragen?
Was hat mich eher in meiner Entwicklung behindert?
Wo sind heute Orte meiner Beheimatung?
Bei welchen Menschen?
An welchen Orten wie Klöstern, Urlaubsorten usw.?
Wie gestalte ich das Daheimsein bei mir selbst, etwa in meiner Wohnung?
Wie sorge ich konkret dafür, dass ich erlebe, wie Menschen heute denken, fühlen, hoffen?
Wie sorge ich in meinem geistlichen Leben dafür, dass ich die oft benutzte Aussage von der Begleitung Gottes in meinem Leben tatsächlich erfahren kann, sie mir bewusst wird?

Körperliche Bedürfnisse

Der Leib und die Art, wie wir ihn uns selbst und anderen zeigen, ist sozusagen die Außenseite unserer Persönlichkeit. Mit verschiedenen Codes signalisieren wir den anderen, wie wir gerne gesehen und eingeschätzt würden.

Da sind einmal die Verhaltenscodes unseres Leibes wie Mimik, Gestik und Körperhaltung, über die wir anderen unsere Befindlichkeit mitteilen, aber auch unsere Stellung zu unserer Außen- und Mitwelt darstellen. So ist die gebeugte Haltung meist der Ausdruck, dass wir uns belastet fühlen. Der aufrechte Gang und der forsche Blick sagen den anderen: Hallo, jetzt komme ich!

Kleidercodes, über die wir unseren Leib „ins rechte Licht rücken", offenbaren einerseits unseren persönlichen Geschmack, andererseits signalisieren wir unter anderem, wie wir gesellschaftlich eingeordnet werden wollen. Ähnliches kann man von einem Haarschnitt sagen, der uns solide, künstlerisch ambitioniert oder unauffällig erscheinen lässt.

Für Seelsorger ist der Leib aber auch ein Werkzeug ihrer pastoralen Arbeit. So gestaltet er zum Beispiel Kontakte und seelsorgliche Situationen mit seinem Leib. Die Menschen schließen von seiner Körperhaltung, seiner Mimik und Gestik auf seine Bereitschaft zum Gespräch. Seine leibliche Anwesenheit in einer Gemeindeversammlung oder im Pfarrgemeinderat wird als Interesse gedeutet.

In eigener Weise wird im Rahmen der Liturgie die Leiblichkeit des Zelebranten wahrgenommen. Mitfeiernde nehmen sehr wohl auf, ob sich der zelebrierende Priester ordentlich gekleidet hat, die Stola richtig sitzt und wie er seine Hände beim Einzug hält.

Pflege des Leibes

Pflege des eigenen Leibes ist also mehr als nur Sauberkeit. Fit sein bedeutet für einen Priester nicht nur, als Mann ein gutes Bild abzugeben. Die Pflege des Leibes ist für ihn auch sozusagen die Instandhaltung des Werkzeuges seiner Berufung. Ein ungepflegter, übel nach Zigarettenrauch riechender oder müder Pfarrer, der über seine Arbeit stöhnt oder vorzugsweise von seinen Krankheiten erzählt, den möchte niemand anfragen. Man hält ihn intuitiv für nicht kompetent, zu den Fragen des Lebens hilfreiche Hinweise geben zu können.

Regelmäßiger Sport, genügend Schlaf und ausgewogene Ernährung dürfen darum nicht nur wohlmeinende Ratschläge der Hausärzte bei jährlich wiederkehrenden Checks bleiben. Sie müssen umgesetzt werden. Wer das für sich alleine nicht auf die Reihe bekommt, kann und sollte sich Unterstützung holen.

Sport gemeinsam mit anderen macht mehr Spaß, zumal Sozialkontrolle in diesem Fall sogar erwünscht ist. Genügend Schlaf bleibt dagegen meist alleine eine Frage der Selbstdisziplin. In der Geistlichen Begleitung sollte jeder darum um die regelmäßige Frage bitten, ob ein Mindestmaß an Schlaf eingehalten wird. Wer sich schwer damit tut, selbst zu kochen und sich um eine gute Ernährung zu kümmern, der muss sich eine Zugehfrau verordnen, die konsequent und mit ausdrücklicher Erlaubnis des Pfarrers auf regelmäßiges und gesundes Essen achtet und es einfordert.

Ein besonderes Kapitel ist der Umgang mit Alkohol. Wie auch bei mehreren sozialen Berufen ist die Gefahr von Alkoholmissbrauch bei Priestern doppelt so hoch wie in der sonstigen Bevölkerung. Man rechnet damit, dass etwa 20 Prozent der Priester alkoholgefährdet und etwa 10 Prozent abhängig sind. Wenn man mit Medizinern davon ausgeht, dass jemand, der täglich zwei Gläser Rotwein oder die gleiche Alkoholmenge in anderer Form zu sich nimmt, als abhängig gelten muss, dann ist es dringend angeraten, sich selbstkritisch zu beobachten. Um eine ehrliche Selbstkontrolle zu pflegen, sollte sich jeder darüber Rechenschaft ablegen, wie oft etwa am späten Abend nach einer Sitzung vor dem Fernseher während der Spätnachrichten oder eines Spätfilms Bier- oder Weinflaschen geöffnet werden.

Zuträglicher Genuss

Der Grundsatz „Wer nicht genießen kann, wird irgendwann ungenießbar" könnte etwa so fortgesetzt werden: „... oder wird sich Genüsse genehmigen, die ihm nicht bekommen."

Nicht genießen zu können, kann vielfältige Gründe haben. So ist es möglich, dass ein Mittel des Genusses nicht zur Verfügung steht. Wer nicht ausreichend finanzielle Reserven besitzt, kann sich bestimmte und teure Genussgüter nicht leisten. Es gibt aber auch den moralischen Anspruch, auf bestimmte Güter verzichten zu sollen. Wird dieser Anspruch bejaht, kann der Verzicht freiwillig geleistet werden. Wird der Anspruch dagegen aufgedrängt oder später dessen Rechtmäßigkeit oder Lebbarkeit infrage gestellt, sucht der Bedrängte intuitiv, wie er den Anspruch oder die Verbote umgehen kann.

Für jeden Menschen, für den Priester in eigener Weise, besteht darum die Notwendigkeit, die Genüsse in ausreichendem Maß zu suchen, die ihm möglich sind. Vor allem gilt es zu vermeiden, sich genau auf die Genüsse zu fokussieren, die ihm nicht möglich oder erlaubt sind.

Betrachtet man jene Heiligen, die in besonderer Weise das Ideal der Armut propagiert und gelebt haben, ist auffällig, dass viele von ihnen aus einem reichen Elternhaus stammen. So konnte Franziskus in seiner Jugend in Saus und Braus leben, bevor er die Wende zur Armut vollzog. Er konnte auf das verzichten, was er bereits einmal in Überfülle erlebt hatte. So wird auch eher der einen echten und freiwilligen Verzicht leisten können, der jenseits des Verzichtes Freude und Lebensgenuss erleben darf.

Man könnte darum das Leben insgesamt mit einer Diätkur vergleichen. Jemand erkennt sein Übergewicht und sieht ein, für die eigene Gesundheit etwas unternehmen zu müssen, indem er abnimmt. In einer angepriesenen Turbo-Diät mit Verzicht auf das, was seinem Gaumen sonst Freude bereitet, gelingt ihm tatsächlich die Gewichtsreduzierung. Er vergisst aber, zum Ausgleich für ausreichend Genuss in anderer Weise zu sorgen. Auf diese Weise züchtet er in sich einen immer größeren Heißhunger nach dem an, was ihm während der Diät abgeht. Die Folgen kennen alle, die diese Prozedur einmal mitgemacht haben.

☞ *Was fällt mir spontan ein zur Frage nach den körperlichen Bedürfnissen?*
Habe ich das Gefühl, so etwas wie eine Dauerdiät machen zu müssen, oder kann ich auch mit Freude einigen Genüssen frönen?
Welche sozialen Sicherungen habe ich dafür, dass ich angehalten bin, auf meinen Körper und meine Gesundheit zu achten?

Sexualität und Zölibat

Ohne Frage ist der Sexualtrieb einer der stärksten und impulsivsten Antriebe des Menschen. Ihn einfach kaltzustellen, ist nicht möglich. Er wird sich in jedem Fall auf die eine oder andere Art melden und Gehör verschaffen. Wenn ein ganzer Berufsstand, zumal mit einer so ausgeprägten Sendung und Stellung, sich verpflichtet, ehelos zu leben, ist dies, wenn es in der rechten Gesinnung geschieht, ein hohes Ideal, aber auch ein hohes Risiko.

Befragt man heute Gemeindemitglieder zum Thema Zölibat, kommt in der Regel als erste Aussage, man solle ihn freistellen. Sexualität gehöre zum Menschen. Jeder müsse selbst bestimmen können, in welcher Lebensform er lebt. Diese Position mag plausibel sein, doch nützt sie heutigen Priestern herzlich wenig, da eine Freistellung des Zölibats gegenwärtig nicht in Aussicht ist. Immerhin ist positiv an jener Aussage, dass die Gemeindemitglieder sich sehr wohl Gedanken um das Wohlergehen ihrer Priester machen. Nachdenklich stimmt allerdings, dass der Sinn, mit dem die Lebensform der Ehelosigkeit begründet wird, kaum oder gar nicht verstanden wird.

Ein erstes Problem ist die Terminologie. Mit einem Defizit, einer „-losigkeit", kann kein Mensch leben. Hinzu kommt der Umstand, dass nicht wenige Priester, die in einem Lebensabschnitt den Zölibat nicht einhalten können, immer wieder einmal zu ihrer Rechtfertigung bemerken: „Ich gehe ja keine Ehe ein." Das ist natürlich eine Verdrehung dessen, was mit Zölibat gemeint ist.

Letztlich heißt Zölibat Verzicht auf genitale Sexualität und alle Vorstufen, die dazu führen. In einer Priestergruppe gab es einmal eine Diskussion darüber, ob ein Priester mit Frauen flirten dürfe. Flirten sei ja schließlich harmlos und verstoße nicht gegen das Zölibatsversprechen, war die eine Position. Die andere bezog sich auf die Aussage über Ehebruch in Mt 5,28: „Ich aber sage euch: Wer eine Frau auch nur lüstern ansieht, hat in seinem Herzen schon Ehebruch mit ihr begangen."

Es ist doch ganz harmlos?

Das unterscheidende Merkmal, ob ein Flirt ein Verstoß gegen den Zölibat ist oder nicht, ist die Intention des Gesprächs. Man kann, wenn man darum bemüht ist, sehr genau unterscheiden zwischen einem lockeren, freundlichen, humorvollen und augenzwinkernden Gespräch und einer, wie man es heute formuliert, „Anmache". Eine solche Anmache stellt nicht nur Anfragen an die persönliche Haltung des Priesters, sondern sie verdirbt auch seine seelsorglichen Möglichkeiten gegenüber der betreffenden Person. Wer anmachend flirtet, präsentiert sich dem anderen in erster Linie mit seinen Eigenschaften als Mann und vielleicht sogar als potenzieller Liebhaber. Für das Gegenüber wird die Begegnung dadurch in eine Kategorie eingeordnet, die für einen Priester und Seelsorger nicht hilfreich ist.

Ähnliches gilt für Umarmungen bei Begrüßung und Abschied. Es ist ein Unterschied, ob man im Sinne eines üblichen Rituals jemanden bei Begrüßung oder Abschied umarmt, oder ob man die

Umarmung um der Umarmung willen sucht. Diese Überlegung gilt übrigens nicht nur für den Priester als Seelsorger, sondern auch für alle anderen pastoralen Berufe und Dienste.

Die innere Klarheit und die Klarheit im Verhalten sind aus zwei Gründen wichtig: Einmal brauche ich selbst für mich diese Klarheit, um bewusst mit Motiven meines Verhaltens umgehen zu können. Wie leicht schleichen sich unter dem Deckmantel des Rituals oder gar der pastoralen Zuwendung ein Verhalten und damit ein Erleben ein, die in mir selbst Grenzen verwischen.

Der andere Grund für Klarheit ist das Erleben des Gegenübers: Ich kann kaum oder gar nicht absehen, was ich zum Beispiel durch eine Umarmung, die einen anderen Menschen trösten soll, in diesem an Emotionen und Hoffnungen auf größere Nähe auslöse. Dies soll nicht bedeuten, dass eine tröstende Umarmung grundsätzlich unterlassen werden soll. Doch es gilt, genau und wachsam zu unterscheiden, mit wem und in welcher Situation körperlich Nähe angebracht ist oder nicht. Kulturelle Unterschiede im Verhalten sind zudem zu berücksichtigen. Wenn Papst Franziskus als südamerikanischer Priester und Bischof freizügig mit Umarmungen umgeht, trägt das deutlich zur Lockerung dieses Rituals bei. Es löst aber nicht die angedeuteten Fragezeichen auf.

Die alte „regula tactus", die die älteren Priester noch in ihrem Verhaltenskodex haben, lautete: keine Berührung mehr als am Arm. Die Missbrauchsskandale haben hellhörig und vorsichtiger gemacht. Natürlich fühlt sich ein Kind, das seinen Pfarrer gut kennt, wohl, wenn es sich auch einmal auf dessen Schoß setzen kann. Doch die Sensibilisierung in diesem Bereich ist so weit fortgeschritten, dass es der klugen Abwägung bedarf, welche Verhaltensweisen ratsam und angebracht sind und welche nicht. Wenn beispielsweise einem Pfarrer bei einem Elternabend über Beichtvorbereitung von einem Vater vor versammelter Elternschaft gesagt wird: „Was Sie mit unseren Kindern beim sogenannten Beichtgespräch in der Sakristei machen, wissen wir nicht!" – dann wird es sehr schwer, vertrauensvoll miteinander umzugehen. Klarheit in der Intention und im Verhalten kann die einzige sinnvolle Antwort in einer solchen Situation sein.

Positive Deutung des Zölibats

Insgesamt mag aber eine Kasuistik von Verhaltensweisen zwar im konkreten Umgang mit den Menschen Hinweise geben, hilft aber dem Priester selbst im Erleben und Durchleben seiner Lebensform wenig. Das bedeutet, dass der Zölibat positiv lebensformend und inhaltlich anziehend begründet und formuliert werden muss.

○ *Nicht in Abwertung anderer*

Dabei besteht allerdings die Gefahr, die Beschreibung der Lebensform als Ideal durch die Abwertung von Alternativen zu profilieren. Wenn das zölibatäre Leben zum Beispiel als der „Weg der größeren Liebe zu Gott" beschrieben wird, suggeriert man, andere Wege seien geistlich und religiös minderwertiger. Bei einer solchen Abwertung hat man zwar sogar einen biblischen Text auf seiner Seite. Paulus formuliert in 1 Kor 7, 32–35:

> *„Der Unverheiratete sorgt sich um die Sache des Herrn; er will dem Herrn gefallen. Der Verheiratete sorgt sich um die Dinge der Welt; er will seiner Frau gefallen. So ist er geteilt. Die unverheiratete Frau aber und die Jungfrau sorgen sich um die Sache des Herrn, um heilig zu sein an Leib und Geist. Die Verheiratete sorgt sich um die Dinge der Welt; sie will ihrem Mann gefallen. Das sage ich zu eurem Nutzen: nicht um euch eine Fessel anzulegen, vielmehr, damit ihr in rechter Weise und ungestört immer dem Herrn dienen könnt."*

Als gemäß der Leseordnung an einem Sonntag ein Ehemann und Vater im Gottesdienst diesen Text als zweite Lesung vortrug, konnte man ihm anspüren, wie peinlich berührt er sich beim Verlesen dieses Textes fühlte. Ein Ideal, das andere als minderwertig deklassiert, ist eher fragwürdig. Zwar verstehen sich die Worte des Paulus, wie er es zuvor ankündigt, nur als ein Rat, weil vom Herrn keine Weisung zum Thema Ehelosigkeit bestehe. Auch spricht er den Rat aus im Blick auf die Naherwartung. Dennoch liegt in diesen Worten eine klare Wertung.

In die gleiche Richtung zielt die traditionelle Rede vom „Stand der Vollkommenheit", den in Reinform die Mönche und Ordensleute, in abgestufter Weise die sogenannten Weltpriester leben.

Diese Sprachregelung sagt indirekt aus, dass die Lebensform der Ehe eo ipso den Stand der Unvollkommenheit darstellt. In der Argumentation wird oft diese Spitze etwas entschärft, indem man diese Aussage als objektive Aussage deklariert, die noch nichts über die subjektive gelebte Heiligkeit des einzelnen Menschen sage. Wenn dem aber so ist, dann erscheint die Formulierung an sich fragwürdig.

Wie kann nun aber die Zuordnung und geistliche Sendung der verschiedenen Lebensformen positiv formuliert werden? Hier ein Vorschlag.

○ *Die Berufung aller*

Der Mensch ist in jeder Lebensform und in jedem Lebensstand zur Heiligkeit berufen. Darum formuliert „Lumen gentium" 39: „Daher sind in der Kirche alle, mögen sie zur Hierarchie gehören oder von ihr geleitet werden, zur Heiligkeit berufen gemäß dem Apostelwort: ‚Das ist der Wille Gottes, eure Heiligung' (1 Thess 4,3; vgl. Eph 1,4)." Heiligkeit, die zunächst nur eine Eigenschaft Gottes ist, empfängt der Mensch als Geschenk und als Anteil an Gottes Heiligkeit. Dabei prägt jede Lebensform ein eigenes Erleben aus. In jedem Fall geht es darum, die Liebe Gottes im eigenen Leben zu erfahren, in der eigenen Liebe zu Gott zu wachsen und durch das eigene Leben für andere diese Liebe Gottes gegenwärtig zu setzen. Das ist zunächst die Sendung jedes Getauften und Gefirmten, der in der Eucharistie die von der Kirche verbürgte Gegenwart Gottes als Stärkung für seinen Lebensauftrag empfangen darf.

Die Aufforderung in Mt 5,48 – „Ihr sollt also vollkommen sein, wie es auch euer himmlischer Vater ist" – ergeht an alle, die sich als Jünger Jesu verstehen. Was hier in der Bergpredigt im Blick auf die Feindesliebe als Auftrag ausgesprochen wird, ist ein Auftrag an alle.

Diese Aufforderung kann aber nur so gemeint sein, dass die Menschen Maß nehmen sollen an der vollkommenen Liebe Gottes. Das vollkommene Maß der Liebe Gottes wird er nie erreichen, weil sein Leben auch von Brüchen, Unzulänglichkeit und Sünde gekennzeichnet ist. Vollkommenheit als Ideal im Blick auf den Menschen kann darum nur Vollständigkeit meinen: Der Mensch, der das Ideal der Liebe Gottes anstrebt, wird sich mit Leidenschaft nach diesem

Ideal ausstrecken, zugleich aber auch sehen und anerkennen, dass er immer dahinter zurückbleibt.

○ *Die besondere Berufung*

Unter dieser Voraussetzung steht jede Berufung, ob Mönch, Ordensfrau, Ordenspriester, Diözesanpriester, Verheirateter oder Unverheirateter. Es geht für jeden Menschen darum herauszufinden, auf welche originelle und spezifische Weise er seine persönliche Berufung leben kann.

Für alle gemeinsam gilt wiederum, ihre Berufung in der Welt zu leben. Selbst ein Einsiedler lebt seine Berufung trotz aller Abgeschiedenheit in seinem Leib, in Raum und Zeit, in der Welt. Auch seine Erfahrungen der Nähe Gottes finden in der Welt statt. Auch er lebt seine Hingabe an Gott in den Formen und Ritualen eines Menschen. Von daher ist die Unterscheidung zwischen Ordens- und Welt-Christen nur bedingt sinnvoll. Jeder religiöse Mensch lebt seinen Glauben, indem er einerseits etwa in Gebet und Meditation direkt Gott anspricht und sucht, andererseits aber mitten in der Welt in den Zeichen der Zeit oder durch innere Anregungen versucht, den für ihn von Gott geplanten und geführten Weg zu finden und zu gehen.

Vielleicht ist folgende Profilierung hilfreich:

Der zölibatär lebende Mensch muss wie alle anderen Gottes- und Nächstenliebe in der Welt miteinander verbinden. Doch in seiner Lebensform, in der er auf einen wesentlichen Teil des Lebens bewusst verzichtet, wird er zum lebendigen Zeichen, zum Leuchtturm und zur Mahnung: Mensch, vergiss in der Geschäftigkeit des Lebens und im Getriebe der Welt nicht das, was der tragende Grund deiner Existenz ist und worauf es letztlich ankommt.

Der religiöse verheiratete Mensch wird ebenfalls Gott suchen in Gebet und Meditation, sich darin immer neu auf den Grund und das Ziel seines Lebens, auf Gott, ausrichten lassen. Doch in seiner Lebensform, in der er sich der Beziehungspflege mit seiner Frau, seinen Kindern und der Arbeit in seinem Beruf widmet, wird er zum lebendigen Zeichen und zur Mahnung: Mensch, denke daran, dass die Liebe zu Gott und deine Beziehung zu ihm sich wesentlich durch die Liebe zu den Menschen verwirklicht.

Beide Berufungsarten sind gleichwertig und fordern den ganzen Menschen, sind aber in ihrer Bedeutung an sich und für die Kirche unterschiedlich. Die Berufung zur Ehelosigkeit in der Berufung zum Priestertum – und um diese geht es hier, auch im Unterschied zur Berufung zum Stand des geweihten Lebens – ist verbunden mit vielen Perspektiven und Aufgaben im Gegenüber zur Gemeinde und in der Verantwortung für die Kirche.

Diese besonderen Perspektiven werden in den folgenden Säulen des Priesters noch im Einzelnen zur Sprache kommen. Hier geht es zunächst um den menschlichen Umgang mit dem Versprechen bei der Diakonenweihe, ehelos zu leben und sich dadurch in besonderer, eigener Weise von Jesus Christus und der Kirche in Dienst nehmen zu lassen.

Motive für die Entscheidung zum Zölibat

Wenn man ernsthaft die verschiedenen Berufungen in der Kirche in ihrem Eigenwert würdigt und nicht gegeneinander durch Abwertung ausspielt, dann stellt sich die Frage, was die Motive dafür sind, sich für das Priestertum zu entscheiden.

In jedem Berufungsvorgang spielen verschiedene Motive eine Rolle. Über manche Motive spricht man nicht so gerne, dennoch sind sie in dem Motivationsbündel dennoch wichtig.

Da ist zunächst das Erleben der liturgischen Feiern. In der Zeit als Ministrant wächst in der Regel die Begeisterung für die Liturgie. Bei nicht wenigen entwickelt sich der Wunsch, selbst als Priester der Eucharistie vorstehen zu können. Die Freude an rituellen Vollzügen, auch Freude an liturgischen Gewändern, spielt eine Rolle. Zudem kann die Möglichkeit, sich selbst in dieser Aufgabe zu präsentieren, eine Faszination ausüben, was durchaus auch positiv gesehen werden kann.

Andere Motive, die viele Priester nennen, sind die Freude und auch der persönliche Gewinn, mit anderen Menschen zusammen zu sein und zusammenzuarbeiten. Es gibt, neben dem Beruf des Therapeuten, wohl kaum Berufsträger, denen gegenüber sich Menschen so öffnen, wie es bei einem Priester der Fall sein kann.

Ein weiteres Motiv, diesen Beruf zu wählen, ist, dass in nur wenigen Berufen mit so großer Freiheit Leben und Gemeinschaft gestaltet werden können. In Kirche und Gemeinde gibt es fast unbegrenzte Möglichkeiten der Gestaltung und der Einflussnahme. Grenzen sind eigentlich nur durch die Persönlichkeit des Priesters selbst gegeben. Zwar besteht hier immer auch die Gefahr des Missbrauchs von Vertrauen und Macht. Doch mit einer eigenen Wachsamkeit und einer selbst gewählten Kontrolle, beispielsweise in der geistlichen Begleitung, ist diese Gefahr zu meistern.

Neben weiteren Motiven spielt das Erleben von Vorbildern eine wichtige Rolle. „Ich möchte so werden und arbeiten, wie es mein Heimatpfarrer gemacht hat." – „Die große Hilfsbereitschaft und die Art mit Menschen umzugehen, wie es mein Religionslehrer vorlebte, hat mich begeistert." Oder auch: „Die Gastfreundschaft, die ich in meinem Elternhaus erlebte, möchte ich im seelsorglichen Dienst umsetzen."

○ *Die größere Liebe*

Das eigentliche Kriterium, das letztendlich den ganzen Menschen prägt und beeinflusst, ist das Kriterium der Liebe: In welcher Lebensform erlebe ich in mir eine größere Liebe? In der Berufsentscheidung gibt es ein intuitives Abwägen, welche Aspekte und Formen des Lebens der Vision vom eigenen Leben am meisten entsprechen: Wohin führt mich meine eigene Seele? Wo liegt vermutlich die größere Erfüllung meines Lebens? Wohin zieht mich die Kraft meiner Liebe?

Diese größere Liebe bezieht sich dann letztlich nicht nur auf Aufgabengebiete und Lebensbereiche, sondern auf Personen. Für den Priester stellt sich die radikale und alles entscheidende Frage: Ist meine Liebe zu Gott und Jesus Christus so groß und so gestaltet, dass ich auf die intime Vermittlung durch einen Menschen verzichten kann?

Diese grundlegende Frage kann nicht einfach mit einem lapidaren „Der Zölibat macht mir nichts aus!" weggefegt werden. In der anfänglichen Begeisterung für Liturgie und seelsorgliches Tun denken junge Kandidaten verständlicherweise zu wenig an die einsamen Situationen des Lebens. Diese Situationen sind nur aus einer Kraft der Liebe zu bewältigen.

Wie die Motivlage zu Beginn des priesterlichen Dienstes oder nach einer gewissen Zeit der Berufsausübung tatsächlich aussieht, kann jeder für sich in einer „Gegenprobe“ überprüfen. Wie reagiere ich, wenn ein Priester nicht nach meiner Fasson seinen Dienst ausübt oder gar seinen priesterlichen Dienst aufgibt, um zu heiraten? Erlebe ich das intuitiv als eine Abwertung meiner Lebensentscheidung? Warum rege ich mich darüber auf? Versuche ich eher, das innere Ringen des Mitbruders, das zweifellos stattgefunden hat, zu verstehen, oder spüre ich in mir die Tendenz, mich von diesem Mitbruder und dessen Entscheidungsweg abzugrenzen? Habe ich die Tendenz, jemanden, der mit seinem Beruf nicht mehr zurechtkommt, zu verteufeln?

Lebbarkeit des Zölibats

Es gibt nun keine Rezepte oder Tricks, wie der Zölibat gelebt werden kann. Hier seien einige Hinweise gegeben, die weiterführend sein können.

Eine erste Frage ist: Wie kann ich das Liebesbedürfnis, das jeder Mensch hat, in meinem Leben zum Zug kommen lassen? In einer Diskussion mit Jugendlichen meinte einer zu dieser Frage: „Der Verheiratete konzentriert seine Liebe auf eine Frau. Der zölibatär Lebende verteilt seine Liebe auf viele.“ Was in der Diskussion helles Auflachen erzeugte, hat aber einen richtigen Kern. Der zölibatäre Mensch muss sich tatsächlich die Frage stellen, ob er auf die ergreifende und ihm Geborgenheit schenkende Liebe zu einem Menschen verzichten kann – zugunsten einer Liebe, die viele Menschen in seinem seelsorglichen Tun spüren können.

Zwar könnte man nun einwenden, dass Empathie nicht an die Lebensform gebunden ist. Doch kann die Tatsache, dass ein Priester um seiner Sendung willen auf eine Ehe oder eine intime Partnerschaft verzichtet, bei den Menschen einer Gemeinde das Gefühl einer besonderen Wertschätzung erzeugen. Dieses Empfinden sollte man nicht vorschnell relativieren durch den Hinweis auf verheiratete evangelische Pfarrerinnen und Pfarrer oder verheiratete pastorale Mitarbeiterinnen und Mitarbeiter.

Trotzdem bleibt die Frage für jeden, wie das eigene Bedürfnis nach menschlicher Nähe, Geborgenheit und Liebe gestillt werden kann. Hier sollte man sich hüten, etwas schönzureden. Viele Priester, besonders ältere Priester, gestehen in einer geschützten Atmosphäre, dass es in ihrem Leben in diesem Punkt eine bleibende Leerstelle gab und gibt. „Der Zölibat war in meinem Leben ein ständiger Stachel im Fleisch", formulierte ein über 80-jähriger Priester.

Das alte Modell des katholischen Pfarrhauses, in dem eine Haushälterin wohnte und den Pfarrer auch menschlich unterstützte und damit auch sehr oft in guter Weise Beheimatung schenkte, gibt es kaum noch. Darum sind andere Modelle, die erlebte Einsamkeit zu überwinden, nötig. Regelmäßige Treffen in Gruppen, Wohngemeinschaften von Priestern bis hin zu einer vita communis sind sinnvolle und notwendige Versuche, persönliche Sackgassen in die Einsamkeit zu überwinden oder gar nicht aufkommen zu lassen.

Unter jüngeren Priestern wird es seit einiger Zeit Usus, sich einen Hund anzuschaffen. Dies ist schlicht und einfach eine Möglichkeit, nicht während des Tages oder besonders am Abend in ein leeres Haus zu kommen, sondern von einem lebendigen Wesen empfangen zu werden. Bevor man über einen solchen Versuch lästert, möge man bessere Vorschläge machen.

○ *Die Grundsatzfrage*

Viele Priester leiden heute allerdings unter der Erfahrung, dass ihre Lebensform von den Gemeinden nur bedingt mitgetragen wird. Die gängige Rede: „Sie sollen doch für die Priester den Zölibat freistellen." Es ist hier nicht der Ort, diese Ansicht, die mehr oder weniger mitfühlend ausgesprochen wird, in ihren vielfältigen Aspekten zu bedenken. Vor allem nützt sie denen, die bereits den Zölibat versprochen haben, für ihr Leben herzlich wenig. Im Gegenteil löst sie immer wieder die Frage aus, ob die eigene Entscheidung die richtige war und ob das eigene konkret gelebte Leben bei den Menschen eine Akzeptanz findet. Von gut gemeinten Reden oder gar Mitleid im Blick auf die eigene Lebensform kann keiner leben.

Neuerliche Umfragen unter Priestern zeigen an, dass etwa ein Viertel der Priester selbst den Pflichtzölibat infrage stellt. Das Ziel müsste sein, dass man zwar irgendwann in der Kirche zu einer offenen Diskussion im Blick auf viri probati oder eine Freigabe des Zölibats kommt. Die bereits geweihten Priester sollten aber so in diese Diskussion einsteigen, dass es nicht um eine Veränderung der eigenen Lebenssituation geht. Sonst würde man in der Kirche insgesamt und im eigenen Leben einen Sog erzeugen, der nicht hilfreich ist. Doch eine solche, vom eigenen Leben abstrahierende Diskussion ist meist sehr schwer zu führen.

○ *Geistliche Begleitung*

Im Blick auf die Lebbarkeit des Zölibats und den Umgang mit der eigenen Sexualität ist es hier nun nicht sinnvoll und angemessen, konkreter über Details der Lebensführung zu sprechen. Zu schnell würden mögliche Angaben exhibitionistisch oder voyeuristisch erscheinen und anmuten. Zudem gehören konkretere Überlegungen, die sehr abhängig von der einzelnen Person und Situation sind, in das persönliche Gespräch der geistlichen Begleitung.

Das Problem der geistlichen Begleitung ist allerdings, dass oft über spirituelle Themen, Erfahrungen und Probleme gesprochen, das Thema der gelebten Sexualität aber eher zurückhaltend oder überhaupt nicht angesprochen wird. Ein Priester, der in der geistlichen Begleitung von Alumnen tätig war, berichtete, dass seine jungen Gesprächspartner sehr befremdet auf entsprechende Anfragen reagierten. Es bestünde, so das Ergebnis eines Austauschs der geistlichen Begleiter, die Gefahr, dass die Begleiteten nach entsprechenden Rückfragen lieber einen anderen Begleiter wählen, der diese Fragen auslässt.

Der Bereich der konkret gelebten Sexualität wird also so sehr als Intimbereich empfunden, dass selbst ein Gespräch mit solch einem geschützten Setting für viele kein Forum bietet, über dieses Thema zu sprechen. „Das ist doch nun wirklich meine Sache!" – so der oft gehörte Kommentar. Darum kann an dieser Stelle nur die Empfehlung stehen, jeder möge sich einen solchen Gesprächspartner wählen, mit dem er auch diesen wichtigen Bereich des Lebens offen besprechen kann.

☞ *Fällt mir das Leben in dieser Lebensform schwer? Was bedrängt mich besonders?*
Welche Kriterien bewegten mich im Entscheidungsprozess, diese Lebensform zu wählen?

Wie begründe ich für mich positiv meine Lebensform?
Welche Verhaltensweisen körperlicher Nähe halte ich für angemessen?
Wie überwinde ich konkret Situationen von Einsamkeit?
Empfinde ich, dass ich in meiner Lebensform in meiner Gemeinde und in meinem Arbeitsbereich mitgetragen werde?
Spreche ich mit einem vertrauten Menschen oder in der geistlichen Begleitung darüber, wie ich mit meiner Sexualität umgehe?

Lebensphasen

Wir sind oft der Meinung, wenn wir im Laufe unseres Lebens eine Entscheidung getroffen oder Probleme gelöst haben, dann sei das von Dauer und endgültig. In Wirklichkeit tragen wir wichtige Entscheidungen und Probleme und ihre Lösungen ein Leben lang mit uns herum. Das hängt damit zusammen, dass wir gerade diese Entscheidungen, weil sie so wichtig sind, in den verschiedenen Phasen unseres Lebens neu einholen müssen. Diese Phasen lassen das eigene Leben und dessen einzelne Schritte jeweils in einem neuen Licht erscheinen. In der jeweils neuen Phase ändern sich die Lebensumstände, reifen Lebensvorstellungen in neue Dimensionen hinein, werden wir mit Gefühlen konfrontiert, die in dieser Weise zuvor weniger relevant waren.

Phase der ersten Liebe

Eine erste Phase erstreckt sich vom Aufkommen der Idee und des Wunsches, Priester zu werden, bis hinein in die ersten Priesterjahre. Die Vorstellung, als Priester zu wirken und Liturgie zu feiern, kann tatsächlich so etwas wie „Schmetterlinge im Bauch" erzeugen.

Doch das Hineinwachsen in die Vorstellung, Priester zu sein, ist auch und vor allem geprägt durch das Ringen um die geistlich-personale Dimension dieser Berufung. Ist die Beziehung zu Jesus Christus eine wirklich personale Begegnung, oder doch eher eine theoretische, abstrakte? Ist die freundschaftliche, zur Nachfolge bereite, liebende Verbindung zu ihm, der eben nicht mit Händen zu greifen ist, so klar und stark, dass sich darauf ein ganzes Leben aufbauen lässt?

○ *Das besondere Profil*

Lange Jahre der Vorbereitung sind durch das Studium der Theologie geprägt. In dieser Zeit entwickelt sich auch eine individuelle Zuordnung von Theologie, persönlicher Spiritualität, Leben in Gemeinschaft und pastoralem Arbeiten. Die Theologie steht für das wissenschaftliche, reflektierende Durchdringen des Glaubens. Die persönliche Spiritualität steht für die Aneignung des Glaubens in die eigene Lebensrealität, besonders für das persönliche Gottes- und Christusverhältnis. Das Leben in der Gemeinschaft des Priesterseminars steht für die kirchliche Dimension des Glaubens. Praktika in Gemeinden und pastoralen Feldern, dann die praktischen Übungen während des Pastoralkurses nehmen die konkreten seelsorglichen Aufgaben in den Blick.

Jeder entwickelt ein eigenes Profil dadurch, dass er diese Dimensionen individuell einander zuordnet. So entstehen ausgewiesene Theologen, aber auch solche, die das Theologiestudium nur in Kauf nehmen. So entwickeln sich geistliche Menschen, die durch ihr Lebenszeugnis überzeugen, aber auch solche, bei denen eher Organisation eine wichtige Rolle spielt. Hier zeigen sich Einzelne als Gemeinschaftstypen, die kommunikativ und kreativ ihre Ideen in die Seminargemeinschaft und später in die Gemeinde einbringen, aber auch solche, die eher scheu und zurückhaltend in einer Gemeinschaft agieren. Im Blick auf die seelsorgliche Praxis zeigt sich bei den einen eine große Schaffenskraft oder ein besonderer Zugang zu bestimmten seelsorglichen Aufgaben, bei anderen in manchen Feldern eher begrenzte Fähigkeiten und Energien.

○ *Die Weihen*

Ohne Zweifel sind die Weihen Zielpunkte der Vorbereitungszeit und zugleich Anfangspunkte für den priesterlichen Dienst. Sie sind Hoch-Zeiten auf dem langen Weg der Vorbereitung.

Die Diakonenweihe wird von den meisten als „Durchgangsweihe“ empfunden. Zwar wird in der pastoralen Ausbildung dieser Zeit ein besonderes Gewicht auf die diakonischen Dienstfelder gelegt. Auch wird immer wieder betont, dass diakonisches Handeln auch für den Priester ein wichtiges Handlungsfeld und eine bleibende Dimension des Dienstes bleibt. Doch emotional streben alle während des Pastoralkurses auf das Ziel der Priesterweihe zu.

Lebensmäßig einschneidend ist bei der Diakonenweihe vor allem das Zölibatsversprechen. Doch zeigt sich im Umgang mit der Diakonenweihe, dass die Kirche selbst diesen Schritt im Entscheidungsweg nur relativ ernst nimmt. Möchte ein Diakon aus irgendwelchen Gründen vor der Priesterweihe aus dem pastoralen Dienst ausscheiden, kann eine Laisierung innerhalb einer sehr kurzen Frist in Rom erreicht werden, was nach einer Priesterweihe undenkbar ist.

Zweifellos sind Priesterweihe und Primiz erste und entscheidende Höhepunkte. Über die inhaltliche Bedeutung soll an späterer Stelle etwas gesagt werden. Hier soll das Augenmerk mehr auf die Art und Weise gelegt werden, wie die Einzelnen beides, besonders aber die Primiz vorbereiten.

o *Primiz und erste Kaplansjahre*

Da gibt es Weihekandidaten, die den größten Wert auf das innere Geschehen der Weihe legen. Sie sagen ihre Wünsche, überlassen es aber weitgehend der Heimatgemeinde, wie diese die Primiz begehen will. Von ihnen gehen eine freudige Ruhe und Erwartung aus, die sich durch äußere Gegebenheiten wenig beeinflussen lassen.

Bei aller Ernsthaftigkeit in der geistlichen Vorbereitung legen andere Kandidaten großen Wert darauf, selbst zu bestimmen, wie die Feierlichkeiten in der Gemeinde vonstattengehen sollen. Bis in die Gestaltung der Menükarte beim Mittagessen kümmern sie sich um alles und möchten nichts dem Zufall oder allein dem Heimatpfarrer überlassen.

Ein spannendes Kapitel ist die Frage, mit welchen liturgischen Gewändern die erste Eucharistiefeier gehalten werden soll. Hier zeigt sich eine Verwunderung vieler Gottesdienstbesucher, oft auch der anwesenden Mitbrüder, denn es offenbaren sich unter Umständen unterschwellige Wünsche und Tendenzen, die der Kandidat während der Vorbereitungszeit verheimlicht hat. Die einen kleiden sich mit einem Primizgewand, das sie selbst ausgesucht haben und anfertigen ließen, das aber die Heimatgemeinde bezahlt und ihm zum Geschenk macht. Andere, wohl eher wenige, zeigen plötzlich ihre Vorliebe für ein barockes Priestertum. Sie tragen eine spitzenumsäumte Albe und ziehen zur Verwunderung vieler Gottesdienstbesucher, oft auch der anwesenden Mitbrüder, mit einer „Bassgeige“ in die Kirche ein.

In der Erfahrung der ersten Kaplanstelle gibt es dann tatsächlich so etwas wie eine erste Liebe in der Seelsorge. Erste Begegnungen mit den Menschen in der neuen Rolle eines Priesters bleiben meist lebenslang in Gedächtnis haften. In späteren Zeiten beginnen darum Erzählungen oft: „Als ich damals nach der Weihe zum ersten Mal …“

☞ *Wie habe ich die Anregung zum priesterlichen Dienst im Gedächtnis?*
Welche Personen gaben entscheidende Anregungen?
Wann stand für mich die Entscheidung fest?
Was war mir persönlich in der Vorbereitung auf die Weihen besonders wichtig?
Wie erlebte ich die Vorbereitung auf die Primiz?
Welcher geistliche Impuls hat mich damals getragen?
Wie kam es zum Primizspruch, der auch auf dem Primizbild abgedruckt wurde?
Wie trägt mich heute die erste Liebe der damaligen Zeit?

Phase des Hineinwachsens in den Beruf

Die zweite Berufsphase kennzeichnet das emotionale und praktische Hineinwachsen in den Beruf. Die Kaplanszeit, die anstrengend sein mag, weil nun eigenverantwortlich Aufgaben erledigt werden müssen, findet noch in einem relativ geschützten Rahmen statt. Die Letztverantwortung trägt der vorgesetzte Pfarrer. Wenn eine Aufgabe nicht zufriedenstellend ausgefüllt werden kann, gibt es noch einen Schonraum.

Insofern ist das Hineinwachsen in die Rolle des Pfarrers die noch größere Herausforderung. Hier haben es die jüngeren Priester insofern besonders schwer, weil es kleinere Gemeinden oder Einzelgemeinden kaum noch gibt. So ist es keine Seltenheit, dass in einer ersten Pfarrerstelle gleich mehrere Kindergärten und soziale Einrichtungen gemanagt werden müssen, Arbeitsfelder, auf die in der Pastoralausbildung nur bedingt vorbereitet werden kann. So sind die ersten Schritte oft mühsam, besonders dann, wenn lange schwelende Konflikte nun vom neuen Pfarrer angegangen werden sollen. Da sollte zum Beispiel schon längere Zeit ein Wechsel in der Leitung einer Kindertagesstätte herbeigeführt werden. Vielleicht ist sogar der Vorgänger an diesem Konflikt gescheitert. Nun muss der neue, junge Pfarrer seine Arbeit mit einem Krisenmanagement beginnen.

Wegen der größer werdenden Seelsorgeeinheiten werden die Eingewöhnungszeiten immer länger. So ist es keine Seltenheit, dass Pfarrer erst nach mehreren Jahren sagen können, sie seien gut in ihrer Arbeit angekommen und könnten ihre Aufgaben gut bewältigen, da sie erst dann einen entsprechenden Überblick haben.

Plateauphase

Wenn ein Pfarrer das Gefühl hat, endlich seine Arbeit gut im Griff zu haben, sich vielleicht sogar nach einigen Jahren an eine andere und größere Pfarrei wagt, dann setzt eine Plateauphase ein. Er hat sich auf ein ihm entsprechendes Anspruchsniveau hocharbeiten können, sodass er Routine in den einzelnen Aufgaben erworben hat. Die Arbeit geht, wie man sagt, von der Hand. Diese Phase kann zwei bis drei Jahrzehnte andauern, wenn er im Blick auf Motivation und Gesundheit immer wieder auftanken kann.

In dieser Phase stellt sich bei einigen Pfarrern jedoch heraus, dass sie in den übertragenen Aufgaben an den Rand ihrer Fähigkeiten und Möglichkeiten geraten oder gar überfordert sind. Das als eine Schwäche zu interpretieren, wäre jedoch töricht und ungerecht. Denn die physischen und psychischen Kapazitäten kann man zwar unterstützen, aber nicht beliebig dehnen. Hier ist eine realistische und manchmal auch demütige Selbsteinschätzung notwendig.

Es wird nicht ausbleiben, die eigene Schaffenskraft mit der von Mitbrüdern zu vergleichen. Leicht kommt dann ein Bewertungsgefälle ins Spiel, das keiner Seite gerecht wird. Die eigentliche und gerechte Frage ist: Welche Fähigkeiten sind dem Einzelnen geschenkt – und an welcher Stelle können diese am besten eingesetzt werden?

Hier ist Begleitung der Priester vonseiten der Bistümer oder Sußervision gefragt. Wer sein ganzes Leben auf die eine Karte

Kirche gesetzt hat, der hat einen Anspruch darauf, eine gute Förderung und Begleitung in der Arbeit zu erfahren.

☞ Ältere Priester:
Wie habe ich die Phasen des Hineinwachsens in den Beruf und die Plateauphase erlebt?
Wie habe ich mich mit meinen Fähigkeiten und Grenzen in dieser Zeit erlebt?

Priester im mittleren Alter:
Wie erlebe ich selbst die Plateauphase?
Wo erlebe ich Arbeitsfelder, in denen ich mich noch mehr engagieren möchte?
Im Blick auf welche Arbeitsfelder möchte ich mich mehr abgrenzen?

Jüngere Priester:
Wie stelle ich mir meine beruflichen Aufgaben in den nächsten 20 Jahren vor?
Was möchte ich unbedingt erreichen?
Was möchte ich auf keinen Fall?

Generative Phase

Irgendwann während des Hineinwachsens in den Beruf und während der Plateauphase wächst, sozusagen von der Seite her und trotzdem aus dem inneren Erleben heraus, eine andere Entwicklungsphase. Das geschieht in der Zeit, in der die Altersgenossen, die alten Schul- und Studienkameraden, Freunde und Freundinnen heiraten und Kinder bekommen. Hier bleibt es nicht aus, dass bewusst oder unbewusst die Frage nach Kindern und dem Vaterwerden virulent wird.

Die Vorstellung, dass das eigene Leben in Kindern eine Verlängerung in die Zukunft hinein erfährt, ist eine sehr archaische Vorstellung und tief in der Psyche verwurzelt. Keiner kann dieser Vorstellung ausweichen, gleichgültig wie er sich letztlich dazu stellt und entscheidet. Das bedeutet, dass auch ein Priester dieser Frage nicht ausweichen kann und darf.

Die Seelsorge bringt einen Priester permanent mit Paaren und Familien zusammen. Junge Eltern bringen ihre Kinder zur Taufe und melden ihre Kinder zur Erstkommunion an. In der Erstkommunionkatechese oder in der Schule hat er so intensiv mit Kindern zu tun, dass er jener Frage an sich selbst gar nicht entgehen kann.

So mancher ältere Priester bekennt von sich: „Keine Lebenspartnerin, keine Ehefrau zu haben, erlebe ich als Defizit. Aber keine Kinder zu haben, ist noch schwieriger." Was in jüngeren Jahren zunächst eher eine Anfrage an die eigene Männlichkeit sein mag, wird mit zunehmendem Alter mehr zu einer Anfrage: „Was bleibt von mir?"

Es gibt Priester, die von ihrem gesamten Habitus her im besten Sinn des Wortes väterliche Typen sind. Man kann sie daran erkennen, dass Kinder es ausgesprochen gerne mit ihnen zu tun haben. Wenn der Pfarrer im Kindergarten, in der Schule oder in der Katechese auftaucht, stehen die Kinder in Trauben um ihn herum. Allerdings gibt es auch Pfarrer, die eher hilflos wirken, wenn Kinder auf sie zukommen. Bei ihnen herrscht ein gewisses Fremdeln gegenüber Kindern, was aber untergründig auch ein Abschirmen vor dem, was berührt, sein kann.

In jedem Fall muss ein Priester sich ernsthaft der Frage stellen: „Wer sind meine Kinder?" Bei einer Antwort darf nicht zu schnell die Aussage kommen: „Meine Gemeinde ist meine Familie!" Diese Antwort muss schließlich eine wichtige und tragende sein. Doch zu schnell gesprochen, überspringt sie wichtige Zwischenantworten. Es bedarf einer ganz menschlichen, auch emotionalen Verarbeitung jener Frage nach den eigenen Kindern.

Ein Bild für das Gemeinte mögen solche jungen Paare sein, die voll Sehnsucht sich ein Kind wünschen, denen aber eigene Kinder versagt bleiben. Viele Zweifel, Selbstzweifel oder auch geheime Vorwürfe rütteln an ihrer Beziehung. Viele versuchen, sich durch medizinische Eingriffe ihren Kinderwunsch erfüllen zu lassen, versuchen alles, um ihrer Liebe im Kind ein Gesicht zu geben.

Natürlich lebt der Priester in einer anderen Situation. Innere Impulse und Wünsche bleiben aber nicht aus, auch wenn man nicht darüber spricht, schon gar nicht unter Priestern. Um seiner selbst willen und um einer guten Seelsorge willen muss aber die Entwicklungsstufe der Generativität ernst genommen werden.

Einmal reift die Persönlichkeit eines Menschen nur dann wirklich aus, wenn die Lebensstufe der Generativität (Erikson 1973, 117 f.)

integriert werden kann. Zum anderen entsteht dann ein empathischer und zugleich gelassener Umgang mit Kindern und Familien, wenn jemand diese Entwicklungsstufe integriert hat.

Hier ein Vergleich: Die dauernde Konfrontation mit Sterben und Tod, besonders durch die Beerdigungen, fordert den Seelsorger immer wieder heraus, sich persönlich mit der Wirklichkeit des Todes, auch seines eigenen Todes, auseinanderzusetzen. Dies ist sowohl für ihn selbst als auch für sein pastorales Handeln wichtig, will er nicht nur mechanisch seinen Dienst vollziehen.

So gehören auch Liebe, Partnerschaft und Kinderhaben in den Kreislauf des Lebens. So wichtig es ist, ein ganzheitliches und freies Ja zum Zölibat sprechen zu können, so wichtig ist es auch, ein bewusstes und freies Ja zum Verzicht auf Kinder zu sprechen. Wenn dieses Ja zum Verzicht auf eigene Kinder, der in dieser Lebensphase viel bewusster und lebensorientierter auftaucht, gesprochen ist, dann und erst dann darf liebevoll und aus ganzem Herzen jener Satz gesprochen werden: „Meine Gemeinde ist meine Familie." Und: „Der Dienst an den Kindern meiner Gemeinde ist mein Geschenk an die Familien meiner Gemeinde – und an Gott."

☞ *Welche Überlegungen kommen mir im Blick auf diesen Themenbereich?*
Kenne ich in meinem Leben jene Frage nach eigenen Kindern?
Gibt es aus meiner Gemeinde Rückmeldungen, wie ich mit Kindern umgehe?

Phase der Midlife-Crisis

In die Plateauphase platzen oft unerwartet, bei Überlastungen mit umso größerer Wucht, die Fragen hinein: „Was treibe ich eigentlich mit meinem Leben?" – „Will ich wirklich dieses Hamsterrad, in dem ich von einem Tag zum anderen renne, von einer Woche zur nächsten, von einem Jahr zum anderen?" – „Ist das alles, was ich für mein Leben erwarte?" – „Wo bleibe ich eigentlich persönlich in der Ausübung aller meiner Funktionen?"

Diese Fragen können eine Zeitlang mit noch mehr Arbeit oder mit anderen Mitteln übertüncht oder klein gehalten werden. Sie sind aber nicht auszurotten. Sie kommen auf die eine oder andere

Art doch wieder zum Vorschein. Wenn sie nicht beachtet werden, zieht der Körper irgendwann die Notbremse durch eine Krankheit oder ein Burn-out. Oder die Psyche bremst das Leben durch Fluchtgedanken oder plötzliche, angebliche Glaubenszweifel aus.

Wenn sich jene Fragen melden, sind sie sozusagen eine Voranmeldung für Supervision oder eine Auszeit, ein Sabbatjahr, Exerzitien oder zumindest eine bewusste Reflexion. Wenn die geistliche Begleitung im Laufe der Zeit ausgesetzt wurde, ist spätestens jetzt der Zeitpunkt gekommen, sie wieder zu suchen.

Inhaltlich findet in dieser Zeit so etwas wie eine zweite Pubertät statt. Von Neuem, aber mit einem deutlich vergrößerten Denk- und Lebenshorizont, werden die bisherigen Identifikationen auf den Prüfstand gestellt. In diese Zeit fällt auch der Vorgang, sich noch einmal mit den älter werdenden Eltern auseinanderzusetzen. Hier geht es darum, für sich anzuerkennen: „Ja, das sind oder waren meine Eltern! Das ist mein Ursprung, mein Startkapital fürs Leben! Das waren die Gaben und Geschenke, die mir meine Eltern in mein Leben hineingegeben haben. Aber das sind auch die Belastungen, die ich mein Leben lang mit mir herumzuschleppen habe!" Wie bereits angesprochen, steht eine Versöhnung mit den Eltern an.

Interessanterweise parallel dazu ergeben sich auch all jene Fragen, ob das Leben in der jetzigen Form das richtige ist, ob der Beruf und die Berufung, so wie ich sie gegenwärtig lebe, für den weiteren Verlauf meines Lebens Gültigkeit besitzen sollen.

Phase der geringer werdenden Kräfte

Bewegt sich das Lebensalter auf die Zahl 60 zu, melden sich, wenn dies nicht schon zuvor geschehen ist, die ersten Anzeichen dafür, dass die physischen und psychischen Kräfte nachlassen. Es wird zu einer rechten Demutsübung, vor sich selbst eingestehen zu müssen, dass die Arbeitszeiten nicht mehr beliebig ausgedehnt werden können, und dass es Zeiten gibt, in denen man beim Aufstehen in der Frühe an verschiedenen Stellen des Körpers Beschwerden spürt.

Solange mit dem durch Jahrzehnte erworbenen Knowhow und dem dadurch ermöglichten schnellen Überblick Ausgleich geschaffen werden kann, sind diese Wahrnehmungen noch erträglich. Die Situation ändert sich in dem Moment, in dem andere meine geringer werdenden Kräfte wahrnehmen. Besorgte Blicke von Gemeindemitgliedern, Anfragen, ob es wohl nicht so gut geht, lassen aufhorchen.

Hier setzt leicht die Reaktion ein, möglichst alle Schwächen zu überspielen. „Alles gut!" oder „Alles bestens!" sind heute beliebte, aber oft unehrliche Antworten auf die Nachfrage, wie es geht. Um einem Spießrutenlauf zu entgehen, gibt es für einen Pfarrer zwei Möglichkeiten. Entweder er spielt in seiner Gemeinde mit offenen Karten und macht seine Möglichkeiten, aber auch seine Grenzen transparent. Diese Offenheit muss durchaus nicht als Wehleidigkeit empfunden werden. Oder er sucht nach einer anderen Stelle, etwa als Pfarrvikar, um mit weniger Arbeit und Verantwortung zufrieden seinen Dienst leisten zu können.

Beide Möglichkeiten erfordern Ehrlichkeit und Energie. Wünschenswert und notwendig ist, dass sich im Bistum und im Presbyterium eine Atmosphäre entwickelt, in der jene Offenheit möglich ist. Aufseiten der Personalführung eines Bistums verlangt dies, eine Kultur der Lebensphasen zu entwickeln und eine entsprechende Begleitung anzubieten.

☞ *In welcher Lebensphase bin ich angekommen?*
Wie erlebe ich meine jetzige Lebensphase?
Was wünsche ich mir?
Was möchte ich verändern?

Jüngere Priester:
Wie erlebe ich Mitbrüder, wie sie mit ihrem vorangeschrittenen Leben umgehen?
Wie möchte ich später mit diesem Lebensabschnitt umgehen?
Welche Weichen möchte ich schon heute stellen?

Phase der Integration

Diese Worte in Genesis 25,7–8 drücken eine Sehnsucht in einem jeden Menschenleben aus: *„Das ist die Zahl der Lebensjahre Abrahams: Hundertfünfundsiebzig Jahre wurde er alt, dann verschied er. Er starb in hohem Alter, betagt und lebenssatt, und wurde mit seinen Vorfahren vereint."*

In einem hohen Alter, zufrieden und satt an Leben zu sterben – einer solchen Vorstellung vom Ende des eigenen Lebens kann niemand widerstehen. Jemand, der am Ende auf sein Leben zurückschaut und sagen kann „Ja, es ist gut so!“, ist ein wahrhaft glücklicher Mensch.

Wenn er auch noch mit den Worten des Simeon bekennen kann (Lk 2,29–32):

> *„Nun lässt du, Herr, deinen Knecht,*
> *wie du gesagt hast, in Frieden scheiden.*
> *Denn meine Augen haben das Heil gesehen,*
> *das du vor allen Völkern bereitet hast,*
> *ein Licht, das die Heiden erleuchtet,*
> *und Herrlichkeit für dein Volk Israel.“*

– dann ist es ihm gelungen, geistlich sein Leben zu vollenden. Ihm ist eine Integration seiner Lebensphasen mit allen Höhen und Tiefen geschenkt. Er konnte hinter diesen Höhen und Tiefen das heilvolle Handeln Gottes entdecken.

Eine solche Integration ist einerseits ein Geschenk, andererseits hat sie aber auch eine natürliche Vorgeschichte. Menschen, die so ihr Leben zusammenfassen können, haben in der Regel ein Leben lang geübt.

Wenn jemand ein priesterliches Leben lang an jedem Abend bei der Komplet sich mit den Worten des greisen Simeon identifizierte, dann ist er diesen Übungsweg gegangen. Geistliche Lehrer empfehlen immer wieder, eine abendliche „Sterbeübung“ zu vollziehen. Ja, der kleine Tod des nächtlichen Schlafes ist das Übungsfeld für den einen großen Tod. Dabei geht es nicht darum, den dunklen Schatten des Todes über jeden Tag fallen zu lassen, sondern jeden Tag in seiner Fülle und in seinen Grenzen in das eigene Leben zu integrieren und sich in Gelassenheit in den Schlaf fallen zu lassen.

Es bleibt ein Stachel im Erleben, dass auch junge Menschen durch Krankheit oder Unfall ihr Leben verlieren. Wenn ein 50-jähriger Mitbruder, der als Seelsorger für viele Menschen eine große Hilfe und ein glaubwürdiger Zeuge von dem war, was er verkündete, unter schweren Umständen an einem Krebsleiden stirbt, dann stellt man unwillkürlich die Frage nach dem Sinn des frühen Todes.

„Was hätte er noch alles als Priester bewirken können!" In einer solchen Situation spüren wir deutlich, dass die wirkliche Vollendung eines Menschenlebens ein Geheimnis bleibt, oft Fragen und Zweifel aufwirft. Hier bleibt dann die Hoffnung, dass der Verstorbene auch in einem kürzeren Leben das Heil sehen durfte und dass ihm jetzt die Vollendung dieses Heiles geschenkt wird.

☞ *Kenne ich Priester, die in dieser Weise ihr Leben in Gottes Hand geben konnten?*
Wie habe ich ggfs. den Tod meiner Eltern oder anderer lieber Menschen erfahren?
Was wünsche ich mir für meine letzte Lebensphase?

Umgang mit Grenzerfahrungen

Zum Menschsein gehören unweigerlich Grenzerfahrungen verschiedenster Art. Es sind oft Erfahrungen, deren Bewältigung einen hohen Energieaufwand abverlangt und eine Integration in das Gesamtkonzept des eigenen Lebens herausfordert. Ein zu schnelles „Der Herr hat gegeben, der Herr hat genommen; gelobt sei der Name des Herrn" (Ijob 1,21) kann die echte Bewältigung von Grenzerfahrungen behindern, wenngleich diese Aussage des leidenden Ijob das geistliche Ziel einer solchen Bewältigung ist.

Das Geheimnis in der Bewältigung von Grenzerfahrungen ist nämlich nicht, diese spirituell zu relativieren, sondern sich in guter Weise auf sie einzulassen und in sie einzutauchen, um gerade darin Gottes Nähe und Gegenwart zu ahnen und zu spüren. Grenzerfahrungen sind keine Störfaktoren des Lebens. Sie gehören zum Leben und sind darum wertvoll.

Begrenzte Schaffenskraft

Ein erster Bereich von Grenzerfahrungen ist die schmerzliche Wahrnehmung, dass die eigene Schaffenskraft begrenzt ist. Ich muss auf meine physische und psychische Konstitution achten und dann mit Würde vor mir selbst und vor anderen eingestehen, wo meine Grenzen sind. Wenn ich mich außengesteuert von irgendwelchen Imperativen leiten lasse, dann lasse ich diese Grenzen leicht außer Acht, überschreite sie und beginne, die eigenen Ressourcen aufzubrauchen.

Auf die eigene Gesundheit zu achten und sie durch gesunde Ernährung, Sport und geregelten Schlaf zu unterstützen und damit Grenzen anzuerkennen, bin ich mir als Mensch selbst schuldig. Doch auch im Blick auf den verantwortlichen, seelsorglichen Dienst bin ich es auch Gott und den Menschen schuldig. Die Güte meines Dienstes hängt auch von meiner physischen und psychischen Konstitution ab. Mein Körper, meine Seele, mein Geist sind die Medien meiner Arbeit. Vernachlässige ich mich selbst, vernachlässige ich zugleich meinen Beruf und meine Berufung.

An dieser Stelle ist nun der oft zitierte Text aus 2 Kor 12,9 ff. zu erwarten: Gerade in der Schwachheit des Seelsorgers Paulus soll sich die Stärke des Herrn erweisen. Natürlich soll dieser Text hier nicht ausgespart bleiben, doch unter einem anderen Gesichtspunkt betrachtet werden.

„Viel lieber also will ich mich meiner Schwachheit rühmen, damit die Kraft Christi auf mich herabkommt." Man mag diese Aussage als spirituellen Trost bei Misslingen, als Kompensationsvorschlag bei mangelhaften eigenen Fähigkeiten oder als tiefere, geistliche Einsicht in die Wirkkraft der Gnade verstehen. Hier soll auf die Kehrseite der Aussage abgehoben werden: Wer sich nicht seine Schwachheit eingesteht, wer Grenzerfahrungen mit noch mehr Arbeit oder mittels anderer Techniken übergehen oder überspringen will und dabei nicht wirklich mit der Gnade Gottes rechnet, der ist hochmütig und letztlich ungläubig. Er versteht sich nämlich, genau betrachtet, als der eigentliche Champion im Ring des Lebens, als die Seele der Seelsorge, als der Könner und Manager des Heils. Vielleicht ist diese Formulierung etwas überspitzt – und so mancher möchte sich gegen eine solche Unterstellung verwahren. Doch mag sie die eigene Besinnung anregen, was ich in meiner Arbeit von mir selbst und was ich von Gott erwarte.

Die rechte Zuordnung formuliert Ignatius sinngemäß: Ich möchte so arbeiten, als wenn alles von mir und meinem Einsatz abhinge, und zugleich so sehr auf die Gnade Gottes vertrauen, als wenn sie alles bewirke.

☞ *Wo erlebe ich meine begrenzte Schaffenskraft?*
Wie versuche ich, die Einsicht in die eigenen Grenzen zu bewältigen?
Bei welchen Gelegenheiten spüre ich die Grenzen meiner körperlichen und psychischen Fähigkeiten?
Wie deute ich für mich die paulinische Aussage: „Wenn ich schwach bin, dann bin ich stark."

Es allen recht machen?

Es ist ein gutes Gefühl, von Menschen geliebt zu werden, ihre Wertschätzung zu erfahren und Lob geschenkt zu bekommen. Jeder Mensch ist auf diese Erfahrung angewiesen. Sie baut das Selbstwertgefühl auf und gibt neue Motivationen, seine Arbeit mit Energie und Begeisterung zu erledigen.

Doch gibt es in jedem Gemeinschaftsgebilde auch die andere Erfahrung. Nach vollem Einsatz, nach guter Vorbereitung und Durchführung einer Veranstaltung oder nach einem anspruchsvoll gestalteten Gottesdienst gibt es viel Lob, aber auch harsche Kritik. Die einen schwärmen zum Beispiel überschwänglich nach einer mit Kirchenchor und Orchester gestalteten Eucharistiefeier. Andere meckern, der Gottesdienst habe viel zu lange gedauert, und außerdem sei eine Kirche kein Konzertsaal.

Interessanterweise nehmen wir uns Kritik sehr viel mehr zu Herzen, als wir uns über Lob und Anerkennung freuen. Manchmal wischt die Kritik von zwei Personen das Lob einer ganzen Gemeinde weg und belastet emotional. Die Kritik kann, je nach Naturell, so niederschmettern, dass die erste Reaktion auf Vorwürfe lauten kann: „Dann macht eure Arbeit alleine!"

Viel wurde über Konfliktfähigkeit und die Kompetenz, Konflikte zu managen, nachgedacht und geschrieben. Es wird auf Verhaltensweisen und Vermeidungsstrategien, die wir in unserer Herkunftsfamilie erlernt haben, und auf die Weiterentwicklung der Persönlichkeit hingewiesen. So ist es auch selbstverständlich geworden, dass Ausbildungseinheiten zu Konfliktmanagement zum Ausbildungsprogramm der Priester und pastoralen Mitarbeiter gehören.

Doch bei aller Reflexion und Einübung in sinnvolle Verhaltensweisen im Konfliktfall bleibt ein größerer oder kleiner Rest an Betroffenheit oder gar Niedergeschlagenheit, wenn wir schlechte

Rückmeldungen auf unsere Arbeit erhalten oder gar persönlich angegriffen werden, etwa: „Sie bekommen ja nie etwas auf die Reihe!"

Die Feststellungen „Man kann nicht von allen geliebt werden!" oder „Du kannst es nicht allen recht machen!" sind richtig, aber oft nicht wirklich hilfreich. Der Verstand stimmt diesen Feststellungen zu, emotional leiden wir trotzdem, manchmal längere Zeit, manchmal geht das dumpfe Gefühl etwas schneller vorbei.

Vielleicht ist es eine Hilfe, sich mit Verstand und im Herzen klarzumachen, dass wir Konflikte dieser Art gar nicht vermeiden müssen. Sie dürfen kommen und dürfen sein. Einmal helfen sie, ein klareres Bild davon zu erhalten, wie in der Gemeinde wirklich gedacht und gesprochen wird. Oft wagen Gemeindemitglieder, nur positive Rückmeldungen an den Pfarrer weiterzugeben. Dankbar dürfen wir also sein, dass sich das kritische Potenzial in einer Gemeinde Gehör verschafft, und dass das auch beim Pfarrer ankommt.

Ein anderer Punkt ist, die geistliche Dimension von Kritik genauer zu betrachten. Negative Rückmeldungen spiegeln letztlich die Realität, dass kein Mensch alles richtig machen kann. Die Adressaten aller seelsorglichen Tätigkeiten sind so unterschiedlich, dass das, was für die einen beispielsweise ein bereichernder Gottesdienst war, für die anderen möglicherweise eine liturgische Katastrophe bedeutet. Man denke nur an die divergierenden Kommentare zu lebendigen Kinder- und Familiengottesdiensten.

In der Nachfolge Jesu ist es wichtig, Kritik als selbstverständlich zu Sendung und Auftrag eines Seelsorgers gehörig zu begreifen. Kritik an seiner Person und Verkündigung geschah nicht nur in verbalen Rückmeldungen, sondern kostete ihn sein Leben. Und da es dem Knecht nicht besser als dem Meister ergeht (Mt 10,25), können Seelsorger, die nur verbale Kritik hinnehmen müssen, eigentlich zufrieden sein.

Einen Zielpunkt, wie ein spiritueller Mensch mit Rückschlägen umgehen kann, gibt der heilige Ignatius in einer Betrachtung. Er meint, dass er, wenn ihm das Liebste, was er besitzt, nämlich seinen Orden, genommen bekäme, er wohl eine Viertelstunde benötigen würde, um wieder ins geistliche Gleichgewicht zu kommen. Ein hohes Ziel, das anzeigt, wie viel Entwicklungsmöglichkeiten wir in der eigenen Bewältigung entsprechender Situationen noch haben.

Ein solches Ziel ist nicht mit einem Willensakt zu erreichen. Zu viele untergründige Vorgänge spielen sich in uns ab, wenn wir mit Kritik konfrontiert werden. Ganze Erfahrungsteiche werden bei Kritik in unserer Seele aufgepeitscht. Darum sind kleine Schritte zum Ziel realistisch. Um eines kann sich jeder bemühen: Kritik bewusst anzunehmen und dann dem Erbarmen Gottes anzuvertrauen.

☞ *Was sind gegenwärtig die Reibungsflächen in meiner Gemeinde oder meinem Aufgabenbereich?*
Wie erlebe ich mich selbst in Situationen der Kritik und negativen Rückmeldung?
Wie viel Zeit benötige ich, um nach harscher Kritik wieder das innere Gleichgewicht zu gewinnen?
Welche Strategie habe ich für mich entwickelt, mit Kritik umzugehen?

Unerfüllte Sehnsucht und enttäuschte Ideale

Die Wahl eines Berufes und eines Lebensweges hat immer mit einer tiefen Sehnsucht in uns zu tun. Wir erwarten intuitiv, dass sich diese Sehnsucht in der gewählten Lebensform und der angestrebten beruflichen Tätigkeit erfüllen wird. Wenn ein Beruf wie der eines Priesters so hoch angesehen ist und von den Menschen geschätzt wird, dann bietet dieser Beruf eine besonders große Sehnsuchtsfläche an. Wenn die einzelnen Tätigkeiten dieses Berufs hohe Ansprüche an Kreativität und Eigenständigkeit stellen, dann kommt in besonderer Weise Sehnsucht nach Selbstverwirklichung ins Spiel. Wird darüber hinaus der Beruf als Passion und Tätigkeit mit großer innerer Anteilnahme und Leidenschaft verstanden, dann wird er zur Berufung.

Diese und andere Motive zur Berufswahl dürfen wir ehrlich und auch mit Freude ansehen. Sie sind die natürliche Grundlage, um den Beruf gerne zu ergreifen und darin zu reifen. Nur ist es sinnvoll und notwendig, sich klar zu werden, dass jene Sehnsucht zuerst etwas mit unserer eigenen Persönlichkeit und nicht mit dem tatsächlichen Beruf des Priesters zu tun hat. Der Beruf, die einzelnen Tätigkeiten, das gesellschaftliche Image, der Stand in der Kirche bieten Projektionsflächen für unsere Sehnsucht.

Das bedeutet: Stellen sich Enttäuschungen ein, werden Erwartungen nicht erfüllt, dann ist das in der Regel nicht zuerst ein

Manko, das dem Beruf als solchem anhaftet. Es sind Enttäuschungen unserer Sehnsucht. Wenn Berufsträger nicht ihre Erwartungen erfüllt sehen und Auswege aus der Enttäuschung suchen, dann liegt das nicht in erster Linie am Priestertum an sich, sondern an den falschen Vorstellungen, die sie sich von dem Beruf gemacht haben. Sicher kann man über Züge des Priestertums, wie sie sich im Laufe der 2000-jährigen Geschichte entwickelten, diskutieren. Aber auch diese Diskussion wird nicht nur von angeblich objektiven theologischen Aspekten getragen, sondern von vielerlei Projektionen und gewohnten Vorstellungen gekennzeichnet sein.

☞ *Was habe ich mir an der Ausübung des priesterlichen Dienstes ganz anders vorgestellt?*
Welche meiner Erwartungen werden in meinem bisherigen Dienst übertroffen?
In welchen Teilen meines Dienstes erlebe ich Enttäuschungen, wurden meine Erwartungen nicht erfüllt?

Krankheit – mitten im Leben

Wie ein Paukenschlag kann die Nachricht von einer Krankheit im Leben eines Menschen ankommen. Jemand geht wegen Beschwerden zum Arzt und kommt mit einer Krebsdiagnose wieder nach Hause. Und das Leben ist nicht mehr das gleiche wie zuvor.

Eine solche Erfahrung trifft jeden Menschen hart. Bei einem Priester ist der Kreis derer, die diesen Vorgang miterleben, in der Regel sehr viel größer. Die Teilnahme ist damit breiter, aber auch das Problem, die Krankheit in einer Öffentlichkeit bewältigen zu müssen.

Hinzu kommt die Erfahrung, dass eine Gemeinde zwar an dem schweren Weg ihres Pfarrers Anteil nimmt – „Herr Pfarrer, wir beten für Sie!" Doch umso ernüchternder und schwieriger ist dann die Feststellung, dass der Priester auch und von vielen zuerst in seiner Funktion gesehen wird. Wenn beispielsweise nach einem halben Jahr schwerer Krankheit des Pfarrers der Pfarrgemeinderat beim Bischof vorstellig wird, um einen neuen Pfarrer zu fordern, wird diese funktionale Sichtweise deutlich.

☞ *Welche Bedeutung haben in meinem Lebensgefühl Gesundheit und Krankheit?*
Musste ich in meinem bisherigen Leben schwierige Erfahrungen mit einer Krankheit machen?
Was geht mir durch den Sinn, wenn ich erlebe, dass einer der Mitbrüder durch Krankheit früh verstirbt und dadurch in die ohnehin gelichteten Reihen der Priester eine neue Lücke reißt?
Wie halte ich es mit Vorsorgeuntersuchungen?

Ohnmacht und Scheitern

Grenzerfahrungen mit einer großen Härte sind das Erleben, völlig ohnmächtig eine Situation aushalten und durchstehen zu müssen. Diese Erfahrung verstärkt sich noch einmal, wenn sich die Einsicht einstellt, an einer Stelle oder gar grundsätzlich mit einem Lebensprojekt gescheitert zu sein. Das Gefühl der Aussichtslosigkeit, eine Niedergeschlagenheit oder gar eine Depression stellen sich ein. Grenzen, die erfahren werden, sind keine Linien, die man auch überschreiten kann, sondern sie sind Mauern, die nicht überwunden werden können. Der freudige Satz aus dem Psalm 18 „Mit meinem Gott springe ich über Mauern" (Vers 30) erscheint in einer solchen Situation eher als Illusion oder als Vertröstung.

So ist es beispielsweise ein regelrechter Gang nach Canossa, wenn ein Pfarrer zu seinem Bischof oder dem Personalchef gehen muss, um sein Scheitern auf seiner Stelle mitzuteilen. „Ich bin überfordert." – „Ich habe mich mit Gemeindemitgliedern so überworfen, dass eine weitere Zusammenarbeit nicht möglich ist." – „Die Gemeinde ist gegen mich. Ich muss weg aus dieser Gemeinde." Solche oder ähnliche Sätze gehen schwer über die Lippen. Viele zögern das Gespräch über ein Scheitern so lange hinaus, bis sie körperliche Symptome nicht mehr vertuschen können. Mit einem ärztlichen Attest als Verstärkung ist ein solches Gespräch dann eher möglich.

Eine besondere Art von Scheitern sind die Erkenntnis, den priesterlichen Dienst aufgeben zu wollen oder zu müssen, und die folgenden Schritte hinaus aus dem Dienst. Die meisten Priester, die einen solchen Weg gehen, treffen die entsprechenden Entscheidungen für sich alleine. Vielleicht haben sie Freunde, denen sie ihre

Zweifel am bisherigen Weg mitteilen. Seltener besprechen sie ihre Absichten mit einem geistlichen Begleiter. Fast nie hören der Bischof, der Generalvikar oder der Personaldezernent vor der endgültigen Entscheidung davon. Es ist also ein eher einsamer Weg hinaus aus dem priesterlichen Dienst.

Denen, die aus dem Dienst ausscheiden wollen, Leichtfertigkeit oder Verantwortungslosigkeit vorzuwerfen, ist eine vorschnelle Unterstellung. Meist ist das Ausscheiden aus dem Dienst der Endpunkt eines langen und schmerzlichen Prozesses. Er ist begleitet von dem langsamen und dann einschneidenden Erkennen, dass der bisherige Weg eine Sackgasse ist. Er ist geprägt von dem Selbstzweifel, ob der Weg aus einem Lebensprojekt, für das einmal das ganze Herz brannte, wirklich richtig ist. Er ist begleitet vom Zweifel an den eigenen Fähigkeiten, der eigenen Urteilskraft, auch vom Zweifel an der eigenen Energie, ganz neu anfangen zu können. Und doch wirken Kräfte in der Seele, die einen Abschied fordern.

Fraglich ist, was einen solchen Prozess in Gang setzt. Untersuchungen zeigen, dass Erfolglosigkeit bei der Arbeit oder Überforderung wesentlich dazu beitragen, Fluchtwege zu suchen. Darum ist es auch nicht, wie viele meinen, zuerst der Zölibat, der Priester an ihrem Weg zweifeln lässt. Der Weg scheint vielmehr so zu sein: Der erlebten Erfolglosigkeit folgt die Suche nach einem Ausweg, dieser wiederum die Suche nach Alternativen. Erst dann bietet sich als neue Lebensform die intensivere Beziehung zu einem Menschen an, bei dem eine innere Beheimatung und Erfüllung erwartet wird.

Ein weiterer Grund, warum plötzlich der priesterliche Weg in Zweifel gezogen wird, ist das unvermutete und kaum berechenbare Auftauchen lebensgeschichtlicher Ereignisse, die sich bisher in der Tiefe der Seele verborgen hielten. So können zum Beispiel Erfahrungen von sexuellem Missbrauch oder anderer traumatischer Vorgänge mit oder ohne Vorankündigung wieder lebendig werden und das bisherige Leben und die Motive, Priester zu werden, infrage stellen. Selbst Priester, die mit größter Ernsthaftigkeit und hoher pastoraler Kompetenz ihren Dienst versehen, können von einer solchen Erfahrung betroffen sein.

Es ist für alle keine Schande, vor sich selbst einzugestehen, dass Fluchtgedanken nicht ganz fremd sind. Wem nie Zweifel kommen, der kann auch die Gewissheit nicht festigen, auf dem richtigen Weg zu sein. Anteile von dem, was andere dann in einem tatsächlichen Abschied vollziehen, trägt jeder in sich.

☞ *Wo gibt es in meinem Leben und in meinem Dienst Erfahrungen von Ohnmacht?*
Wo erlebe ich, dass ich schweren Situationen ausgesetzt bin, die ich einfach hinnehmen muss? Benötige ich dabei Hilfe?
Habe ich in meinem bisherigen Leben Erfahrungen machen müssen, die ich als Scheitern bezeichnen würde?
Wie geht es mir intuitiv bei der Nachricht, dass ein Mitbruder aus dem Dienst ausscheiden möchte oder bereits ausgeschieden ist?
Habe ich einen solchen Prozess des Abschieds schon einmal aus der Nähe erlebt?

Teilhabe am Leben

Ein letzter Abschnitt sei überschrieben mit „Teilhabe am Leben". Neben den genannten Aspekten, in denen sich Menschsein entfaltet, seien noch einige Felder eher schlagwortartig benannt, die zu einem sinnvollen und erfüllten Leben gehören. Dabei werden die religiösen und spirituellen Perspektiven zunächst ausgespart, weil diese in den folgenden Kapiteln eigens angesprochen werden sollen. Doch dieses Aussparen will nur ein methodisches Mittel sein, um diese Aspekte besonders zu betonen.

Die folgenden Aspekte tragen darum die Überschrift „Teilhabe am Leben", weil der Priester sie mit allen Menschen seines Lebens- und Kulturraumes teilt. Die vorangehenden Abschnitte behandelten solche Lebensfelder, die die Menschen alle, aber in sehr individueller Weise betreffen. Die folgenden Aspekte nehmen dagegen das in den Blick, was alle gemeinsam, sozusagen öffentlich und überindividuell betrifft.

Diese Aspekte bewusst anzuschauen, ist einmal wichtig für den Priester selbst. Er ist als Kind seiner Zeit und seiner Region eingebunden in das, was allen wichtig ist. Die wenigsten sind Wanderpriester wie der im Film dargestellte Pater Braun, den seine kriminalistische Leidenschaft einmal in ein bayrisches Dorf, ein anderes

Mal auf eine Nordseeinsel verschlägt. Die stabilitas loci bezieht sich für einen Diözesanpriester auf sein Bistum, das in der Regel ein je eigenes Gepräge hat.

Zum anderen ist das Wissen um diese Aspekte des gemeinsamen Lebens für einen Seelsorger wichtig, um zu begreifen, was die Menschen bewegt. Ein Stadtpfarrer in München, der kein Faible für das Spiel des Vereins Bayern München oder der Münchener Löwen besitzt, ist nicht so richtig Pfarrer seiner Gemeinde. Ein Pfarrer in Köln, der eine Anti-Karneval-Kampagne startet, lebt neben der Realität.

Teilhabe an der Freude

Die biblische Aufforderung, mit den Lachenden zu lachen, ist wörtlich zu nehmen. Dort, wo die Menschen miteinander Freude erleben, spielt sich pralles Leben ab. Und es tut gut, wenn der Priester mitten dabei ist. Einmal braucht er selbst diese Freude als Lebensquelle, zum anderen ist gemeinsame Freude eines der wichtigsten Bindemittel, das die Gemeinschaft einer Gemeinde, eines Dorfes, einer Stadt zusammenhält.

So ist es ein guter Brauch, dass in den Karnevalshochburgen, aber auch in vielen sonstigen Gemeinden, die Tage vor Aschermittwoch ausgelassen gefeiert werden. Ein Pfarrer tut sich selbst, seinem Dienst und der Gemeinde etwas Gutes, wenn er in den Fastnachtssitzungen einen Vortrag hält oder eine närrische Hymne zum Besten gibt. Die integrative Kraft eines solchen Einsatzes ist kaum zu unterschätzen.

Wenn der Bischof einer Fußballhochburg Mitglied des Vereins ist und sogar ab und zu in der Arena erscheint, dann hat er einerseits seine persönliche Freude, andererseits öffnet er der Botschaft, die er verkündet, große Tore. Er wird zum Sympathieträger der Stadt, er wird als „einer von uns“ erlebt und erhält dadurch eine Öffentlichkeit und einen Vertrauensvorsprung, den er sonst kaum erwerben könnte.

Teilhabe an der Schönheit des Lebens

Eine Teilhabe an der Schönheit des Lebens kann sich durch eine Sensibilität für die kleinen Dinge des Alltags zeigen. Es ist nicht gleichgültig, wie ein Priester seine Wohnung oder seinen Garten gestaltet. Es ist für ihn selbst wichtig, kultiviert zu leben und das in seinem nahen Umfeld auch auszudrücken. Wer die Schönheit des Lebens nicht in irgendeiner Weise erlebt und sein Umfeld aktiv gestaltet, der kann kaum authentisch über die Schönheit des Glaubens referieren.

Es ist nicht gleichgültig, wie er seine Mahlzeiten gestaltet. Es macht einen Unterschied, ob er seinen Hunger stillt, indem er den kurzen Weg vom Kühlschrank direkt in den Mund wählt, oder ob er gepflegt seinen Tisch deckt. Letzteres ist ein Ausdruck der Selbstwertschätzung. „Weil ich es mir wert bin" drückt das Gemeinte treffend und offenbar erfolgreich in der Werbung aus.

Doch nicht nur der Nahbereich soll die Möglichkeit zur Teilnahme an der Schönheit des Lebens eröffnen. Die Wahl der Urlaubsziele kann und soll gerade den Blick für die Schönheit berücksichtigen. Die einen finden diese Schönheit bei Wanderungen durch ein Gebirge. Andere suchen sie im Blick auf den Horizont des Meeres und im Genießen der Sonne an einem Strand.

Zur Beachtung der Schönheit gehört auch, Menschen in ihrer Schönheit wahrzunehmen. Wenn ein Pfarrer das Baby, das junge Eltern zur Taufe anmelden, als kleines Wunder bestaunt, dann macht er nicht nur die Eltern glücklich, er nimmt auch selbst das Wunder und die Schönheit der Schöpfung wahr. Manchmal begegnet man auf der Straße Menschen, deren Schönheit direkt ins Auge springt. Es ist gut und öffnet das Herz, diese Schönheit aufzunehmen und dessen Schöpfer dafür zu preisen.

Teilhabe an der Kultur

Allen gemeinsam ist der kulturelle Kontext einer Gesellschaft und Region. Daran lebhaften Anteil zu nehmen, bereichert nicht nur den Priester, sondern führt zu einem tieferen Verständnis, was die Menschen zu dem werden ließ, was sie heute sind. Die Inszenierung einer Oper oder eines Schauspiels ist eben mehr als nur eine nette Verpackung von Musik und Szenen. Sie deutet Leben und spiegelt das heutige Lebensgefühl der Menschen. Positive oder negative Kritiken zu kulturellen Veranstaltungen geben nicht nur ein mehr oder weniger fachliches Gutachten ab, wie gelungen etwa eine Aufführung war. Sie beurteilen auch, wie das Dargestellte bei den Menschen in ihrem Selbstverständnis ankommt.

Unsere gegenwärtige Kultur hat Geschichte und entstand auf der Grundlage älterer Kulturen. So ist etwa eine Studienreise nach Ägypten mehr als nur ein Blick in die Vergangenheit. Sie eröffnet neue Zugänge zu dem, was im Laufe von Jahrtausenden gewachsen ist, und zu Wanderungspfaden von Ideen und Formen durch die Geschichte. Wer beispielsweise als Theologe in den ägyptischen Tempeln steht, kann für sich neu verstehen, warum Kirchen im Laufe der Zeit in entsprechender Weise gebaut wurden. Wer von einer Reise zurückkehrt, schaut mit neuen Augen auf das Gewohnte.

Was trefflich in dem Kinderbuch von Janosch „Oh, wie schön ist Panama" beschrieben wird, kann jeder Reisende erfahren. Mit Sehnsucht nach Neuem bricht er auf, meint vielleicht sogar, weit weg ein „Gelobtes Land" zu finden. Während der Reise ist er fasziniert, wie Menschen ihr Leben sehen und gestalten. Bei der Rückkehr erwächst dann der eigenen Kultur und dem eigenen Leben eine tiefere Bedeutung und sie werden als Heimat erfahren.

Hand am Pulsschlag der Zeit

Schließlich prägen die Politik, die Wirtschaft, die Wissenschaft sowie gesellschaftliche Vorgänge das gemeinsame Lebensgefühl der Menschen eines Landes und einer Region. Die Nachrichtensendungen spiegeln das wider, was in einer Gesellschaft für wichtig oder weniger wichtig angesehen wird. Dem kann sich ein Mensch des Landes oder der Region kaum entziehen. Zwar kann man sich über die manipulative Macht der Medien trefflich streiten, doch durch die gegenseitige Korrektur der vielen Sender und Printprodukte kann jeder doch einen Blick dafür gewinnen, was geschieht und was bewegt.

Das bedeutet, dass es zur Pflicht jedes Seelsorgers gehört, sich durch eines der angebotenen Medien über die Vorgänge im Land und in der Welt zu informieren. Wenn ein Priester nicht mitten im Informationsstrom lebt, beginnt er bald zeitlos oder überzeitlich zu sprechen und zu predigen und dadurch das Interesse seiner Zuhörer zu verlieren.

Die Hand am Pulsschlag der Zeit zu haben, ist auch darum erforderlich, um sich ehrlich mit den „Zeichen der Zeit" als Hinweise der Führung Gottes beschäftigen zu können. Damit entfällt auch das Argument, eigentlich sei das politische und wirtschaftliche Alltagsgeschäft nicht relevant für die Verkündigung der Wahrheit. Wahrheit kann immer nur kontextuell verkündet werden. Das gesprochene Wort der Verkündigung fällt immer in die jeweilige Zeit mit ihren jeweiligen Verständnishorizonten. Wer nicht wirklich und authentisch in seiner Zeit lebt, kann vielleicht formal ewige Wahrheiten aussprechen, aber kaum die Herzen der Menschen treffen.

☞ *Welche der genannten Aspekte der Teilhabe am Leben sind mir besonders wichtig?*
Wie gestalte ich konkret meine Teilhabe an der Freude der Menschen?
Wie meine Teilhabe an der Schönheit des Lebens?
Wie meine Teilhabe an der Kultur?
Was ist mir besonders wichtig an den politischen und gesellschaftlichen Vorgängen in unserem Land?

Mensch sein und die anderen Säulen des Priestertums

Die erste Säule „Mensch sein" wurde in vielen wichtigen Einzelaspekten dargestellt. Viele weitere wären dem hinzuzufügen. Vielleicht regen die dargestellten Aspekte dazu an, selbst andere aufzuschreiben und zu überdenken, die der eigenen Erfahrung entsprechend ebenfalls wichtig erscheinen.

Warum die Säule „Mensch sein" so wichtig ist

Bevor in den folgenden Kapiteln über die sechs weiteren Säulen des Priestertums gesprochen wird, soll noch einmal auf jene zitierte Skepsis vom Beginn der Beschreibung der Säule „Mensch sein" geschaut werden: Mensch zu sein und Mensch zu bleiben ist natürlich auch ein Thema! Aber es als spezifisch für das Priestersein hochzustilisieren, mag dann doch etwas übertrieben erscheinen! Vermutlich konnte diese Skepsis während der Lektüre zerstreut werden.

Dennoch kommt die Frage erneut auf, wenn man den Umfang

der Beschreibung der einzelnen Säulen betrachtet. Mensch sein ist doch bestenfalls die Grundlage, um das Eigentliche des Priestertums auszudrücken!

Hier soll noch einmal das zitiert werden, was bereits zu Beginn betont wurde. Bei genauerem Hinschauen wird deutlich: Genau dieses Menschsein, die Persönlichkeit des Einzelnen mit allen ihren Licht- und Schattenseiten, ist die „Materie" des Priesterseins. Über Christus-Repräsentation, über christologische, ekklesiologische und pneumatologische Begründungen des geistlichen Amtes kann man erst im Hinblick darauf sprechen, dass da ein Mensch aus Fleisch und Blut, mit einer persönlichen Geschichte und spezifischen Eigenschaften in Dienst genommen wird. Das Menschsein des konkreten Amtsinhabers trägt wesentlich dazu bei, wie er dieses Amt ausübt und ob das Zeichen seines Dienstes von den Menschen verstanden und angenommen wird.

So könnte man nacheinander die nächsten Säulen durchgehen und immer wieder feststellen: Wie ein Priester Christ ist, wie er Jesus Christus darstellt oder Kirche repräsentiert, tut er es in den ganz menschlichen Vollzügen, nach psychologischen und soziologischen Gesetzmäßigkeiten des Menschseins. So denken die Gläubigen einer Gemeinde, wenn sie ihren Pfarrer treffen und erleben, nicht zuerst daran, dass er in persona Jesus Christus in der Gemeinde gegenwärtig setzt. Vielmehr freuen sie sich einfach, sofern sie gut mit ihm auskommen, wenn sie ihn treffen. Genau diese Freude schließt dann die Menschen auf, das anzunehmen, meist nur intuitiv aufzunehmen, was mit Christus-Repräsentation gemeint ist.

Perspektive der Menschwerdung Gottes

Die eigentliche Begründung dafür, warum die erste Säule des Priestertums Menschsein heißen muss, ist eine inkarnationstheologische. Wer Jesus Christus repräsentieren möchte, muss es – um einen oftmals zitierten Slogan zu verwenden – zuerst machen wie Gott: Er muss Mensch werden. Gott wählt, um den Menschen seine Nähe und Versöhnung anzubieten, den Weg der Inkarnation seines Sohnes in Jesus von Nazareth. Der Sohn Gottes unterwirft sich den Lebens- und Kommunikationsbedingungen der Menschen.

Indem er „von einer Frau geboren und dem Gesetz unterstellt" ist (Gal 4,4), akzeptiert er nicht nur diese Bedingungen, sondern wählt diesen Weg des Menschseins als Weg des Heiles. Dadurch wird dieses Menschsein, das bereits eine hohe Würde als Schöpfung Gottes besitzt, noch einmal in einmaliger Weise und unüberbietbar qualifiziert, gewürdigt, geheiligt.

Christen leben mit ihrer Umwelt

Diese Würdigung des „ganz normalen" Menschseins hat Konsequenzen für das christliche Alltagsleben, wie es sich in den biblischen Texten widerspiegelt. Wenn die neutestamentlichen Texte, besonders die Briefe, Regeln für das tägliche Leben der Christen und die Leiter der Gemeinden aufstellen, adaptieren sie öfter literarische Vorlagen aus ihrer Umwelt und qualifizieren diese dann als christlich.

Auf diese Weise entstehen etwa im Blick auf das christliche Familienleben die sogenannten Haustafeln. Als Beispiel sei auf die Haustafel des Kolosserbriefes (3,18 ff.) als ersten Vorgang dieser Art geschaut.

> *„Ihr Frauen, ordnet euch euren Männern unter,*
> *wie es sich im Herrn geziemt.*
> *Ihr Männer, liebt eure Frauen und seid nicht aufgebracht gegen sie!*
> *Ihr Kinder, gehorcht euren Eltern in allem;*
> *denn so ist es gut und recht im Herrn.*
> *Ihr Väter, schüchtert eure Kinder nicht ein,*
> *damit sie nicht mutlos werden.*
> *Ihr Sklaven, gehorcht euren irdischen Herren in allem!*
> *Arbeitet nicht nur, um euch bei den Menschen einzuschmeicheln und ihnen zu gefallen, sondern fürchtet den Herrn mit aufrichtigem Herzen! Tut eure Arbeit gern, als wäre sie für den Herrn und nicht für Menschen; ihr wisst, dass ihr vom Herrn euer Erbe als Lohn empfangen werdet. Dient Christus, dem Herrn!"*

Diese Art der Hausordnung für die Familie hat eine lange Vorgeschichte. Schon in der griechischen Literatur, besonders bei der Stoa, ist sie zu finden. Im Judentum werden die Haustafeln zu umfassenden ethischen Ermahnungen weiterentwickelt. Die Haustafel des Kolosserbriefes „zeigt eine gute und nüchterne Weltlichkeit", was besonders bemerkenswert ist, da er sonst eher betont, den Sinn auf das Himmlische und nicht auf das Irdische zu richten (3,2) (Schweizer 1977, 159 ff.). Die Vorstellungen der Umwelt werden also in den Brief als Ermahnung an die christlichen Familien übernommen. So spiegeln sie etwa das hierarchische Gefälle zwischen Männern und Frauen, zwischen Eltern und Kindern, zwischen Herren und Sklaven.

Doch dann qualifiziert Paulus die angemahnten Tugenden christologisch, indem er fordert, die Anweisungen ἐν κυριῳ zu befolgen. Zusammenfassend heißt es: „Dient Christus, dem Herrn!" In den späteren Haustafeln wird diese Art der Qualifizierung erweitert, bis dahin, dass in Eph 5,21 ff. die Liebe zwischen Mann und Frau in Parallele zur Liebe Christi zur Kirche gesetzt wird.

Was für die Weisungen für die christlichen Familien gilt, gilt in ähnlicher Weise im Blick auf Tugend- und Lasterkataloge des Neuen Testaments (Röm 1,29–31). Sie stammen aus ähnlichen Quellen und werden im späten Judentum in Beziehung zum Dekalog gesetzt (Wilckens 1978, 111 ff.; Wolter 2014, 156 ff.). Gal 5,19 ff. qualifiziert dann die Laster als „Werke des Fleisches" und die Tugenden als „Frucht des Geistes". Das, was hier als Laster und Tugenden aufgezählt wird, teilen die Christen mit allen anderen Menschen:

> *„Die Werke des Fleisches sind deutlich erkennbar: Unzucht, Unsittlichkeit, ausschweifendes Leben, Götzendienst, Zauberei, Feindschaften, Streit, Eifersucht, Jähzorn, Eigennutz, Spaltungen, Parteiungen, Neid und Missgunst, Trink- und Essgelage und Ähnliches mehr. Ich wiederhole, was ich euch schon früher gesagt habe: Wer so etwas tut, wird das Reich Gottes nicht erben.*
> *Die Frucht des Geistes aber ist Liebe, Freude, Friede, Langmut, Freundlichkeit, Güte, Treue, Sanftmut und Selbstbeherrschung; dem allem widerspricht das Gesetz nicht.*
> *Alle, die zu Christus Jesus gehören, haben das Fleisch und damit ihre Leidenschaften und Begierden gekreuzigt. Wenn wir aus dem Geist leben, dann wollen wir dem Geist auch folgen."*

Ebenso haben die Ermahnungen an die Ältesten und Episkopen Vorläufer, etwa im Feldherrnspiegel des Onosander oder auch in einer Pflichtenlehre für Hebammen oder für Berufstänzer. Jedenfalls gab es offenbar ein vorgegebenes Schema von Pflichten, das hier angewendet wird (Roloff 1988, 148 ff.).

Tit,1,6–9:

> *„Ein Ältester soll unbescholten und nur einmal verheiratet sein. Seine Kinder sollen gläubig sein; man soll ihnen nicht nachsagen können, sie seien liederlich und ungehorsam. Denn ein Bischof muss unbescholten sein, weil er das Haus Gottes verwaltet; er darf nicht überheblich und jähzornig sein, kein Trinker, nicht gewalttätig oder habgierig. Er soll vielmehr das Gute lieben, er soll gastfreundlich sein, besonnen, gerecht, fromm und beherrscht. Er muss ein Mann sein, der sich an das wahre Wort der Lehre hält; dann kann er mit der gesunden Lehre die Gemeinde ermahnen und die Gegner widerlegen."*

1 Tim 3,1–4:

> *„Wer das Amt eines Bischofs anstrebt, der strebt nach einer großen Aufgabe. Deshalb soll der Bischof ein Mann ohne Tadel sein, nur einmal verheiratet, nüchtern, besonnen, von würdiger Haltung, gastfreundlich, fähig zu lehren; er sei kein Trinker und kein gewalttätiger Mensch, sondern rücksichtsvoll; er sei nicht streitsüchtig und nicht geldgierig. Er soll ein guter Familienvater sein und seine Kinder zu Gehorsam und allem Anstand erziehen. Wer seinem eigenen Hauswesen nicht vorstehen kann, wie soll der für die Kirche Gottes sorgen?"*

Als Ertrag dieser Überlegungen gilt festzuhalten: Die liebevolle Zuwendung zu einem anderen Menschen, das Zueinander von Frau und Mann, die Erziehung der Kinder, die Übernahme einer verantwortlichen Aufgabe in der Gemeinde wie auch die Leitung einer Gemeinde geschieht nach den ganz normalen Gesetzmäßigkeiten des Lebens. Doch werden sie durch eine christologische Qualifizierung in einen neuen Zusammenhang gebracht, mit neuen Motivationen versehen, erhalten sie eine neue Ausrichtung.

So will das Menschsein als etwas verstanden werden, was Priester zunächst mit allen Menschen teilen, gerade auch darum, weil Jesus Christus es geteilt hat. Auf der Verhaltensebene wird also die empathische Zuwendung eines Priesters fast alles gemeinsam haben mit der Zuwendung eines Menschen zu einem anderen, eines guten Vaters und einer guten Mutter zu ihrem Kind oder auch eines guten Therapeuten zu seinem Klienten. Doch da dieses Verhalten beim Priester unter eigenen Umständen und in eigenen Zusammenhängen geschieht und der Priester in seiner speziellen Lebensform und Funktion wahrgenommen wird, entsteht ein Plus, das es im Folgenden näher zu beschreiben gilt.

2.

Zweite Säule: Christ sein

Von grundlegender Qualität ist das Menschsein in sich, das sich in den vielen Vollzügen des Lebens ausdrückt und zugleich unabhängig von den individuellen Möglichkeiten und Talenten eine unveräußerliche Würde besitzt. Zu der großen Familie derer zu gehören, denen der Schöpfer das Leben schenkte, ist ein hohes Gut, das alle Menschen in Freude und Hoffnung, manchmal auch in Trauer und Angst miteinander teilen.

In der Betrachtung des priesterlichen Dienstes tritt zu der grundlegenden Qualität des Menschseins eine weitere Qualität hinzu, nämlich Christ zu sein. Diese Qualität ist nun nicht von der ersten, dem Menschsein, geschieden. Auch ist sie nicht als eine höhere Stufe des Menschseins zu verstehen. Vielmehr sieht der Christ das Menschsein in einem neuen Licht und lebt es in einer neuen Dimension. Alle Grundzüge des Menschseins haben uneingeschränkt ihre Bedeutung, doch werden sie aus der Perspektive des Glaubens mit neuem Bewusstsein angeschaut.

Zuordnung von Mensch sein und Christ sein

„Gaudium et spes" formuliert darum gleich zu Beginn der Überlegungen zum Leben und Wirken der Kirche in der Welt von heute:

> *„Freude und Hoffnung, Trauer und Angst der Menschen von heute, besonders der Armen und Bedrängten aller Art, sind auch Freude und Hoffnung, Trauer und Angst der Jünger Christi. Und es gibt nichts wahrhaft Menschliches, das nicht in ihren Herzen seinen Widerhall fände. Ist doch ihre eigene Gemeinschaft aus Menschen gebildet, die in Christus geeint, vom Heiligen Geist auf ihrer Pilgerschaft zum Reich des Vaters geleitet werden und eine Heilsbotschaft empfangen haben, die allen auszurichten ist. Darum erfährt diese Gemeinschaft sich mit der Menschheit und ihrer Geschichte wirklich engstens verbunden."*

Substanziell leben wir also unser Christsein als Menschen und mit allen Menschen verbunden. Und wenn sich die Christen in der Gemeinschaft der Kirche zusammenfinden, dann verwirklicht sich diese Gemeinschaft nach den Gesetzmäßigkeiten aller menschlichen Gemeinschaften.

Unter christologischer Perspektive formuliert der Philipperhymnus (2,6 ff.) darum im Blick auf das Menschsein Jesu:

> *„Er war Gott gleich, hielt aber nicht daran fest,*
> *wie Gott zu sein, sondern er entäußerte sich*
> *und wurde wie ein Sklave und den Menschen gleich.*
> *Sein Leben war das eines Menschen;*
> *er erniedrigte sich und war gehorsam bis zum Tod,*
> *bis zum Tod am Kreuz.*
> *Darum hat ihn Gott über alle erhöht*
> *und ihm den Namen verliehen,*
> *der größer ist als alle Namen,*
> *damit alle im Himmel, auf der Erde und unter der Erde*
> *ihre Knie beugen vor dem Namen Jesu und jeder Mund bekennt:*
> *‚Jesus Christus ist der Herr' zur Ehre Gottes, des Vaters."*

Der Hymnus beschreibt den Weg Christi, der aus seiner Gottgleichheit heraustritt, um in das Menschsein einzutauchen und dann wieder für immer erhöht zu werden. Das Leben Jesu, des ewigen Hohepriesters, war das Leben eines Menschen, mit allen Merkmalen, außer der Sünde. Der Erfahrung, manchmal wie Sklaven die Verhältnisse unseres Lebens durchleiden zu müssen, hat sich Gottes Sohn unterworfen, auch mit der letzten Konsequenz des Todes. Diese Entäußerung und diese Erniedrigung in Gehorsam sind dann aber der Grund, warum ihn Gott über alle erhöht. Dieser Gesetzmäßigkeit, in die Höhen und Tiefen des Menschseins einsteigen zu müssen, unterliegt jeder Christ. Das bedeutet auch für den Priester, Christ zu sein, indem er zuerst Mensch ist und das im vollen Sinn immer mehr wird.

Das ist eigentlich eine selbstverständliche Perspektive. Doch gilt es, diese Perspektive sich in aller Deutlichkeit vor Augen zu stellen. Gerät sie aus dem Blick, dann besteht die Gefahr, vor sich und vor anderen den Eindruck entstehen zu lassen, Christen seien per se die besseren Menschen, ja aus der Menschenmenge herausgenommen. Zu tief ist der Fall, wenn aus mangelnder Erdung und angemaßter Vollkommenheit suggeriert wird, die Kirche sei eine „societas perfecta", dann aber menschliche, soziale oder politische Skandale sie bloßstellen und zum Gespött machen.

Der Mehrwert des Christseins

Christsein ist aber trotzdem mehr als z. B. eine eigene, ethische Konzeption des Lebens. Christsein setzt, nach den Gesetzmäßigkeiten des menschlichen Lebens und Zusammenlebens, neue Lebensimpulse, richtet das Leben neu aus, eröffnet neue Perspektiven des Lebens und über das Leben hinaus. Der Grund dafür liegt in der Person Jesu Christi, wie es der Philipperhymnus besingt.

Dabei soll nun nicht gleich theologisch die Bedeutung Jesu Christi weiter erörtert werden. Es lohnt sich, zum grundlegenden Verständnis zunächst nach „Menschenart", also mit psychologischen und soziologischen Kategorien, auf Jesus Christus zu schauen. Der substanzielle Zuwachs gegenüber einem allgemeinen Menschsein wächst in Jesus Christus dadurch, dass hier ein realer Mensch, den die Christen als Sohn Gottes bekennen, auf die menschliche Gemeinschaft Einfluss nimmt. Ganz konkret: Er geht in eigener, ganz menschlicher Weise besonders auf die Armen und Bedrängten zu, verkündet das Reich Gottes und heilt Menschen an Leib und Seele – als Zeichen dafür, dass seine Verkündigung kein leeres Gerede, sondern Verkündigung in Vollmacht ist. Dadurch verändert sich zunächst das „System" des menschlichen Zusammenlebens in seiner Umgebung. Indem seine Jüngerinnen und Jünger das, was er sagte und tat, weitertragen, weitet sich sein heilsamer Einfluss gemäß seiner Weisung auf „alle Welt" (Mt 28,19) aus.

Wenn ein Mensch einen solchen Einfluss auf Menschen ausübt, wenn ihn seine Freunde zudem nach dessen Tod als Lebendigen erfahren, dann stellt sich die Frage: Wer ist dieser Mensch? Und damit beginnt die theologisch-deutende Diskussion über die Person Jesu, deren Frucht sich in den Schriften des Neuen Testamentes zeigt.

Sowohl die ursprünglichen Erfahrungen der Menschen in der leibhaftigen Begegnung mit Jesus Christus als auch die Erfahrungen aller Christen aller Zeiten, die nicht sehen und doch glauben (Joh 20,29), sind keine theoretischen, kognitiven oder gar ideologischen Erwägungen, sondern personale Erfahrungen. Christ zu werden ist nicht das Hineinwachsen in eine Idee, in ein System, auch nicht in ein Welt-Deutungssystem, sondern zuerst und vor allem Hineinwachsen in eine Beziehung zu Jesus Christus. Aus einer lebendigen Beziehung mit ihm erwachsen dann Konsequenzen, wie das Leben gestaltet werden kann und soll.

Priestersein braucht darum die grundlegende Perspektive des Christseins. Es benötigt die Einsicht und die Pflege der Einsicht, dass die Lebensdimension, die in der Priesterweihe noch einmal in eigener Weise festgemacht wird, zunächst eine Lebensdimension ist, die Priester mit allen Christen teilen. Daran ändert auch die Priesterweihe nichts. Anders ausgedrückt: Mit der Priesterweihe geht das gemeinsame und allgemeine Priestertum aller Getauften nicht verloren.

Augustinus hat diese Einsicht in herausragender Weise in jenem oft, auch in „Lumen gentium“ Nr. 32 zitierten Satz verewigt: „Für euch bin ich Bischof, mit euch bin ich Christ.“

☞ *Wie ordne ich für mich Menschsein und Christsein einander zu?*
Was bringen aus meiner Perspektive Christen anderes oder mehr in die menschliche Gemeinschaft ein?
Wie erkläre ich einem Menschen, der nicht glaubt, warum es sinnvoll ist, als Christ zu leben?

Das allgemeine Priestertum

Der Gedanke, dass Priester zunächst als Christen in die Gemeinschaft aller Getauften eingebettet sind, vermindert nicht den Wert des Priesterseins und des priesterlichen Dienstes. Vielmehr wird hier deutlich, was es eigentlich heißt, dass eine Gemeinde ihren Pfarrer mitträgt. Umgekehrt liegt hier ein Grund, warum manche Priester sich in ihrem Dienst und in ihrer Lebensform von der Gemeinde nicht getragen fühlen. Wenn dieses „Mit euch bin ich Christ“ nicht genügend im Bewusstsein einer Gemeinde und im Bewusstsein der Priester selbst lebt, dann fehlen jene Solidarität aller

Getauften und die notwendige Geborgenheit in der Gemeinde, auf die ein Priester – wieder ganz menschlich – angewiesen ist.

Was hier von der Erfahrung her gesehen wird, wird in den Texten des Zweiten Vatikanischen Konzils in systematischer Weise und theologischer Sprache ausgedrückt. So beginnt „Presbyterorum ordinis" mit dieser Einbettung des Priesters in das ganze Volk Gottes:

> *„Jesus, der Herr, den der Vater geheiligt und in die Welt gesandt hat" (Joh 10,36), gibt seinem ganzen mystischen Leib Anteil an der Geistsalbung, mit der er gesalbt worden ist. In ihm werden nämlich alle Gläubigen zu einer heiligen und königlichen Priesterschaft, bringen geistige Opfer durch Jesus Christus Gott dar und verkünden die Machttaten dessen, der sie aus der Finsternis in sein wunderbares Licht berufen hat. Es gibt darum kein Glied, das nicht Anteil an der Sendung des ganzen Leibes hätte; jedes muss vielmehr Jesus in seinem Herzen heilig halten und durch den Geist der Verkündigung Zeugnis von Jesus ablegen" (PO Nr. 2).*

Hier wird also das Wesen aller Gläubigen als Priesterschaft definiert. Aus diesem Sein folgt das Handeln, die Sendung aller Christen: Sie sind aktiv beteiligt an Liturgie, Verkündigung und Diakonie. Und diese Sendung kann dann gelingen, wenn die Christen als spirituelle Menschen die Beziehung zu Jesus Christus in sich selbst pflegen und in der Verkündigung auf Gottes lebendigen Geist vertrauen.

Was im Dekret „Presbyterorum ordinis" nur als Vorspann zur Beschreibung des priesterlichen Dienstes erscheint, wird in der dogmatischen Konstitution über die Kirche „Lumen gentium" ausführlich dargestellt. Bereits der Aufbau dieses Dokumentes weist auf die grundlegende Bedeutung des gemeinsamen Priestertums hin. Nachdem vom Mysterium der Kirche allgemein die Rede war, folgt zuerst ein breites Kapitel über das Volk Gottes insgesamt, bevor dann im Einzelnen über die hierarchische Verfassung, die Laien und die Ordensleute gesprochen wird.

☞ *Wie formuliere ich für mich die Zuordnung von allgemeinem und besonderem, amtlichem Priestertum?*
Was bedeutet es für mich, mit allen Getauften und Gefirmten an einer gemeinsamen Sendung teilzuhaben?

Von Heiligkeit und Charismen

Besonders interessant erscheint in „Lumen gentium" das eigene Kapitel über die Berufung aller zur Heiligkeit (LG 39 ff.). Die Kirche als Ganze wird heilig genannt, weil Jesus Christus sie „als seinen Leib mit sich verbunden hat und mit der Gabe des Heiligen Geistes reich beschenkt zur Ehre Gottes".

> *„Daher sind in der Kirche alle, mögen sie zur Hierarchie gehören oder von ihr geleitet werden, zur Heiligkeit berufen gemäß dem Apostelwort: ‚Das ist der Wille Gottes, eure Heiligung.' (1 Thess 4,3; vgl. Eph 1,4)" (LG 39).*
> *„Jedem ist also klar, dass alle Christgläubigen jeglichen Standes oder Ranges zur Fülle des christlichen Lebens und zur vollkommenen Liebe berufen sind. Durch diese Heiligkeit wird auch in der irdischen Gesellschaft eine menschlichere Weise zu leben gefördert" (LG 40).*

Das bedeutet im Blick auf den Priester und seinen Dienst, dass er seine grundlegende Berufung zur Heiligkeit mit allen Gläubigen teilt. Bereits durch die Eingliederung in den Leib Christi in der Taufe ist er gerufen, nach Heiligkeit zu streben, genauer: die Heiligkeit, die ihm in der Taufe geschenkt wurde, zu erhalten und wachsen zu lassen.

Mit allen Gläubigen teilt er auch die Zusage Gottes, dass jedem seine besonderen Gaben des Heiligen Geistes geschenkt werden:

> *„Derselbe Heilige Geist heiligt außerdem nicht nur das Gottesvolk durch die Sakramente und die Dienstleistungen, er führt es nicht nur und bereichert es mit Tugenden, sondern ‚teilt den Einzelnen, wie er will' (1 Kor 12,11) seine Gaben aus und verteilt unter den Gläubigen jeglichen Standes auch besondere Gnaden. Durch diese macht er sie geeignet und bereit, für die Erneuerung und den vollen Aufbau der Kirche verschiedene Werke und Dienste zu übernehmen gemäß dem Wort: ‚Jedem wird der Erweis des Geistes zum Nutzen gegeben (1 Kor 12,7)" (LG 12).*

„Diese Heiligkeit der Kirche tut sich aber in den Gnadenfrüchten, die der Heilige Geist in den Gläubigen hervorbringt, unaufhörlich kund und muss das tun. Sie drückt sich vielgestaltig in den Einzelnen aus, die in ihrer Lebensgestaltung zur Vollkommenheit der Liebe in der Erbauung anderer streben" (LG 39).

Diese Zusage des persönlichen Charismas an jeden Getauften besitzt für den Priester insofern eine wichtige Bedeutung, weil es eine Zusage unabhängig vom kirchlichen Stand und Status ist. In der Beschreibung des priesterlichen Amtes wird, wie an späterer Stelle gezeigt werden muss, der objektive Charakter des Dienstes betont. Die Wirkweise des priesterlichen Dienstes und dessen Wirksamkeit wird also als nicht abhängig von den persönlichen Fähigkeiten und der persönlichen Heiligkeit des Amtsträgers beschrieben. Umso wichtiger ist es, dass der Mensch und Christ, der dieses Amt begleitet, aufgrund seiner Taufe und Firmung zu dieser Heiligkeit und dazu berufen ist, seine persönlichen Charismen in seine Berufung einzubringen.

Natürlich stellt der priesterliche Dienst an den, der diesen Dienst versieht, auch die Anforderung, um des Dienstes und dessen Glaubwürdigkeit willen nach Heiligkeit zu streben. Doch die Gültigkeit seines Dienstes besteht unabhängig von seinem persönlichen Streben.

Um die Bedeutung dieser Überlegung zu verdeutlichen, sei ein Beispiel genannt: Nachdem ein Priester aufgrund verschiedener Vorkommnisse vom Dienst suspendiert werden musste, fragte eine junge Frau, die von diesem Priester getraut worden war, ängstlich nach, ob denn nun ihre Ehe überhaupt gültig geschlossen sein. Da sie selbst Theologin war, konnte sie sich sehr wohl im Blick auf das „opus operatum" eine theologisch schlüssige Antwort geben. Doch betonte sie, es bleibe ein so komisches Gefühl.

Ein solches Gefühl kann offenbar nicht mit Argumenten, seien diese noch so überzeugend, aus der Welt geschafft werden. Darum gilt es, den objektiven Charakter des priesterlichen Dienstes durch die persönliche Glaubwürdigkeit zu stützen.

☞ *Was bedeutet für mich persönlich Berufung zur Heiligkeit?*
Welche Eigenschaft oder Fähigkeit würde ich als mein persönliches Charisma bezeichnen?
Wann spürte ich im Laufe meiner Lebensgeschichte dieses Charisma erstmals?
Wie hat es sich meiner Empfindung nach entfaltet?

Was macht den Menschen zum Christen?

Wie kann nun die zweite Säule des Priestertums, das Christsein, weiter konkret gefasst werden? Anders ausgedrückt: Was macht den Menschen zum Christen? Und welche Bedeutung hat das für das Selbstverständnis und das Leben des Priesters?

Zu diesen Fragen kann an dieser Stelle kein vollständiges Bild entworfen werden. Es wird vielmehr versucht, an einigen Knotenpunkten des christlichen Lebens festzumachen, was diese im Blick auf das Priestersein bedeuten können. Es soll deutlich werden, dass dieses Priestersein in der eigenen Biografie als Christ seine Wurzeln hat und auf diesen Wurzeln aufruhend der Baum der priesterlichen Berufung wachsen kann.

Mit Christus verbunden

Der erste Schritt ins Christsein ist die Taufe. Sie ist und bleibt für immer als „unauslöschliches Merkmal" der Wurzelgrund, auf dem jedes folgende Wachstum im Glauben aufruht. Das klingt zunächst wie eine Selbstverständlichkeit, dessen sich ein Theologe bewusst ist, besonders im Blick auf die vielen Taufen, die ein Priester im Laufe seines Dienstes spendet. Weniger ist diese Erkenntnis allerdings in ihrer spirituellen Kraft für das eigene Leben als Priester präsent.

Bei einem Aufenthalt in den Ruinen der wohl ältesten Basilika Spaniens in Marbella hielten wir mit einem Priesterkurs eine Tauferneuerungsfeier. Nach Schriftlesung und Gebet entzündeten wir Kerzen und stiegen einzeln hinab in den drei Stufen tiefen Taufbrunnen. Unter Gesängen verweilte jeder eine Zeitlang auf dem

Grund des leeren Beckens, dachte an seine eigene Taufe und stieg dann auf der anderen Seite auf drei Stufen wieder in die Höhe. Die dabei waren, erzählen auch noch nach 25 Jahren von dieser beeindruckenden Erfahrung. Es war nicht nur die Exotik des Rituals, die beeindruckte, sondern die Empfindung, an der Quelle des eigenen Glaubens zu stehen. Die Wiedergeburt aus dem Wasser und dem Heiligen Geist blieb im Blick auf die eigene Geschichte keine vage Aussage, sondern wurde zur neu angenommenen Realität. Es war so etwas wie die Erneuerung einer ersten Liebe, deren man sich nur noch entfernt bewusst ist.

Eine Tauf-„Erneuerung" wird in jeder Osternacht vollzogen. Vielleicht lag aber in der Erfahrung von Marbella ein besonderes Ahnen anderer Art, bei der eigenen Taufe vor vielen Jahren persönlich gemeint gewesen zu sein. Beim Dienst als Taufspender ist der Priester zuerst und vor allem in seiner seelsorglichen und liturgischen Funktion gefragt. Das darf und soll durchaus so sein. Doch ist eine Vergewisserung der eigenen Wurzeln, auf denen dieser Dienst ruht, nicht nur bereichernd, sondern immer wieder auch notwendig. Will der Priester nicht zu einem Rädchen im Getriebe der laufenden und angeforderten Seelsorge werden, braucht er eine solche oder ähnliche Vergewisserung.

Die Erinnerung an die eigene Taufe ist zugleich eine Erinnerung an die, auf deren Glauben hin diese Taufe damals zustande kam. In dieser Erinnerung an die eigenen Eltern greifen wieder Menschsein und Christsein in besonderer Weise ineinander und entwickeln eine eigene, emotionale Kraft.

Ein ausdeutender Ritus der Taufe, die Salbung mit Chrisam, schlägt ebenfalls einen weiten Bogen vom Beginn der Verbundenheit mit Jesus Christus in der Taufe zur Priesterweihe. Die Chrisamsalbung nach der Taufe ist der Beginn einer Reihe von Salbungen mit diesem heiligen Öl, das auch bei der Firmung und den Weihen verwendet wird. Wenn der Täufling mit Chrisam bezeichnet wird als Zeichen, nun mit Christus, dem Priester, König und Propheten, verbunden zu sein, dann beginnt das „Amt", das in der Weihe seine besondere Ausprägung erhält.

Ein neuer Bezug zu dieser Salbung entsteht durch die Aufgabe des Priesters, selbst mit Chrisam andere zu salben, bei den zu spendenden Taufen und bei Firmungen im Rahmen von Erwachsenentaufen.

☞ *Wie bedeutet die Einsicht, dass in meiner Taufe der Grund für mein Christ- und Priestersein gelegt wurde?*
Welche der genannten Perspektiven können für mich ein Anknüpfungspunkt sein, mich erneut auf die Grundlage meiner Berufung in der Taufe zu besinnen?

Als Kind Gottes

Christwerdung in der Taufe bedeutet in eigener Weise auch Christus-Werdung. Der Mensch wird in das Christus-Schicksal hineingenommen und steht mit der Taufe unter dem Zeichen des Kreuzes, was sich im ersten Ritual der Tauffeier in der Bezeichnung mit dem Kreuzzeichen auf der Stirn ausdrückt. In dem eigentlichen Taufritual wird durch das Übergießen mit Wasser oder gar durch das Untertauchen im Wasser dargestellt, dass der alte Mensch untergeht und stirbt, damit der neue Mensch in Christus geboren werden kann.

Die vielen Aspekte der Taufe könnten nun nicht alle in ihrer Bedeutung für die christliche und priesterliche Spiritualität betrachtet werden. Auf einige sei an dieser Stelle hingewiesen.

Ein solcher Aspekt ist, dass durch die Teilhabe am Christus-Schicksal der Mensch in ein neues Verhältnis zu Gott, seinem Schöpfer, erhoben wird. Aus Knechten werden Freunde (Joh 15,15), aus Freunden werden Schwestern und Brüder Jesu, die einen gemeinsamen Vater haben. Wie ernst dieser Vorgang der Neuwerdung gemeint ist, zeigt sich daran, dass der, der Gott als seinen Vater und mit „Abba“ anspricht, seine Freunde lehrt, gemeinsam diesen Gott mit „Vater unser“ anzusprechen.

Beten in Tradition

Die genauere Betrachtung des Vaterunsers gibt überraschende Anregungen (vgl. Limbeck 1991, 99 ff.). Eine erste Erkenntnis ist, dass dieses Gebet Jesu im Zusammenhang mit der jüdischen Gebetstradition gesehen werden muss. Im Kaddisch-Gebet und im sogenannten Achtzehn-Gebet lassen sich überraschende inhaltliche Parallelen feststellen. Jesus betet also in der Tradition seines Volkes. Er fühlt sich eingefügt in einen breiten Gebetsstrom, der ihn sozusagen aufnimmt. Und Jesus holt, um im Bild zu bleiben, seine Jünger mit ins Boot des gemeinsamen Betens.

So dürfen wir, wenn wir mit Jesus Christus „Vater unser im Himmel" beten, uns getragen wissen von all den glaubenden Menschen vor uns, die sich vertrauensvoll an Gott wandten. Wir müssen nicht jeden Gedanken und jede Not neu formulieren, sondern dürfen Gedanken und Worte verwenden, mit denen viele vor uns ihre Gebete formuliert haben.

Im Blick auf eine Spiritualität des Priesters gibt das den Impuls, selbst in der Gestaltung der eigenen Gebete sich der Worte und Texte zu bedienen, die vor uns Menschen gesprochen und meditiert haben. Hier fällt uns im Blick auf den Priester natürlich der breite Gebetsstrom der Psalmen ein, in den Menschen eintauchen, die den Reichtum des Stundengebets pflegen. Hier wird man aber auch an die vielen amtlichen Gebete in den gottesdienstlichen Feiern erinnert, die seit Jahrhunderten oder gar Jahrtausenden verwendet werden.

Eine zweite Kindlichkeit

In der Betrachtung des Vaterunsers kann ein weiterer Aspekt genannt werden. In der Tradition der Gebete, auch der jüdischen Gebete, werden fünf Gebetsarten unterschieden: Lob, Dank, Bitte, Vertrauen und Klage. Interessant erscheint nun, dass der in der Tradition übliche, ja obligatorische Lobpreis im Vaterunser fehlt. Noch verstärkend kann man hinzufügen, dass Jesus in der gesamten Überlieferung der Evangelien nie auffordert, Gott zu loben. Als er seine Jünger das Vaterunser zu beten lehrt, leitet er sie ausschließlich an, Gott zu bitten. Man darf davon ausgehen, dass Jesus seine Jünger die Gebetsform lehrt, von der er meint, dass sie für seine Jünger die beste und entsprechende ist.

Verlässt man die exegetische Betrachtungsweise und schaut diese Erkenntnis unter psychologischen Gesichtspunkten an, sei folgende Überlegung eingebracht: Fragt man nach Menschen, die sich in besonderer Weise aufs Bitten verstehen, dann lautet die einfache Antwort: Kinder. Sie belobigen nicht ihre Eltern und geben keine Vertrauensbekundungen. Dass es üblich ist, für Wohltaten zu danken, müssen Kinder erst mit der Zeit lernen. Klagen befinden sich schon eher im Repertoire von Kindern. Die entscheidende Ausdrucksform von Kindern gegenüber ihren Eltern ist das Bitten. Das beginnt mit dem Schrei des Säuglings, der um Hilfe oder Nahrung ruft. Das findet seinen Ausdruck in den ausgestreckten Armen eines Kindes, das von seinen Eltern auf den Arm genommen werden will. Das äußert sich auch noch in den Bitten eines Jugendlichen, mit den Freunden eine Veranstaltung besuchen zu dürfen.

Es sei die einfache Frage erlaubt: Wollte Jesus seine Jünger vielleicht lehren, dass ihr eigentliches Verhältnis gegenüber Gott das des Kindes gegenüber seinem Vater ist? Der Beginn des Gebetes weist darauf hin. Das Gleichnis vom barmherzigen Vater zeigt in diese Richtung. Die mehrfachen Anleitungen zum Bitten ermutigen dazu, denn wer bittet, der wird von Gott empfangen (Mt 7,7; Mk 11,24). In die gleich Richtung weist die Feststellung Jesu (Mt 18,3): „Wenn ihr nicht umkehrt und wie die Kinder werdet, könnt ihr nicht in das Himmelreich kommen."

Die Jünger Jesu sind also aufgefordert, ihren Platz vor Gott als Kinder einzunehmen. Prediger finden zu dieser Einsicht schnell die Erklärung, dass dieses Kindwerden vor Gott in einem übertragenen Sinn gemeint sei. Schließlich will und soll keiner, und schon gar kein Erwachsener, regredieren.

Doch kann dieses Kindwerden auch als eine zweite Naivität verstanden werden. Wenn ein Erwachsener durch die mehr oder weniger harte Schule des Lebens gegangen ist, dann wird er nicht nur seinen Kinderglauben ablegen, sondern auch desillusioniert sein, was den Umgang der Menschen miteinander, auch was den Umgang von Eltern mit ihren Kindern angeht. Es kann, wie die Redewendung sagt, schwerfallen oder gar unmöglich werden, an das Gute im Menschen zu glauben. Mit diesem Verlust geht oft der Verlust einher, anderen gegenüber Ehrfurcht zu empfinden, sich unvoreingenommen, „in gutem Glauben" auf andere einzulassen, ohne innere Vorbehalte hoffen und lieben zu können. Schlechte oder schwierige Erfahrungen lassen vorsichtig werden.

Es gilt, in einer zweiten Naivität, in einer zweiten Kindlichkeit einen Sprung des Verstandes und des Herzens zu wagen, um sich aus den möglicherweise schweren Erfahrungen herauszulösen und mit neuen Augen auf sich selbst, auf die Menschen und auf Gott zu schauen. Das ist nun nicht als ethische Forderung zu verstehen, sondern als Ergebnis eines Reifungs- und Glaubensprozesses.

In diesem Reifungsprozess geht es nicht darum, die als schwierig oder gar böse erlebte Wirklichkeit schönzureden. Es geht nicht um einen Aufruf zu einem „Positive Thinking", in dem ich mir krampfhaft einzureden versuche, dass das Leben vor allem positiv sei. Es geht darum, das Schwere und Böse anzuschauen und dann stehen zu lassen, um in neuer und unverdorbener Weise, mit Glaube, Hoffnung und Liebe, meinem eigenen Leben, den Menschen um mich herum und Gott zu begegnen.

An dieser Stelle greifen nun Reifungs- und Glaubensprozess ineinander. Dieser Schritt, sich als Erwachsener eine neue Kindlichkeit zu erwerben, kann durch die eigene Biografie erschwert oder fast unmöglich gemacht werden. Hier ist die entscheidende Frage, ob ich mich als Christ neu der Zuneigung Gottes vergewissern kann, um Hürden überspringen zu können.

Jesus Christus, nach christlichem Verständnis die Mensch gewordene Liebe Gottes ist, trifft, so schildern es die biblischen Erzählungen, fortwährend mit Menschen zusammen, die unter solchen Hürden leiden. Dämonen in Form von Krankheiten, sozialer Ächtung oder auch Unglauben plagen die Menschen und veranlassen sie, dem Heiler Jesus Christus zu vertrauen. Manche wagen sich nur, sein Gewand zu berühren, andere rufen hinter ihm her und lassen sich von niemandem abhalten, Jesus ihr Leid zu klagen. Das Geheimnis der Heilkraft Jesu liegt vor allem im Vertrauen, das er den Menschen entgegenbringt und von dem diese sich anstecken lassen, selbst zu vertrauen. Wer seinem Arzt nicht zutraut, dass er helfen kann, dem wird auch kaum geholfen werden. Wer aber das Vertrauen aufbringt, an dessen Heilkraft zu glauben, der ist einen ersten Schritt auf eine Heilung zugegangen.

Hier liegt das christliche Geheimnis einer zweiten Kindlichkeit und einer Unbefangenheit der Welt gegenüber: Wer sich der Heilkraft Jesu Christi anvertraut, lernt neu zu vertrauen. Wer neu vertrauen kann, wird sich neu als Kind vor dem gemeinsamen Vater Jesu Christi verstehen lernen. Wer Kind ist vor Gott, dem wird eine neue Weltanschauung und neue Kraft zur Welt-Gestaltung geschenkt.

Menschen und Christen, die sich auf diesen Reifungs- und Glaubensprozess einlassen, lesen biblische Texte anders. Sie finden in den Zusagen Gottes durch Jesus Christus immer wieder Bestätigung für ihren Weg und ihre Berufung, die vielleicht gipfelt in der Zusage: „Das ist mein geliebter Sohn, an dem ich Gefallen gefunden habe“ (Mt 3,17).

☞ *Was kann ich persönlich mit dem Gedanken, Kind Gottes zu sein, anfangen?*
Wie ist es für mich möglich, zu einer Art zweiter Kindlichkeit durchzustoßen und aus der Verbindung mit Jesus Christus neu mich selbst, meine Mitmenschen und Gott anzuschauen?

Gestärkt durch den Geist

Der Geist Gottes, der zu Beginn der Schöpfung über den Wassern schwebte, der Jesus in die Wüste trieb und den er am Kreuz an seine Kirche übergab, der die Gaben von Brot und Wein wandelt, der Menschen zur besonderen Teilhabe am Dienst Christi konsekriert, dieser Geist ist die bewegende Kraft in jedem Christenleben. Weiter: Seit die Schöpfung durch Jesus Christus in neuer Weise geheiligt ist, dürfen wir noch mehr davon ausgehen, dass jeder positive Vorgang, jedes heilende und befreiende Ereignis und jede gute Tat des Menschen vom Geist gewirkt und begleitet ist.

Wenn es stimmt, was in theologischen Modellen versucht wird aussagbar zu machen, dass der Heilige Geist die geglückte Beziehung zwischen Vater und Sohn in der Dreifaltigkeit ist, dann dürfen wir davon ausgehen, dass überall dort, wo der Geist wirkt, solche geglückten Beziehungen entstehen.

Zum Beginn des Lebens als Christ wird der Geist, der am Anfang über den Wassern schwebte, auch auf das Wasser der Taufe herabgerufen. Das Element, das für Menschen Leben bedeutet, wird zum Medium, um etwas auszudrücken, was eigentlich unsagbar ist: Der Mensch wird in Jesus Christus hineingezogen. So wie ihm in einem ausdeutenden Ritus ein weißes Kleid angezogen wird, so bewirkt der Geist, dass eine geglückte Beziehung zu Jesus Christus entsteht, dass das Kind von menschlichen Eltern zugleich neu wird, was es seit dem ersten Augenblick seiner Existenz war: Kind Gottes.

Dieser Geist Gottes, der die ganze Existenz des Christen durchdringt, begleitet, um es in menschlichen Worten zu umschreiben, fortan jeden Schritt. Im Geist wird er immer intensiver in die Gemeinschaft der Glaubenden eingegliedert. In der Firmung wird ihm später ausdrücklich die Stärkung durch den Geist zugesprochen. In der Eucharistie vermittelt der Geist die reale Präsenz Jesu Christi in Brot und Wein und stiftet im Empfang dieser Speise immer neu die lebendige Beziehung zu Jesus Christus.

Um diesen Geist bittet später eine ganze Ortskirche, wenn Kandidaten für eine Weihe in einer Prostratio vor Jesus Christus auf dem Boden liegen, um dann in absolutem Schweigen unter Handauflegung durch diesen Geist konsekriert zu werden. Es ist immer derselbe Geist, der seit Beginn der Schöpfung und seit der Taufe wirkt und jedem seine besondere Gabe zuteilt, wie er will (1 Kor 12,11).

Wie Jesus, durch den Geist angetrieben, sein Werk vollbrachte, so sollen auch die Jüngerinnen und Jünger Christi ihre Aufgaben vollbringen unter der Leitung des Geistes. Beschenkt mit den Gaben, die der Geist jedem persönlich zukommen lässt, und mit der Gabe des kirchlichen Amtes ist der Priester ausgestattet. Priesterliche Spiritualität wird darum wesentlich davon bestimmt sein, im persönlichen Leben und im seelsorglichen Dienst den Geist Gottes zum Zug kommen zu lassen.

☞ *Welche Rolle spielt in meiner persönlichen Spiritualität der Heilige Geist?*
Wie sehr sehe ich die priesterliche Existenz als ein Leben durch den Geist Gottes?
Wie sehr lasse ich mich in meinen konkreten seelsorglichen Aufgaben vom Geist Gottes leiten?
Kann ich durch meinen Terminkalender hindurch die Anregungen des Heiligen Geistes wahrnehmen?

In der Kirche zu Hause

Christwerden geschieht im Raum der Kirche. Ohne die Kirche wäre die Botschaft von der Auferstehung Jesu im Sand verlaufen. Ohne die Kirche gäbe es keine Tradition, in der eine Generation den lebendigen Christusglauben an die nächste Generation weitergeben könnte. Die Taufe als der erste Schritt zum Christwerden ist darum auch nur als Sakrament einer kirchlichen Gemeinschaft denkbar.

Geistgeschöpf und Organisation

Wenn sich Kirche auch als Geistgeschöpf versteht, so ist sie doch als Gemeinschaft von Menschen natürlichen Gesetzmäßigkeiten unterworfen (Lumen gentium 8). So lebte sie – in Anwendung dessen, was die Organisationssoziologie analysiert – zu Beginn von der Christuserfahrung, einer Urerfahrung, die die Menschen der ersten Generationen entweder selbst machen durften oder von der sie von solchen hörten, die Jesus Christus leibhaftig erlebt hatten. Die ersten beiden Generationen lebten vor allem von der lebendigen und authentischen Beziehung zu Jesus Christus. Doch bereits mit der dritten Generation bilden sich festere Strukturen und Ämter heraus, die sich in der Folgezeit immer mehr differenzieren. Immerhin dauerte es bis ins 13. Jahrhundert, bis die Kirche das Septenarium der Sakramente festlegte, durch die sie sich selbst, so ihr Selbstverständnis, in der Kraft des Heiligen Geistes vollzieht.

Zu vielen theologischen Klärungen tritt, wieder unter organisationssoziologischen Gesichtspunkten, eine Entfaltung dessen, wie Kirche leben möchte. Es entstehen hierarchische Amtsstrukturen, Kirchengesetze und ein eigenes Kirchenrecht. Daneben entwickelt sich eine Bürokratie, die über die Durchführung aller Lebensäußerungen der Kirche und über die Einhaltung der Regelungen wacht.

In gewissen Abständen entsteht im Laufe der Geschichte aus den selbstverfassten Satzungen, Strukturen und Gesetzen ein System, das um sich selbst kreist. Dieses ist so sehr mit seinen Abläufen beschäftigt, dass die Leidenschaft der ersten Generationen verloren geht. Dann steht eine solche Organisation vor der Entscheidung: Entweder wird der Impuls des Anfangs erneuert, oder diese Organisation erübrigt sich, weil immer weniger Menschen verstehen, wozu sie dient.

Kirchenreform

Hier treten dann im Laufe der Kirchengeschichte Orden und Erneuerungsbewegungen auf den Plan, die durch eine zum Teil harte Systemkritik auf die Schwachstellen der jeweiligen kirchlichen Situation aufmerksam machen. Doch Kirchenkritik alleine reicht nicht zur Erneuerung. Sie wird nur dann fruchtbar, wenn gelebte alternative Modelle von Kirche eingebracht werden.

In der Regel ereignen sich solche Erneuerungen von der Basis her. Amtsträger sind meist so sehr mit der Erhaltung des Systems beschäftigt, dass sie nur in Ausnahmefällen Reformen und „Reformationen" durchführen können und wollen. Papst Franziskus ist eine solche Ausnahme, indem er sich einen Namen zulegt, der für das Modell einer Reform von unten steht, diese Reform dann aber von oben betreibt.

Auf dem Hintergrund einer organisationssoziologischen Betrachtung liegen die Gründe für die gegenwärtige kirchliche Situation in unserem Land offen vor uns. Nun, wie zu allen Zeiten, gilt es, der Erneuerung vom Ursprung her Gesichter zu geben. Und diese Gesichter sind alle Getauften. In der Praxis der Gemeinden und der Kirche insgesamt ist ein Großteil dieser Gesichter jedoch unsichtbar. Umso mehr gilt es, möglichst viele Christen mit Profil in diesen Prozess einzubeziehen.

In diesem Prozess spielen die Priester eine eigene und besondere Rolle. Im Blick auf die Säule des Christseins kann an dieser Stelle gesagt werden: Nur wer als Christ sich auf die Kirche, die bei aller Größe doch an vielen Schwächen leidet und sich darum immer wieder erneuern muss, einlässt, kann sich für sie einsetzen und für sie hilfreich sein. Nur wer trotz aller Probleme im Vollsinn Christ ist und die Kirche als seine „Mutter" liebt, der kann ihr Repräsentant sein.

☞ *Was an der Kirche gefällt mir besonders und lässt mich gerne in ihr zu Hause sein?*
Was an kirchlichen Reformen steht bei mir ganz oben auf der Liste?

Wie packe ich diese Reformen in meinem Wirkungskreis an?
Was hindert mich, diese anzupacken?
Wie würde ich meine ganz persönliche Beziehung zur Kirche beschreiben?

Im Gebet verbunden

Das Christentum ist nicht eigentlich eine Buchreligion, sondern eine Beziehungsreligion. Schon das Alte Testament bezeugt, wie die glaubenden Menschen in einem ständigen Kontakt mit ihrem Gott standen. Abraham als der Vater und Prototyp des Glaubenden ließ sich bis zur Aufgabe seines Sohnes auf das vertrauensvolle Verhältnis mit Gott ein. Er ist zugleich der, der mit seinem Gott harte Verhandlungen führt, damit Gott um der wenigen Gerechten willen Sodom und Gomorra verschont. Die Berufung des Mose zum Befreier des Volkes aus der Knechtschaft Ägyptens geschieht in einer abgeschiedenen und doch überwältigenden Offenbarung Gottes und in einem Ringen um diese Berufung. Die Befreiung aus der Hand Ägyptens und die spätere Erfahrung des Exils werden bewältigt in der ständigen lebendigen Beziehung zu Jahwe.

Jesus Christus wird im Neuen Testament als der Prototyp des neuen Menschen geschildert, der in einem ständigen Dialog mit seinem Vater lebt. Er zieht sich zurück, um sich auf den Dialog mit seinem Vater konzentrieren zu können. Er fühlt sich vom Vater gesandt, die Botschaft vom Reich Gottes zu verkünden und die zu heilen, die verwundet sind. Am Kreuz gelten seine letzten Worte dem Vater. In den Worten der Psalmen drückt er seine Verzweiflung und Hoffnung aus (Ps 22), aber auch sein absolutes und letztes Vertrauen in den Vater (Ps 31,6): „Vater, in deine Hände gebe ich meinen Geist."

In dieser Gebets- und Dialogtradition stehen die Christen. Es kann sich keiner als Christ bezeichnen, der sich nicht auf die eine oder andere Weise in diese Gebetsspur durch die Geschichte der Menschheit einreiht. Die Frage ist, wie diese Beziehungspflege mit Gott gestaltet werden kann.

Auch Gott gegenüber können wir uns nur nach Art der Menschen äußern. Um zu beschreiben, wie diese Beziehungspflege aussehen soll, kann man die Art, wie zwei Liebende miteinander kommunizieren, zum Vorbild nehmen: Sie schauen einander an, sie sprechen miteinander, sie machen einander Geschenke.

Vielleicht ist das schweigende *Anschauen* die tiefste Art der Begegnung. Zwei Menschen, die sich sehr vertraut sind und sich darum nicht voreinander genieren, können sich in die Augen schauen, ohne mit Worten deuten zu müssen, was sie meinen. So ist wohl auch die stille Betrachtung der Großtaten Gottes, wie sie in den Heiligen Schriften berichtet werden oder wie wir sie in unserem eigenen Leben erfahren, die intensivste Art der Gottesbegegnung. In schweigendem Stehen vor Gott, im Sich-Hinhalten vor diesem nahen und doch so fernen Gott, legen wir unser Herz bloß, sodass Gottes Geist ohne Widerstände in uns wirken kann. Diese Art des Betens müssen wir wohl ein ganzes Leben lang geduldig erwarten. In einzelnen Situationen dürfen wir sie erfahren. Nicht umsonst wird die ewige Gemeinschaft mit Gott nach Beendigung dieses Lebens als „Anschauung Gottes“ beschrieben.

Doch wir werden die Beziehung zu Gott auch *durch Worte pflegen*. Wie in der Betrachtung des Vaterunsers deutlich wurde, werden diese Worte oft Bitten sein. In Gemeinschaft werden wir uns gemeinsamer Gebetsworte bedienen und unsere Bitten meist in wohlformulierten Für-Bitten ausdrücken. Wenn wir alleine beten, werden wir diese Bitten ungebremst und ungeschminkt, ja hemmungslos, flehend oder klagend vor Gott tragen.

Das Geschenk, das wir Gott als *Zeichen unserer Liebe* überreichen können, ist unser Leben. Wir können das, was uns ausmacht, unsere Freude und unser Hadern, das Gelingen und Misslingen, Gott als Gabe hinhalten. Da wir auf Zeichen angewiesen sind, die uns unsere Gedanken sehen lassen, zünden wir eine Kerze an, brennen Weihrauch ab und hoffen, dass unser Gebet so wie dieser Rauch zu Gott emporsteigt und gehört wird. In unserer Verbindung als Christen mit Jesus Christus legen wir letztlich alle Gaben unseres Lebens in die größte Gabe, die Gott dargebracht werden kann: in die Hingabe seines Sohnes. Wir sprechen öfter davon, dass wir während der Eucharistiefeier unser Leben „mit auf die Patene legen“. Die Frage ist aber, ob wir das als Geschenkakt während der Feier auch wirklich und authentisch vollziehen.

☞ *Wie schätze ich mein Gebetsleben selbst ein?*
Wie erlebe ich das Auf und Ab in meinem Mühen um das Gebet?
Was sind meine bevorzugten Formen, meine Suche nach Gottes Nähe auszudrücken?
Mit wem spreche über Gelingen und Misslingen meiner Anstrengungen, mit Gott im Dialog zu bleiben?

Zwischenfrage

Bevor der Blick auf die dritte Säule gerichtet wird, sei eine Zwischenüberlegung eingefügt. Es stellt sich nämlich das Problem, wie wohl sinnvollerweise die einzelnen Säulen einander zugeordnet werden können. Nachdem bisher über Menschsein und Christsein gesprochen wurde, könnte nun die Frage entstehen: Geht es in den nächsten Säulen um das eigentliche Priestersein, um das Proprium des Priesters?

Die Frage ist falsch gestellt. Jesus Christus darstellen oder die Kirche repräsentieren kann ein Priester nur als Mensch und Christ. So wie Gottes Sohn selbst, um Gottes Liebe und Gegenwart darzustellen, Mensch wurde, so kann ein Priester diesen Jesus Christus nur darstellen „in menschlichen Gebärden", wie es in einer Strophe des Liedes „Ein Haus voll Glorie schauet" heißt. So wie in der Kirche, deren Glied auch der Priester durch die Taufe wurde, der Geist Christi gegenwärtig ist, aber vermittelt durch das menschliche, gesellschaftliche Gefüge der Gemeinschaft der Gläubigen (vgl. LG 8), so kann der Priester diese Kirche auch nur repräsentieren, wenn er mitten in dieser Gemeinschaft lebt.

Wie aber kann nun das Miteinander und Ineinander der sieben Säulen gedacht werden?

Epigenetisches Wachstum

Hier bietet sich ein Vergleich aus der Entwicklungspsychologie bzw. der Persönlichkeitsforschung an. Zu denken ist an das sogenannte „epigenetische Wachstum" der menschlichen Persönlichkeit (Erikson 1973, 57 ff.). Nach einem sinnvollen, dem Menschen innewohnenden Plan entfaltet sich der Mensch über verschiedene Abschnitte. Wenn er das Ziel eines Abschnittes erreicht hat, so etwa das Ziel, im Laufe des ersten Lebensjahres das Urvertrauen zu erwerben, kann er sich dem nächsten Abschnitt zuwenden, so dem Ziel im Kleinkindalter, ein autonomer Mensch zu werden. In jedem nächsten Abschnitt wird aber der Persönlichkeit nicht einfach etwas Neues aufgesetzt, sondern die Ganzheit der Persönlichkeit wächst in eine neue, organisch entwickelte, die vorangegangenen Abschnitte integrierende Ganzheit hinein. So schreitet der Mensch nach Erikson in einem günstigen Fall über acht Stufen zur Fülle und Reife des Lebens.

So ist auch die Entwicklung und Reifung eines Menschen in den Beruf und die Berufung des Priesters hinein ein Wachsen von einer Ganzheit in weitere Ganzheiten. Mit der Diakonen- und Priesterweihe lässt er also die Abschnitte des Menschwerdens und des Christwerdens nicht hinter sich, um sich in eine andere Seinsweise zu verwandeln oder verwandelt zu werden, sondern das Menschsein und Christsein wächst zu einer neuen Ganzheit, die auch das Priestersein integriert. So spielt auch dieser Mensch und Christ nach der Priesterweihe nicht gleichsam nun Priester oder füllt gewisse Funktionen aus. Er ist Priester. Was die Theologie mit dem Ausdruck „unauslöschliches Merkmal“ meint, ist genau dieser Vorgang der Integration des Priesterseins in das Menschsein und Christsein dieses konkreten Menschen. Priester zu sein gehört, so könnte man in einer psychologisch-theologischen Weise sagen, zur Persönlichkeit dieses Menschen.

Anfang und Wachstum

Die Integration des Priesterseins hat zwei Aspekte. Einerseits geschieht in der Priesterweihe, theologisch vielfach beschrieben, der Schritt in die neue Ganzheit. Andererseits beginnt mit der Priesterweihe ein bis ans Lebensende andauernder Prozess, in diese Ganzheit hineinzuwachsen. „Werde, was du bist!“ könnte der Imperativ lauten, der dem Weihekandidaten mit auf den Weg gegeben wird.

Das ist keine nur theoretische Unterscheidung. Bei jeder Priesterweihe und Primiz erfährt eine ganze Ortskirche und in eigener

Weise die Heimatgemeinde einen Neubeginn. Der Neupriester und Primiziant selbst erlebt mit großer Intensität in den Feierlichkeiten und in der Mitfreude der Menschen die Größe des Geschenks seiner Berufung. Diesem erhebenden Tag folgt dann aber der nüchterne Alltag der ersten Kaplansstelle. Die Anspannung und Verantwortung wird, bei aller Freude, noch deutlicher erfahren, wenn die erste Pfarrerstelle ansteht. Nun heißt es, sich die Gabe des Anfangs Tag für Tag über eine ganze Lebensspanne hinweg neu schenken zu lassen und zugleich die ganze eigene Lebens- und Schaffenskraft in den Beruf hineinzugeben.

Gabe und Aufgabe

Was hier für das Priestersein und das Wirken in den priesterlichen Aufgaben generell gesagt ist, gilt für alle Säulen des Priestertums. Am Beispiel der sechsten Säule „Liturge sein" sei es noch einmal verdeutlicht.

Liturgie zu feiern ist eine der Grundaufgaben des Priesters. Mit der Priesterweihe sind ihm die geistliche Fähigkeit und die juristische Vollmacht geschenkt, Eucharistie zu feiern. Liturge zu sein als Gabe und Aufgabe zu begreifen, ist nicht nur so zu verstehen, dass der Priester nach dem Geschenk der Weihe mehr Routine im Zelebrieren erwirbt. Er soll sich auch weiterbilden in der „ars celebrandi". Das auch. Mehr aber ist gemeint, dass er im Laufe der Zeit tiefer in diese Aufgabe hineinwächst, dass sich diese Aufgabe immer mehr mit seiner Persönlichkeit verbindet. Gläubige registrieren diesen Prozess von außen sehr wohl und drücken ihre Beobachtungen in Sätzen aus wie: „Unserem Pfarrer spürt man an, dass er intensiv bei der Sache ist."

Liturge zu sein bedeutet darum auch nicht nur, eine Funktion wahrzunehmen, die dem Priester aufgetragen ist. Der Priester ist Liturge. Es gehört zu seiner Persönlichkeit als Priester, Liturge zu sein. Die lebenslange Aufgabe für ihn ist es, diese Gabe immer mehr in seine Persönlichkeit zu integrieren.

3.

Dritte Säule: Jesus Christus darstellen

Am 8. Dezember 1602 wurde der heilige Franz von Sales zum Bischof geweiht. Er hatte zwanzig Jahre zum Teil harten priesterlichen Dienst hinter sich. Besonders hatte er sich als Missionar in Chablais intensiv um die Zurückgewinnung der Calvinisten bemüht. Die Bischofsweihe bewirkte nun offenbar in ihm etwas, was ihn nachhaltig beeindruckte und prägte. Es gibt keine ausführlichen schriftlichen Zeugnisse über das Ereignis von ihm selbst. Doch hat seine Weggefährtin und geistliche Schwester, Johanna Franziska von Chantal, mit der er den Orden der Heimsuchungsschwestern gründete, aus Gesprächen mit ihm bezeugt: „Der demütige Diener Gottes ... erklärte mir, dass er während seiner Bischofsweihe schaute, wie die heilige Dreifaltigkeit seiner Seele innerlich das einprägte, was die Bischöfe äußerlich an ihm taten" (Waach 1986, 233).

Franz von Sales war kein Schwärmer oder Traumtänzer. In der Zeit nach dem Tridentinum verbesserte er in äußerst zupackender Weise beispielsweise die Ausbildung der Priester. Er war ein nüchterner Heiliger, der, wie unter anderem seine Schrift „Philothea" ausweist, Heiligkeit nicht in außergewöhnlichen Zeichen und Zuständen suchte, sondern in den einfachen Abläufen des Alltags. Er war, so würde man heute formulieren, eher ein Mystiker des Alltags als ein Mensch, der auf Visionen oder Auditionen baute. Umso überzeugender wirkt der Satz von jener inneren Schau während seiner Bischofsweihe.

Vielleicht spiegelt diese Schau ein wenig die Sehnsucht derer wider, die ihre Berufung suchen und treu zu ihr stehen, wenn sie sie gefunden haben. Sich ein Leben lang immer neu für eine Berufung zu entscheiden, von der man glaubt, sie sei ein Charisma, weckt diese Sehnsucht, besonders wenn es keine klare Anschauung von dem gibt, was im eigenen Inneren vor sich geht. In der Regel müssen sie sich, in besonderer Anwendung auf die Berufung zum priesterlichen Dienst, mit dem Satz begnügen, den Jesus zu Thomas sprach: „Selig sind, die nicht sehen und doch glauben" (Joh 20,29).

Die Aussage von Franz von Sales drückt das aus, was das Sakrament der Weihe bedeutet. Er spricht von einem Innen und Außen. Traditionell formulieren wir den Unterschied bzw. die Zusammengehörigkeit von innerer Gnade und äußerem Zeichen. Was die weihenden Bischöfe für alle sichtbar tun, repräsentiert einen inneren Vorgang in der Seele des Weihekandidaten. Theoretisch ist diese Zuordnung von Innen und Außen als Erklärungsmodell dessen, was Sakrament meint, eine klare Sache. Das Prägemal, das „unauslöschliche Zeichen" des Weihesakramentes, ist eine Vorstellung, die sozusagen zum dogmatischen Einmaleins der Sakramentenlehre gehört. Sich das Gemeinte aber als einen lebendigen Vorgang vorzustellen, bei dem der dreifaltige Gott fühlbar oder erlebbar wirkt, ist eine außerordentliche Vorstellung. Man sieht in dem Selbstzeugnis des heiligen Franz bildhaft die Seele wie eine Tonscheibe, in die Gott das Mal der Weihe einprägt.

Ohne darüber zu spekulieren, was von einer solchen Erfahrung zu halten ist, wird doch eines deutlich: Weihe ist ein personaler Vorgang, in dem Gott am Menschen wirkt. Sie ist mehr als eine Amtsübertragung, eine Ausstattung mit Vollmachten, die ab dem Augenblick der Weihe existiert, oder ein Akt mit juristischen Konsequenzen. Vielmehr ist der wesentliche Inhalt der Weihe die lebendige Begegnung mit Gott, die sich als eine bleibende Beziehung zwischen Gott und dem Menschen einprägt und ausgestaltet.

Diese Beziehung ist nicht eine völlig andere als die, die Gott mit dem Menschen eingeht, wenn er ein Ja zu dessen Leben spricht. Sie ist auch nicht völlig unterschiedlich zu der Beziehung, zu der der Mensch als Christ in der Taufe befähigt wird. Dennoch tritt etwas Neues in diese Beziehung. Im Sinne eines „epigenetischen Wachstums" von einer Ganzheit in eine neue Ganzheit, wächst die Beziehung zu Gott in eine neue Dimension hinein.

☞ *Was bedeutet für mich die theologische Aussage vom „unauslöschlichen Prägemal" der Priesterweihe?*
Was bedeutet für mich in der Rückschau auf die Weihehandlung die äußerlich sichtbare Handlung der Handauflegung?
Welchen Erlebniswert hatte und hat dieser Vorgang, abgesehen von einer allgemeinen Ergriffenheit durch diese liturgische Handlung?

Wie stelle ich es mir vor, dass Gott von meiner Seele Besitz ergreift? Habe ich dafür ein Bild – ganz für mich?

Das kirchliche Amt

Was ist nun der Inhalt der Beziehung zu Gott, der in der Priesterweihe eingeprägt wird? Traditionell wird dieser Inhalt als „kirchliches Amt" bezeichnet. Bei allen folgenden Überlegungen gilt es jedoch wachzuhalten, dass dieses Amt, sein Verständnis und seine Ausübung auf dem Fundament einer personalen Beziehung stehen.

Vor allem die Liebe

„Presbyterorum ordinis" Nr. 2 nähert sich dem, was mit dem kirchlichen Amt gemeint ist, in ähnlicher Weise wie „Lumen gentium". Zunächst wird das hervorgehoben, was dem ganzen Volk Gottes gemeinsam ist, um dann den Dienst des Amtes genauer zu beschreiben.

> *„Jesus, der Herr, den der Vater geheiligt und in die Welt gesandt hat' (Joh 10,36), gibt seinem ganzen mystischen Leib Anteil an der Geistsalbung, mit der er gesalbt worden ist. In ihm werden nämlich alle Gläubigen zu einer heiligen und königlichen Priesterschaft, bringen geistige Opfer durch Jesus Christus Gott dar und verkünden die Machttaten dessen, der sie aus der Finsternis in sein wunderbares Licht berufen hat. Es gibt darum kein Glied, das nicht Anteil an der Sendung des ganzen Leibes hätte; jedes muss vielmehr Jesus in seinem Herzen heilighalten und durch den Geist der Verkündigung Zeugnis von Jesus ablegen."*

Hier werden alle Gläubigen gemeinsam als „heilige und königliche Priesterschaft" bezeichnet, die zu Verkündigung und Liturgie berufen sind. Allerdings wird davon gesprochen, dass in diesem allgemeinen Priestertum „geistige Opfer" dargebracht werden. Alles wird getragen durch ein persönliches Verhältnis zu Jesus Christus. „In seinem Herzen Jesus heilighalten" und von ihm „Zeugnis ablegen" sind Begrifflichkeiten einer innigen, liebevollen und erfüllenden Beziehung.

So hebt auch dieses Dokument gleich zu Beginn seiner Amtstheologie hervor, was für alle gilt, aber in eigener Weise für Amtsträger der Kirche entscheidend ist: das persönliche Verhältnis zu Jesus Christus. Die Diktion, „Jesus in seinem Herzen heiligzuhalten", fällt im Kontext einer sonst eher nüchternen Sprache besonders auf.

Bevor über Sein und Aufgabe des Priesters gesprochen wird, besteht folglich die Aufgabe darin, sich der Frage zu stellen, die Jesus an Petrus richtete: „Simon, Sohn des Johannes, liebst du mich?" (Joh 21,15 ff.). Es ist vor allen anderen die entscheidende Frage, deren ehrliche Antwort wiederum alles entscheidet.

Eigentlich ist es, mit etwas Abstand betrachtet, eine eigenartige Situation, in die Petrus bei der Befragung durch Jesus geriet. Es ist die Situation zweier Liebenden. Der eine stellt die Frage, die sich Liebende ein Leben lang immer wieder stellen: „Liebst du mich?" Wenn diese Frage nicht mehr gestellt wird oder die Antwort „Ich liebe dich!", auch ohne die Anfrage, nicht mehr ausgesprochen wird, dann ist die Beziehung am Ende.

Jesus stellt die Frage dreimal. Während er zweimal das Wort ἀγαπᾷς verwendet, benutzt er beim dritten Mal den Begriff φιλεῖς. In der Einheitsübersetzung wird die dritte Frage mit „Hast du mich lieb?" wiedergegeben und unterstreicht noch einmal die Innigkeit der Frage.

☞ *Wann habe ich diese Frage nach meiner Liebe zum ersten Mal bewusst gehört?*
Wann habe ich zuletzt zugelassen, dass Jesus Christus mir diese Frage stellt?
Bei welcher Gelegenheit habe ich wieder einmal an diese grundlegende Frage gedacht?
Ich könnte in diesem Sinn bei meiner nächsten Betrachtung 1 Kor 13 auf meine Situation anwenden.

Auf dieser Grundlage beschreibt „Presbyterorum ordinis" Nr. 2 nun die Aufgaben des Priesters und den Zusammenhang, in dem er diese Aufgaben erfüllt.

„Damit die Gläubigen zu einem Leib, in dem ‚nicht alle Glieder denselben Dienst verrichten' (Röm 12,4), zusammenwachsen, hat der gleiche Herr einige von ihnen zu amtlichen Dienern eingesetzt. Sie sollten in der Gemeinde der Gläubigen heilige Weihevollmacht besitzen zur Darbringung des Opfers und zur Nachlassung der Sünden und das priesterliche Amt öffentlich vor den Menschen in Christi Namen verwalten."

Einheit

Ziel des kirchlichen Amtes und seiner Aufgaben ist die Einheit aller Gläubigen. Diese sollen zu einem Leib zusammengeführt werden. Hier wird im Bild ein Auftrag ausgedrückt, der in dieser Weise mit dem Menschsein und Christsein noch nicht gegeben ist. Zwar haben alle Menschen die deutliche Erfahrung, dass Mensch zu sein nur in einer Gemeinschaft gelingen kann, die sich, wenn auch nicht konfliktfrei, so doch einig ist. Zwar sind alle Christen auf den einen Namen Jesu Christi getauft und tragen gemeinsam zum Gelingen der communio der Kirche bei. Doch mit dem kirchlichen Amt erhalten einige den Auftrag, diese Einheit in besonderer Weise zu sichern.

Jesus Christus selbst, auf den alle getauft sind, ist der eigentliche Grund und das eigentliche Ziel der Einheit. Wenn nun einige beauftragt werden, für diese Einheit zu sorgen, stellen sie in eigener Weise Jesus Christus, das Fundament der Einheit, dar. Sie setzen ihn durch das Zeichen ihrer eigenen Person präsent – und zwar im Blick auf die ganze Gemeinde.

Hier liegt der Grund dafür, dass „Lumen gentium" Nr. 10 formuliert, das gemeinsame Priestertum aller Gläubigen unterscheide sich vom hierarchischen Priestertum „dem Wesen nach und nicht nur dem Grade nach". Der Priester besitzt also nicht einfach nur ein „Mehr an Priestertum", sondern sein Priestertum hat eine besondere Zielrichtung, ist eine eigene Berufung. Durch das Sakrament der Weihe ist der Priester gesendet, durch sein Sein und Handeln leibhaftiges Zeichen dafür zu sein, dass Jesus Christus in seiner Gemeinde real präsent ist und die Gemeinde eint.

Das Gemeinte lässt sich gut an den Zuständigkeiten ablesen, die die Kirche den einzelnen Gläubigen im Blick auf Segnungen zuspricht. Das Benediktionale spricht in seiner „Pastoralen Einführung" Nr. 2–7 davon, dass Gott die Quelle allen Segens ist, Jesus Christus die Fülle dieses Segens bedeutet, und die Kirche den Auftrag besitzt, diesen Segen den Menschen zu spenden. Den Auftrag der Kirche zu segnen nehmen alle Getauften und Gefirmten wahr, aber jeweils für den Bereich, für den sie zuständig sind. Eltern segnen in ihren Familien. Priester, Diakone und beauftragte Laien segnen im Leben der Pfarrgemeinde und im öffentlichen Leben ihres Wirkungskreises. „Je mehr eine Segnung auf die Kirche als solche und ihre sakramentale Mitte bezogen ist, desto mehr ist sie den Trägern eines Dienstamtes (Bischof, Priester, Diakon) zugeordnet" (Nr. 18). Dort, wo es um die Selbstverwirklichung der Kirche und um die Einheit der Kirche selbst geht, liegt das Aufgabenfeld des kirchlichen Amtes.

☞ *Wo erlebe ich in meiner seelsorglichen Praxis, dass der Dienst an der Einheit dringend notwendig und auch angefragt ist?*
Wie wird für mich deutlich, dass bei allen meinen Bemühungen um die Einheit Jesus Christus selbst der Garant dieser Einheit ist?

Zeichen und Zeuge sein

Jesus Christus zu repräsentieren bedeutet nun nicht, dass der Priester nun wie Jesus Christus selbst Herr über Wort und Sakrament ist, sondern er ist Zeuge der Gegenwart Jesu Christi, der als der eigentliche Herr in seiner Gemeinde wirkt. In diesem Sinn ist auch 1 Petr 5,1–3 zu verstehen:

> *„Eure Ältesten ermahne ich, da ich ein Ältester bin wie sie und ein Zeuge der Leiden Christi und auch an der Herrlichkeit teilhaben soll, die sich offenbaren wird: Sorgt als Hirten für die euch anvertraute Herde Gottes, nicht aus Zwang, sondern freiwillig, wie Gott es will; auch nicht aus Gewinnsucht, sondern aus Neigung; seid nicht Beherrscher eurer Gemeinden, sondern Vorbilder für die Herde!"*

Das bedeutet, dass Machtausübung und Missbrauch des Amtes ausgeschlossen sein müssen. Das verlangt eine geistliche Balance zwischen einer besonderen Art von Identifikation mit Jesus Christus auf der einen Seite und einem notwendigen Abstand von der überreichen und zugleich übermächtigen Gabe des Amtes auf der anderen Seite. Das bedeutet auch: Der Priester soll, darf und muss zupackend und mit großer Freude seine Berufung, Zeichen und Zeuge der Gegenwart Christi in seiner Gemeinde zu sein, wahrnehmen. Er soll auch nicht im Sinne einer spirituellen Kumpanei so tun, als ob er diesen Dienst des kirchlichen Amtes nicht auszufüllen hätte, nach dem Motto: Hierarchie ist etwas Verdächtiges – und wir sind alle gleich. Der Priester ist und bleibt Mitglied der Gemeinde, ist aber zugleich auch ein Gegenüber, das für die Gemeinde bestimmte Aufgaben wahrnehmen muss.

Das Gemeinte soll an einem Beispiel verdeutlicht werden. In der Krankenhausseelsorge kommt es immer wieder zu Diskussionen zwischen Priestern und pastoralen Mitarbeitern: Pastorale Mitarbeiter, auch Diakone, bedauern, dass sie manchmal über viele Gespräche hinweg einen Patienten bis zu dessen Sterben begleiten, dann aber einen Priester für das „Eigentliche" der Krankensalbung holen müssen. Im Gegenzug beschweren sich Priester, dass sie am Ende eines Lebensweges zur Spendung des Sakramentes gerufen werden, ohne dass sie einen inneren Bezug zu dem Patienten aufbauen konnten. Diese beiderseits unbefriedigende Situation kann aber auch ganz anders gesehen werden. Wenn der pastorale Mitarbeiter im Auftrag der Kirche einen Patienten über lange Zeit begleitet, hat das einen eigenen, vom Patienten intensiv erfahrenen Wert. Wenn dann der Priester zur Krankensalbung „von außen" in diesen Begleitungsprozess hineinkommt, dann bedeutet das: Jesus Christus selbst sagt noch einmal ausdrücklich ja zum Leben und zum Sterben dieses Menschen, und die Kirche steht mit ihrer Fürsprache für den Sterbenden bei Gott ein. Die Anwesenheit des Priesters ist sozusagen für den gesamten Begleitungsprozess das „Ja, so sei es!", das Jesus Christus selbst spricht.

☞ *Wie verstehe ich mich selbst als Zeuge der Gegenwart und Wirksamkeit Jesu Christi?*
Bei welchen Gelegenheiten sehe ich die Gefahr falscher Machtausübung im priesterlichen Dienst?

Konkrete Dienste

„Presbyterorum ordinis" nennt zum Beginn des Textes in Nr. 2 als besondere Dienste des kirchlichen Amtes die Feier der Eucharistie, die Vergebung der Sünden in der sakramentalen Beichte und die öffentliche Wahrnehmung des Amtes im Namen Christi. Im zweiten Kapitel des Textes, in Nr. 4 ff., werden die priesterlichen Aufgaben systematisch beschrieben. Dort heißt es, dass „die erste Aufgabe des Priesters als Mitarbeiter der Bischöfe" sei, „allen die Frohe Botschaft zu verkünden". „Die Priester schulden also allen, Anteil zu geben an der Wahrheit des Evangeliums, deren sie sich im Herrn erfreuen."

Doch sind diese ausdrücklich genannten Dienste nicht, sozusagen als die alleinigen Hartfakts, als ausschließliche Kernkompetenzen des priesterlichen Dienstes zu verstehen. Zu schnell kommt sonst die Frage und Diskussion auf, was nur vom Priester geleistet und was auch von anderen, besonders Laien, übernommen werden kann.

Amt im profanen Bereich

Manche, auch manche Amtsträger, haben die Vorstellung, der Priester repräsentiere nur dann Jesus Christus, wenn er die nur dem kirchlichen Amtsträger vorbehaltenen Aufgaben erfüllt. Ansonsten sei er, besonders in seiner Freizeit, nur „Privatmann". Diese funktionale Sicht stützt sich auf das Amtsverständnis im öffentlich-weltlichen Bereich. Wenn der Standesbeamte seine Dienststelle verlässt, ist er nicht mehr Standesbeamter, sondern Herr X. Zwar weiß er außerhalb seines Berufs noch um seine Tätigkeit als Beamter im Standesamt. Aus seinem Beruf zieht er auch einen persönlichen Gewinn oder auch Erfahrungen über menschliches Verhalten. Davon weiß er auch außerhalb seines Dienstzimmers zu berichten. Aber er ist dann nicht „im Dienst". Seine Tätigkeit als Standesbeamter haftet nicht seiner Person an. Zudem könnte sein Dienstvorgesetzter ihn jederzeit zu einer anderen Tätigkeit versetzen, wodurch er eben kein Standesbeamter mehr wäre.

Demgegenüber ist das Priestersein, so das kirchliche Verständnis, der Person des Amtsträgers sozusagen in die Seele geschrieben. Er erfüllt nicht nur „mit Leib und Seele seine Aufgabe", er ist sozusagen mit Leib und Seele die Aufgabe selbst. Wenn der Bürgermeister einer Stadt seine Amtskette ablegt, tritt er aus seiner Rolle als Bürgermeister heraus. Wenn der Priester nach der Liturgie seine Stola abnimmt, dann bleibt er in seiner „Rolle“ als Priester. Die „Darstellung“ Jesu Christi hört nicht mit dem Schlusslied der Eucharistiefeier auf.

Arbeit und Freizeit

Das heißt nicht, dass sich der Priester immer „im Dienst“ befindet. Natürlich hat er ein legitimes Bedürfnis und einen Anspruch auf Privatsphäre. Er hat sogar eine Verpflichtung, dem ganz menschlichen Bedürfnis, Ruhe und Erholung, Freizeit und privaten Lebensraum zu pflegen und zu besitzen, entsprechende Zeit einzuräumen, um sich dann mit neuer Kraft seinen Aufgaben widmen zu können. Doch neutralisiert dieser private Lebensraum nicht sein Priestersein. Seine Berufung und Sendung durchdringt sein gesamtes Leben so, dass er auch seine Privatsphäre und seine Freizeit so gestalten wird, dass sie der Repräsentation Christi würdig ist.

Hier eine Kasuistik aufzustellen, ob etwa ein Priester in „Räuberzivil“ durch die Straßen seiner Gemeinde gehen darf, oder ob er auch in seiner freien Zeit als Priester erkennbar sein und jederzeit zur Verfügung stehen muss, ist nicht sinnvoll. Jeder muss eine für ihn stimmige Art des Umgangs mit Freizeit und Privatsphäre entwickeln. Kriterien dafür können sein:

- Er muss ein Gespür dafür haben, was seiner Berufung würdig ist.
- Er muss eine rechte Balance finden zwischen dienstlichen Aufgaben und privaten Bedürfnissen.
- Zu meinen, immer im Dienst sein zu müssen, kann auch ein Weglaufen vor sich selbst sein. Umgekehrt kann der Drang, sich immer von der Arbeit abgrenzen zu müssen, auch Schwerfälligkeit, Angst um sich selbst oder auch ganz einfach Faulheit sein.
- Er soll nur das tun, was seiner Aufgabe und seiner Lebensform nicht entgegensteht.
- Die Freundschaft mit Jesus Christus, den er repräsentiert, wird auch in seiner Freizeit eine wichtige Rolle spielen. Wenn jemand spürt, dass er „von allem seine Ruhe braucht“, dann kann ein

Überdruss im Blick auf die seelsorgliche Arbeit entstanden sein.
- Er soll spüren, dass er auch in seiner Freizeit oder im Urlaub das Bedürfnis hat, in enger Verbindung mit Jesus Christus zu sein. Wenn er dieses Bedürfnis nicht oder nicht mehr spürt, dann hat sich möglicherweise sein Verhältnis zu Jesus Christus gelockert oder ist müde geworden. Das wäre allerdings ein entscheidendes Alarmzeichen, neu die Fundamente der Berufung zu überprüfen, auszubessern oder zu erneuern.

Ganzheitliche Sicht der Berufung

Sowohl der Seitenblick auf das Amt im profanen Bereich wie auch die Gestaltung von Dienst und Freizeit weisen auf eine ganzheitliche Sicht des priesterlichen Dienstes hin. Dieser Dienst bezieht sich auf die oben angeführten Kernbereiche, aber auch auf alle anderen Tätigkeiten in der seelsorglichen Praxis. Dabei mag es zwar auch um die Frage gehen: Welche Tätigkeiten darf nur ein Priester verrichten? Oder: Welche Tätigkeiten stehen nur dem kirchlichen Amt zu? Wichtiger ist aber die Frage: Gleichgültig um welche Tätigkeiten es sich handelt, wie soll der Priester seinen Dienst tun, damit er durch sein Sein und Handeln auf Jesus Christus verweist und einen Zugang zu Jesus Christus vermittelt?

☞ *Wie empfinde ich für mich diese ganzheitliche Sicht meiner Berufung?*
Wie gestalte ich meine Freizeit und wie grenze ich sie zu meinen seelsorglichen Aufgaben ab?
Gibt es für mich Momente, in denen ich einfach einmal aussteigen möchte?
Wie gehe ich mit diesen inneren Impulsen um?

Streben nach Heiligkeit

In diesem Zusammenhang spricht das Dekret „Presbyterorum ordinis“ Nr. 12–14 von der besonderen Berufung zur Heiligkeit und Vollkommenheit.

„Schon in der Taufweihe haben sie (die Priester), wie alle Christen, Zeichen und Geschenk der so hohen gnadenhaften Berufung zur Vollkommenheit empfangen, nach der sie, bei aller menschlichen Schwäche, streben können und müssen, wie der Herr sagt: ‚Ihr aber sollt vollkommen sein, wie euer Vater im Himmel vollkommen ist' (Mt 5,48). Als Priester sind sie jedoch in besonderer Weise zum Streben nach dieser Vollkommenheit verpflichtet. Denn im Empfang des Weihesakramentes Gott auf neue Weise geweiht, sind sie lebendige Werkzeuge Christi des Ewigen Priesters geworden, damit sie sein wunderbares Werk, das mit Kraft von oben die ganze menschliche Gesellschaft erneuert hat, durch die Zeiten fortzuführen vermögen" (PO 12).

Interessant erscheint an diesem Text, dass alle Gläubigen aufgrund der „Taufweihe" (in baptismi consecratione) zur Vollkommenheit berufen sind und danach streben können und müssen. Dieses Streben wird für den Priester im Blick auf seine besondere Aufgabe zur Verpflichtung. Die Fruchtbarkeit und Glaubwürdigkeit seines Dienstes hängt wesentlich davon ab, ob es ihm gelingt, dieses Streben in der Vielfältigkeit und Beanspruchung des seelsorglichen Dienstes zu bewahren, zu pflegen und nicht verkümmern zu lassen.

Imitatio Christi

Es ist beglückend und beklemmend zugleich, wie sehr sich Jesus Christus von der Glaubwürdigkeit seiner Zeugen und deren Persönlichkeit abhängig macht. Theologisch gilt der Grundsatz, dass die Gnade Gottes frei in den Seelen der Menschen wirkt. Doch was wir in der Regel von außen beobachten können, ist, wie sehr die Bereitschaft der Menschen, sich auf einen Weg mit Gott und Jesus Christus in der Kirche einzulassen, von der Wirkung und Mitwirkung der Repräsentanten Jesu Christi abhängt.

So ist die zuwendende und kommunikative Art eines „guten" Pfarrers ein Glück für eine Gemeinde. Ausgesprochen oder unausgesprochen stellen die Menschen dieser Gemeinde die Gleichung auf: „Wenn die Botschaft selbst so ist wie der Botschafter, den wir erleben, dann ist es eine gute, frohe Botschaft." Beklemmend ist dann die gegenteilige Erfahrung einer Gemeinde.

Die Menschen müssen ihren Pfarrer nicht als „Heiligen schon zu Lebzeiten" bewundern. Doch haben sie ein feines Gespür dafür, ob er jemand ist, der sich mit allen Kräften auf den Weg gemacht hat, das zu leben, was er verkündet. Sie haben ein Gespür dafür, ob ein Priester jene Worte ernst nimmt, die der Bischof bei der Weihe zu ihm sprach: „Bedenke, was du tust, ahme nach, was du vollziehst, und stelle dein Leben unter das Geheimnis des Kreuzes."

Mit diesem Satz ist dem Priester ein Auftrag mit auf den Weg gegeben, von dessen Erfüllung viel abhängt. Er soll das, was er besonders in der Eucharistiefeier vollzieht, in seinem Leben „imitieren". Wenn es wahr ist, dass in der Eucharistiefeier das gesamte Pascha-Mysterium gegenwärtig ist, dann soll der Priester folglich den Träger dieses Mysteriums, Jesus Christus, nachahmen. Nimmt man den in der Weihehandlung gesprochenen Satz ernst, müsste der Priester, wenn er seine seelsorglichen Aufgaben gut erfüllen will, schlicht und einfach fragen: „Was würde wohl Jesus Christus selbst in dieser oder jener Situation sagen und tun?" Vielleicht liegt in diesem einfachen Satz das Geheimnis eines „guten Priesters".

An dieser Stelle kommt auch noch einmal das zum Tragen, was in der dreifachen Frage Jesu an Petrus gemeint ist. Wenn jemand wirklich liebt – nicht nur etwas theoretisch oder auch theologisch für richtig oder falsch hält –, dann wird er sich in seinem Denken und Verhalten dem nähern und angleichen, den er liebt. Die Liebe und Angleichung des Petrus ging so weit, dass er aus dieser Liebe heraus den Lauf seines Lebens gestaltete, sich sogar im Sterben wie Jesus Christus ans Kreuz hängen ließ. Man könnte einschränkend formulieren: Damit der Unterschied zwischen dem Zeugen und dem Bezeugten deutlich bleibt, stand das Kreuz des Petrus mit dem Kopf nach unten.

Die verähnlichende Kraft der Liebe

Liebe besitzt eine verähnlichende Kraft. Liebende gleichen sich mit der Zeit durch das gemeinsame Leben und viele Gespräche einander an. Manchmal hat man sogar das Gefühl, dass ältere Eheleute sich in ihrem Aussehen ähnlicher werden, da sie ein Leben lang Mimik und Gestik des anderen mit liebendem Blick angeschaut haben.

So könnte man formulieren: Wenn ein Priester sein Leben lang Jesus Christus, seine Worte und Taten in Liebe anschaut, dann wird die repräsentatio Christi für ihn nicht nur eine objektive Beschreibung bleiben, sondern eine erfahrbare Wirklichkeit. Aus dieser Liebe heraus wird er, wenn es eine authentische Liebe ist, immer mehr das intuitiv sagen und tun, was in einer Situation im Sinne Jesu und seiner Botschaft angemessen ist.

Diesem Leitbild entgegenzugehen, bleibt eine lebenslange Aufgabe. Jeder, der nicht ich-verliebt um sich selbst kreist, weiß, dass er dieses Leitbild immer nur anstreben kann, ohne es als Pilger auf Erden wirklich erreichen zu können. Aber dieses Leitbild steht und gilt, so wie jene „utopische" Forderung Jesu, die auch „Pesbyterorum ordnis" zitiert: „Ihr sollt also vollkommen sein, wie es auch euer himmlischer Vater ist" (Mt 5,48).

Geschenkte Kraft

Die Angleichung an Jesus ist aber nicht zuerst ein Imperativ, nach dem sich der Priester in besonderer Weise richten soll. Die Nachahmung Jesu versteht sich zuerst als ein Geschenk, wie es in der Liebe immer ist. In theologischer Sprache reden wir von Gnade.

> *„Jeder Priester vertritt also, seiner Weihestufe entsprechend, Christus. Darum erhält er auch die besondere Gnade, durch den Dienst an der ihm anvertrauten Gemeinde und am ganzen Volk Gottes besser der Vollkommenheit dessen nachzustreben, an dessen Stelle er steht, und für die Schwäche seiner menschlichen Natur Heilung in der Heiligkeit dessen zu finden, der für uns ein ‚heiliger, unschuldiger, unbefleckter, von den Sünden geschiedener' Hoherpriester (Hebr 7,26) geworden ist" (PO 12).*

Wir sprechen manchmal gegenüber Menschen, die ein schweres Los zu tragen haben, den tröstenden Gedanken aus, Gott schenke auch die Kraft, das zu tragen, was er ihnen aufbürdet. Dahinter steht die Überzeugung, dass Gott ein liebender Begleiter des Menschen ist, in jeder Situation. Biblisch fundiert ist dieser Gedanke in der Erwägung, die Paulus im zweiten Korintherbrief vorträgt:

„Damit ich mich wegen der einzigartigen Offenbarungen nicht überhebe, wurde mir ein Stachel ins Fleisch gestoßen: ein Bote Satans, der mich mit Fäusten schlagen soll, damit ich mich nicht überhebe. Dreimal habe ich den Herrn angefleht, dass dieser Bote Satans von mir ablasse. Er aber antwortete mir: Meine Gnade genügt dir; denn sie erweist ihre Kraft in der Schwachheit. Viel lieber also will ich mich meiner Schwachheit rühmen, damit die Kraft Christi auf mich herabkommt" (2 Kor 12,7–9).

Was Paulus mit dem Stachel im Fleisch meint, wissen wir nicht genau. Vielleicht ist es eine Krankheit, die er im Gal 4,13 f. anspricht. Entscheidend ist die klare Zusage des Herrn gegen alle Widerstände: „Meine Gnade genügt dir!"

☞ *Wie beschreibe ich für mich mein ganz persönliches Verhältnis zu Jesus Christus?*
Wie geht es mir, wenn ich mich in die Rolle des Petrus hineindenke und die Worte Jesu „Liebst du mich?" auf mich persönlich beziehe?
Welche Rolle spielt in meiner Spiritualität die Nachahmung Jesu Christi in Wort und Handeln?
Glaube ich daran, dass seine Gnade mir genügt? In welchen Situationen spüre ich das?

Abschied von Hochwürden

„Abschied von Hochwürden" lautete der Titel einen Buches über den Wandel des Priesterbildes nach dem Zweiten Vatikanischen Konzil und nach den kulturellen Umbrüchen um 1968 (Zöller 1969). Was hier eher mit soziologischen Kategorien betrachtet wurde und was viele als einen Verlust des Ansehens der Kirche deuteten, kann auch als Gewinn interpretiert werden.

Der Pfarrer als Hochwürden war bis in die 1960er-Jahre für alles zuständig. Er verkündete von der Kanzel, welche Partei wählbar sei oder ob die Bauern am Sonntag die dringend erforderliche Ernte einfahren durften. Er entschied im Beichtstuhl darüber, ob eine Frau, die nach entsprechender Befragung zugab, kein weiteres Kind bekommen zu wollen, die Lossprechung bekommen durfte.

Er musste oft der rundum alles Wissende sein. Der lustige und schlitzohrige Don Camillo war nur eine witzige Gegenfigur zum sonstigen Pfarreralltag.

Der Abschied von Hochwürden war, im Blick auf das, was oben gesagt wurde, ein wahrer Befreiungsprozess. Nun durfte der Priester die „irdischen Wirklichkeiten" denen überlassen, die sich mit deren „eigenen Gesetzen und Werten" wirklich auskennen (vgl. GS 36). Nun durfte er denjenigen, die sich aus christlicher Motivation in Gesellschaft und Politik engagieren, die Verantwortung für diesen Bereich abgeben. Nun durfte er die verantwortliche Elternschaft denen überlassen, die tatsächlich für das Leben und die Erziehung der Kinder sorgen (vgl. GS 50–51). Und vieles mehr.

Es entstand eine neue Freiheit, sich neu und zuerst nach dem auszustrecken, was die Gegenwärtigsetzung des Herrn der Gemeinde, Jesus Christus, verlangt. Damit ist nicht gemeint, dass die Priester früherer Zeiten nicht ebenso heiligmäßig, demütig und persönlich bescheiden gewesen wären. Doch die Gestalt des Priesters als einem, der Jesus Christus darstellen soll, war allzu oft gleichsam überdeckt von der Ehrfurcht gebietenden Gestalt des Pfarrers, der einen bestimmten sozialen Status und damit viele Privilegien und Zuständigkeiten besaß.

☞ *Welche Rücksichten politischer oder gesellschaftlicher Art muss meiner Erfahrung nach der Priester heute immer noch nehmen?*
Erlebe ich den beschriebenen Vorgang mehr als Chance oder als Verlust?

Zuordnung zum Bischof und zu den Mitbrüdern

Gleich zu Beginn des Textes, in Nr. 2, ordnet „Presbyterorum ordinis" den Priester und seine Berufung in die kirchliche Hierarchie ein:

> *„Daher hat Christus die Apostel gesandt, wie er selbst vom Vater gesandt war, und durch die Apostel den Bischöfen als deren Nachfolger Anteil an seiner Weihe und Sendung gegeben. Ihr Dienstamt*

> *ist in untergeordnetem Rang den Priestern übertragen worden; als Glieder des Priesterstandes sollten sie, in der rechten Erfüllung der ihnen von Christus anvertrauten Sendung, Mitarbeiter des Bischofsstandes sein.“*

In Nummer 7 geht das Dekret auf das Verhältnis der Bischöfe zu den Priestern und umgekehrt ein, in Nummer 8 auf die Beziehungen der Priester untereinander. Priestersein ereignete sich also nicht autark, sondern in einer lebendigen Beziehung zum Bischof und zu den Mitbrüdern. Bischöfe und Priester haben „an ein und demselben Priestertum und Amt Christi teil“, sodass eine „hierarchica communio“ entsteht und erforderlich ist.

Aufgaben der Bischöfe

Aus der gemeinsamen Teilhabe am Priestertum und Amt Jesu Christi werden Folgerungen für das praktische Miteinander von Bischöfen und Priestern gezogen. Die Formulierung der hierarchischen communio bleibt dabei nicht eine abstrakte, ontologische Aussage über die Zuordnung der beiden Gruppen, sondern wird inhaltlich durch erlebbare Formen des Zusammenwirkens angereichert.

Einmal gilt es, im Begriff der communio bereits die Notwendigkeit der Kommunikation mitzuhören. Wenn sich communio nicht in Kommunikation ausdrückt, verkümmert sie. So sind die Priester „notwendige Helfer und Ratgeber“ der Bischöfe, was sich institutionell etwa im Priesterrat ausdrückt. Als besonderer und erster Ausdruck dieser communio wird die Eucharistiefeier angeführt. In der Konzelebration wird die Einheit von Bischof und Presbyterium besonders sichtbar, doch auch in jeder Eucharistiefeier, in der im Rahmen des Hochgebetes die Gemeinschaft mit dem Papst und den Bischöfen, besonders mit dem Ortsbischof, benannt wird.

Diese Zuordnung zueinander erschöpft sich aber nicht in einem offiziellen Miteinander, sondern nimmt sehr persönliche und menschliche Züge an:

> *„Wegen dieser Gemeinschaft also im gleichen Priestertum und Dienst sollen die Bischöfe die Priester als ihre Brüder und Freunde betrachten. Sie seien nach Kräften auf ihr leibliches Wohl bedacht, und vor allem ihr geistliches Wohl sei ihnen ein Herzensanliegen. Denn hauptsächlich auf ihnen lastet die schwere Sorge für die Heiligung ihrer Priester; deshalb sollen sie die größte Mühe für deren ständige Formung aufwenden. Sie sollen sie gern anhören, ja sie um Rat fragen und mit ihnen besprechen, was die Seelsorge erfordert und dem Wohl des Bistums dient."*

Die ständige geistliche Formung der priesterlichen Mitarbeiter darf nicht nur eine Frage einer Fortbildungsabteilung des Bischöflichen Ordinariates und der erforderlichen Finanzen sein. Der Bischof selbst soll „größte Mühe" darauf verwenden. Das bedeutet persönliches Interesse an der Entwicklung der Einzelnen und intensives Engagement in diesem Bereich.

Aufgaben der Priester

Die Verpflichtungen der Bischöfe und Priester sind wechselseitig. Die speziellen Anforderungen an die Priester:

> *„Die Priester aber sollen die Fülle des Weihesakramentes der Bischöfe vor Augen haben und in ihnen die Autorität des obersten Hirten Christus hochachten. Sie schulden ihrem Bischof aufrichtige Liebe und Gehorsam. Dieser priesterliche Gehorsam, der vom Geist der Zusammenarbeit durchdrungen sein muss, gründet in der Teilnahme am Bischofsamt, die den Priestern durch das Weihesakrament und die kanonische Sendung übertragen wird."*

Die geschuldete Liebe und der Gehorsam sowie die Hochachtung gegenüber dem Bischof haben zunächst institutionellen Charakter aufgrund des Weihesakramentes. Doch die Zusammenstellung der Begriffe der Liebe und des Gehorsams weisen darauf hin, dass es um mehr geht, als nur formal die Autorität des Bischofs anzuerkennen. Aufrichtige, echte Liebe („sincera caritate") benennt eine Haltung, in der ein Mensch den anderen mit Herz, Wille und Verstand umfasst.

Der geschuldete Gehorsam ist keiner, der dem Gutdünken und den Launen ausgesetzt wäre, sondern einer, der „vom Geist der Zusammenarbeit" geprägt ist. Unter einer kooperativen Leitung gibt nicht der eine Befehle und der andere führt sie aus. Hier geht es um ein gemeinsames Ringen zum Besten der gemeinsamen Sendung in der Seelsorge. Das bedeutet, dass der Priester gehalten ist, aus diesem Geist mit allem Freimut Vorhaben zu unterstützen, aber gegebenenfalls auch energisch zu widersprechen, wenn sie möglicherweise gegen den Geist und den Stil der Zusammenarbeit oder gegen seelsorgliche Interessen verstoßen. Das bedeutet ferner, dass ein Stil der Konfliktlösung zwischen Bischof und Priestern gefunden und gepflegt werden muss, der jenem Geist entspricht.

Probleme der Verwirklichung

Einwände gegen dieses Bild der Beziehung zwischen einem Bischof und seinen Priestern liegen auf der Hand. Man könnte hier schnell einwenden, das im Konzilstext gezeichnete Bild sei unrealistisch und menschlich überfordernd. Man könnte betonen, es sei strukturell gar nicht möglich, weil eine unzulässige Vermischung von Sach- und Arbeitsebene einerseits und intensiver Beziehungsebene andererseits vorgenommen wird.

Ja, eigentlich ist dieses Bild unrealistisch – wenn es nicht die Relativierung aller menschlichen Autorität durch den eigentlichen Herrn der Kirche, Jesus Christus, gäbe. Das bedeutet, dass der Bischof sich selbst nicht als Herr versteht, sondern als Bild, durch das die Eigenschaften jenes Herrn durchleuchtet und für alle präsent gesetzt werden. Das bedeutet, dass die Priester umgekehrt, letztendlich sogar bei Fehlentscheidungen, im Wort und Handeln des Bischofs nach dem Willen jenes Herrn der Kirche suchen werden.

Will man nicht menschliche Geborgenheit und priesterliche Existenz auseinanderreißen, dann spielt der Bischof bei der Beheimatung und der Geborgenheit in Gemeinschaft eine wichtige und unverzichtbare Rolle. Gleichsam als „pater familias" – bei jeder Weihe werden die Kandidaten dem Bischof mit der Anrede „Ehrwürdiger Vater!" präsentiert – wendet er sich seinen erwachsenen

Söhnen (!) zu, um mit ihnen gemeinsam das Leben der Ortskirche zu gestalten. Würde dieser Dienst der Einheit fehlen, würde Kirche bald zu einer „vaterlosen Gesellschaft", in der jeder Einzelne selbst alles bestimmt und besser weiß.

Man hüte sich davor, vorschnell im Konzilstext ein unrealistisches Pathos entdecken zu wollen. Natürlich bleibt das gezeichnete Bild des Verhältnisses zwischen Bischof und Priestern ein Idealbild und eine ständige Aufgabe. Doch jede positive Investition in die Verwirklichung dieses Bildes ist gewinnbringend für alle Beteiligten.

☞ *Wir erlebe ich mein persönliches Verhältnis zu meinem Ortsbischof?*
Was wünsche ich mir?
Was vermisse ich?
Wie wird unter Mitbrüdern über den Bischof gesprochen?

Sakramentale Bruderschaft der Priester

„Presbyterorum ordinis" Nr. 8 befasst sich mit dem Verhältnis der Priester untereinander. Ihre Beziehung zueinander wird definiert als „innige sakramentale Bruderschaft". Einerseits handelt es sich um eine objektive Zusammengehörigkeit aufgrund des Weihesakramentes. Andererseits wird der Begriff des Presbyteriums als objektive Größe zwar genannt, hier aber der Begriff der „Bruderschaft" verwendet und dieser noch mit dem Attribut „innig" versehen. Das Verhältnis der Priester zueinander soll also nicht objektiv eine communio, sondern auch von Emotion getragen sein.

Die Gemeinsamkeit aufgrund der Weihe schließt die gemeinsame Sendung ein:

> *„Alle werden gesandt, an demselben Werk gemeinsam zu arbeiten, ob sie nun ein Pfarramt oder ein überpfarrliches Amt ausüben, ob sie sich der Wissenschaft widmen oder ein Lehramt versehen, ob sie – wo dies bei Gutheißung durch die zuständige Autorität angebracht erscheint – sogar Handarbeit verrichten und damit selbst am Los der Arbeiter teilhaben oder sich anderen apostolischen oder auf das Apostolat ausgerichteten Werken widmen. In dem einen kom-*

men sie alle überein: in der Auferbauung des Leibes Christi, die besonders in unserer Zeit vielerlei Dienstleistungen und neue Anpassungen erfordert."

Diese Aussage über die Dienst- und Sendungsgemeinschaft wird aber gleich wieder ergänzt durch emotional angereicherte Aussagen: „Mit den übrigen Gliedern dieses Presbyteriums ist jeder Einzelne durch besondere Bande der apostolischen Liebe, des Dienstes und der Brüderlichkeit verbunden." Und: „Die einzelnen Priester sind also mit ihren Mitbrüdern durch das Band der Liebe, des Gebetes und der allseitigen Zusammenarbeit verbunden." In dem Hinweis auf die Berührungsgeste der Handauflegung durch alle anwesenden Priester bei der Priesterweihe erhält diese Zusammengehörigkeit ein anschauliches Bild.

Der Konzilstext stellt einen Tugendkatalog zum Umgang der Priester untereinander auf. Im Geist der Bruderliebe sollen Priester gegenüber den Mitbrüdern Gastfreundschaft pflegen, Gutes tun, ihre Güter miteinander teilen, besondere Sorge den kranken, bedrängten, überlasteten, einsamen, aus der Heimat vertriebenen oder verfolgten Mitbrüdern angedeihen lassen, sich gerne und mit Freude mit den anderen treffen, sich gemeinsam erholen, einander in der Weiterbildung des geistlichen Lebens und in der Erweiterung ihrer Kenntnisse helfen. Um diese Ziele zu erreichen, werden konkrete Maßnahmen empfohlen: gemeinsames Leben, eine Art Lebensgemeinschaft in verschiedenen Formen und Priestergemeinschaften.

Große Fragezeichen oder gar Kopfschütteln wird die emotionale Dimension dieses Miteinanders ernten. Immer wieder gehörte Aussagen stellen das Miteinander des Presbyteriums zur Disposition: „Das ist doch eine romantische Vorstellung, die wenig mit der Realität zu tun hat." „Ich mache meinen Urlaub mit meinen Freunden, und die sind nicht unbedingt Priester." „Ich möchte selbst bestimmen, mit wem ich freundschaftlich verbunden sein möchte." „Mir ist die Abgrenzung in den eigenen vier Wänden wichtig." Besonders die konkreten Hinweise im „Tugendkatalog" werden bei vielen Priestern ein müdes Lächeln und die Aussage „Schön wäre es!" provozieren. Der Abstand zwischen dem gezeigten Ideal und der erlebten Wirklichkeit wird sicher oft als groß und schmerzlich empfunden.

Mit welchen Mitbrüdern fühle ich mich besonders verbunden?
Welche Formen des Miteinanders gibt es im Weihekurs?
Wo sind für mich die Grenzen des Miteinanders im Presbyterium des Bistums?
Wie stehe ich zu Priestergemeinschaften oder einer vita communis von Priestern?

4.

Vierte Säule: Die Kirche repräsentieren

Der vierten Säule des Priestertums soll sich genähert werden, indem zunächst bewusst auf theologische Deutungen und kircheninterne Begründungen verzichtet wird. Der Priester soll als Repräsentant der Kirche zuerst einmal so angeschaut werden, wie ihn die Menschen von außen, etwa im Kontext der bürgerlichen Gemeinde, sehen. In einem zweiten Schritt wird es darum gehen, wie Menschen, die aktiv im Raum einer Gemeinde mitwirken, den Pfarrer als ihren Repräsentanten verstehen. Erst dann sollen theologische Kategorien und Deutungen ins Spiel kommen.

Der Pfarrer als öffentliche Persönlichkeit

Nach wie vor ist es in vielen Zivilgemeinden eine Selbstverständlichkeit, dass der Ortspfarrer oder die Pfarrer der großen Konfessionen zu Festen, Empfängen und anderen offiziellen Anlässen eingeladen werden. Ein Grußwort wird gesprochen oder durch die bloße Anwesenheit die Wichtigkeit des Anlasses dokumentiert. Der Pfarrer gehört einfach zur sogenannten Prominenz. Er ist eine Person des öffentlichen Lebens.

Er lässt sich nicht leicht durch andere Funktionsträger einer kirchlichen Gemeinde ersetzen. Repräsentiert etwa ein pastoraler Mitarbeiter oder ein Ehrenamtlicher, und sei er Vorsitzender des Pfarrgemeinderates, bei einer kommunalen Veranstaltung die Gemeinde, wird er meist doch nur als ein Ersatz empfunden, wofür er sich auf die eine oder andere Weise intuitiv oder bewusst entschuldigt, etwa: „Ich soll Herrn Pfarrer X. entschuldigen und von ihm die besten Grüße übermitteln …"

Diese Art der Repräsentation der Kirche setzt sich auf höheren Ebenen fort. Der Dekan wird zu übergemeindlichen Anlässen eingeladen. Der Bischof darf bei Festen und Empfängen der Bischofsstadt nicht fehlen. Der Nuntius als Repräsentant des Vatikans rangiert in vielen Ländern als Erster im Diplomatischen Corps der Landeshauptstadt.

Der Pfarrer im Film

Wie sehr die amtliche Aufgabe des Pfarrers, seine Gemeinde zu repräsentieren, in der „Volksseele" nach wie vor verwurzelt und akzeptiert ist, zeigt deren Verarbeitung in Filmen. Um Spannung zu erzeugen, wird der Pfarrer einerseits als profilierter Kirchenmann dargestellt, andererseits werden die Konflikte zwischen „kirchlicher und weltlicher Macht" voll ausgespielt. In fast allen Fällen siegt, ja triumphiert die kirchliche Seite.

Klassisch wird diese Konzeption in den herrlichen Szenen und Episoden des Streits zwischen Don Camillo und Peppone umgesetzt. Dabei ist der Bürgermeister gleich der doppelt Böse, nämlich als eigensinniger Mensch und als Kommunist.

In diversen Pfarrerserien wie etwa „Pater Braun" wird der Konflikt mehr im Blick auf die Kompetenz kriminalistischen Könnens abgehandelt. Der im Blick auf seine herausragende Spürnase Schnupftabak genießende Pfarrer Braun ist der Witzfigur eines Kommissars des Landeskriminalamtes haushoch überlegen. Genüsslich kann sich der Zuschauer mit diesem Pfarrer identifizieren, der sich seine Legitimation zum „Kriminalisieren" jeweils von seinem höchsten Herrn in der Kirche abholt. Von Heinz Rühmann bis Ottfried Fischer wurde diese schlitzohrige Kultfigur so überzeugend in Szene gesetzt, dass ständige Wiederholungen der Filme auf verschiedenen Kanälen angeboten werden. Und man bedenke, dass nur das, was der Markt hergibt und Quote bringt, sich in der hart umkämpften Fernsehwelt halten kann.

Eine filmkünstlerische Delikatesse dabei ist, dass die Filmemacher sich Hilfestellung bei realen Kirchenvertretern holen. So erscheint in jedem Abspann der Ottfried-Fischer-Filme die Information, dass man sich bei Pfarrer Dietmar Heeg kompetente Beratung, etwa für liturgische Szenen, geholt hat. Der inzwischen verstorbene Dietmar Heeg war Pfarrer im „richtigen Leben" und langjähriger Beauftragter der Bischofskonferenz für die Privatsender.

In Filmen, die die aktuelle Problematik des sexuellen Missbrauchs zum Thema machen, wird manchmal mit einem Verdacht gegen einen Priester gespielt. Doch dann stellt sich meist heraus, dass die Sachlage eine ganz andere und der Täter ein anderer war.

Hier besteht also die Scheu, einen kirchlichen Amtsträger vorzuführen, obwohl sich die Atmosphäre wegen des Missbrauchs durch Priester deutlich verdüstert hat.

Kirchen- und Pfarrerbilder bei den Kunstschaffenden

Während Film und Fernsehfilm relativ pfleglich mit der Kirche und ihren Vertretern umgehen und damit die offenbar immer noch positive und wohlwollende Sicht des breiten Publikums spiegeln, sieht das in den avantgardistischen Szenen der Kunstschaffenden deutlich anders aus. Von Autoren wie Rolf Hochhuth werden Stücke auf die Bühne gebracht, die in aller Härte Kritik an der Kirche und ihren Priestern üben. PR-online kommentiert 2001 z. B. die satirische Kirchenkritik im Mülheimer Theater an der Ruhr: „Die Haushälterin ist schwanger. Also soll sie das Pfarrhaus erst einmal verlassen. Die Nachfolgerin ist schon da, ein kesses Ding im roten Dirndl. Sie ahnt noch nicht, dass sich auch ihre Schürze bald wölben wird." Das zu lesen, ist für jemanden, der sich mit der Kirche verbunden fühlt, erst recht für einen Priester, schwer erträglich!

Die Kritik kann so bedrängend werden, dass bei einem gemeinsamen Theaterbesuch Priester und kirchliche Mitarbeiter in der Pause überlegten, ob sie sich den zweiten Teil von „Richards Korkbein" des Iren Brendan Behan ansehen oder besser sich emotional schonen und nach Hause gehen sollten. Ein entscheidendes Argument für die, die bleiben wollten, war: Manchmal muss man eine übertriebene Kritik aushalten, um zu erfahren, wie Menschen denken. Geht man davon aus, dass Künstler Seismografen für kommende Entwicklungen sind, kann anhand solcher Stücke geahnt werden, wohin sich die Mentalität gegenüber der Kirche bewegen wird.

Interessant erscheint, dass in die Kritik an Priestern Ordensleute einbezogen werden, andere pastorale Berufsgruppen der Kirche spielen hier aber praktisch keine Rolle.

☞ *Wie erlebe ich die Stellung und das Ansehen des Pfarrers in den weltlichen Gemeinden?*

Wie gehe ich mit den Rollenzuweisungen, Verpflichtungen und Ehrungen um?
Wie ergeht es mir bei harscher Kritik an der Kirche und ihren Vertretern?

Die Rolle des Priesters in der Gemeinde

Für die kirchliche Gemeinde ist der Pfarrer, soziologisch gesehen, Identifikationsfigur. Er hat als Gemeindeleiter eine sozialintegrative Aufgabe. Er ist Signifikant seiner Gemeinde. Erscheint er nicht selbst im Gottesdienst, bei Veranstaltungen von Gruppen oder in der Sitzung des Pfarrgemeinderates, muss er eine plausible Erklärung liefern. Sonst wächst Unverständnis und Widerwillen sowie der Verdacht, dass er die jeweiligen Aufgabengebiete oder Gruppen nicht genügend wertschätzt.

Identität stiften

Gegenwärtig zeigt sich die Bedeutung des Pfarrers als Identität stiftende und die Kirche repräsentierende Figur in einem regelrechten Kampf um den Pfarrer vor Ort. In den größer werdenden Seelsorgeeinheiten kann der Pfarrer nicht an allen Orten gleichzeitig sein und schon gar nicht an allen Orten wohnen. Der Kampf um einen Pfarrer vor Ort ist für die davon betroffenen Priester oft eine anstrengende und zermürbende Erfahrung, kann aber auch positiv gesehen werden: Hier setzt sich eine Gemeinde für ihre personale Mitte ein, sie will ihre Identität wahren, die in der Person des Pfarrers repräsentiert wird.

Im Empfinden der Menschen gibt es einen Unterschied, ob der Pfarrer „einer von uns" ist, einer, der vor Ort wohnt und die gleiche Luft atmet, oder als Funktionsträger von außen zu bestimmten Aufgaben „hereinschneit". In seiner Person wird das gesucht, was Heimat in einer Gemeinde bedeutet. Natürlich hängt diese Beheimatung in der Gemeinde nicht nur von der Tatsache ab, ob der Pfarrer vor Ort wohnt und dadurch „wirklich da ist". Dennoch ist er wesentlicher Teil dieser Identität stiftenden Heimat (Brantzen 1992).

Zugleich gibt es aber eine Erfahrung, dass sich die sozialintegrative Aufgabe des Pfarrers von der konkreten Person des einzelnen Priesters ablöst. Wenn zum Beispiel der Pfarrer einer Gemeinde langfristig erkrankt, wird ihm zunächst von allen Seiten Mitgefühl entgegengebracht: „Wir beten für Ihre Genesung!“ Doch wenn sich seine Abwesenheit und Arbeitsunfähigkeit sowie die dadurch notwendige priesterliche Aushilfe über einen längeren Zeitraum erstrecken, entstehen Ungeduld, Unwille und oft auch Unverständnis gegenüber den diözesanen Behörden, die keine gute Regelung für die Gemeinde anbieten. Nicht selten erscheint bald der Pfarrgemeinderat beim Generalvikar, um einen neuen Pfarrer zu fordern. Ganz offensichtlich geht es also, bei aller Wertschätzung des bisherigen Stelleninhabers, mehr um die Erfüllung von Aufgaben, die die Gemeinde einfordert, als um die konkrete Person. Um es klar auszudrücken: In der Gemeinde ist zwar ein guter, menschlicher Pfarrer gefragt, doch scheint im Zweifelsfall die tatsächliche Erfüllung der priesterlichen Aufgaben Vorrang zu haben.

Was seine sozialintegrative Funktion für die Gemeinde bedeutet, soll an einem Beispiel erläutert werden. Nicht jeder Priester und Pfarrer ist ein Karnevalist. Dass dies einen Nachteil bedeutet, bekommt ein Pfarrer zu spüren, wenn er in Gegenden seinen Dienst versieht, in der die närrische Zeit des Jahres Hochkonjunktur hat. Dort ist es selbstverständlich, dass der Pfarrer während der oft „legendären“ Karnevalssitzungen auf die Bühne steigt, um einen entsprechenden Beitrag zu leisten. Nicht selten müssen Pfarrer viele Male einen solchen Auftritt wiederholen. Pfarrer, die in solchen Situationen „ihren Mann stehen“, genießen höchstes Ansehen. Zum Trost kann aber fastnachtsunbegabten Priestern berichtet werden, wie sehr ihre bloße Anwesenheit bereits frenetischen Beifall auslösen kann. Nicht selten erheben sich die Sitzungsteilnehmer begrüßend und applaudierend von ihren Stühlen, wenn der Pfarrer nur die Bühne betritt. Wenn ein Pfarrer keine Büttenrede zustande bringt und nur ein Lied singt, dessen Refrain die Karnevalsgesellschaft mitschmettern kann, ist er gerettet.

Was geschieht in einer solchen Situation? Die soziale Gestalt des Pfarrers wird als Identitätsfigur der Gemeinde umjubelt. Man feiert den Pfarrer, aber auch sich selbst als Gemeinde.

Wenn der Pfarrer fehlt

Die Bedeutung der sozialen Rolle des Pfarrers wird auch dann deutlich, wenn eine Gemeinde längere Zeit auf einen Pfarrer verzichten muss. In einem günstigen Fall übernimmt ein Beauftragter, etwa eine Gemeindereferentin, ein Pastoralreferent oder ein Diakon, dessen Einheit stiftende Rolle, wenn auch die Eucharistiefeiern von aushelfenden Priestern gehalten werden.

Gemeinden, in denen jene Rolle nicht besetzt wird, berichten, wie „Kleinfürsten" ihre Einflussbereiche suchen und finden. Solche können einzelne Personen oder sozial starke und einflussreiche Familien sein. Damit wird die Gemeinde allerdings zum Spielball von unkalkulierbaren und oft sich widerstreitenden Interessen.

Das bedeutet, dass die soziale Gestalt des Pfarrers vor allen theologischen Begründungen eine Notwendigkeit ist, wenn der soziale Organismus einer Gemeinde funktionieren soll. Dem widerspricht auch nicht die Erfahrung, dass in einer pfarrerlosen Zeit oft neue, ehrenamtliche Kräfte geweckt werden und zum Zuge kommen. Die Alternative zu dieser Situation ist schließlich nicht die Anwesenheit eines Pfarrers, der alle Aufgaben in der Gemeinde an sich zieht oder selbst übernimmt, sondern einer, der die Charismen in seiner Gemeinde fördert.

☞ *Wie erlebe ich die Rollenzuweisungen durch meine Gemeinde?*
Wie geht es mir, wenn ich die oben beschriebenen Eigenschaften der sozialintegrativen Rolle des Pfarrers auf mich wirken lasse?
Was davon möchte ich gerne annehmen und umsetzen?
Wovon möchte ich mich abgrenzen?

Theologische Deutung der sozialintegrativen Funktion

Die Betrachtung von kirchlichen Diensten und Ämtern kann nicht stehen bleiben bei der sozialen Gestalt der Kirche und der soziologischen Beschreibung ihrer Amtsträger. Dennoch sind diese bedeutungsvoll für ihre Deutung. Die Kirchenkonstitution „Lumen gentium" Nr. 8 beschreibt diese folgendermaßen:

„Die mit hierarchischen Organen ausgestattete Gesellschaft und der geheimnisvolle Leib Christi, die sichtbare Versammlung und die geistliche Gemeinschaft, die irdische Kirche und die mit himmlischen Gaben beschenkte Kirche sind nicht als zwei verschiedene Größen zu betrachten, sondern bilden eine einzige komplexe Wirklichkeit, die aus menschlichem und göttlichem Element zusammenwächst. Deshalb ist sie in einer nicht unbedeutenden Analogie dem Mysterium des fleischgewordenen Wortes ähnlich. Wie nämlich die angenommene Natur dem göttlichen Wort als lebendiges, ihm unlöslich geeintes Heilsorgan dient, so dient auf eine ganz ähnliche Weise das gesellschaftliche Gefüge der Kirche dem Geist Christi, der es belebt, zum Wachstum seines Leibes" (vgl. Eph 4,16).

Kirche als Geistgeschöpf

Dem, was soziologisch über die äußere Gestalt der Kirche gesagt werden kann, wird eine innere, geistliche Wirklichkeit zugeordnet. Die sichtbare Kirche mit allen wahrnehmbaren Lebensäußerungen, also auch mit ihren Priestern als Teilen der „hierarchischen Organe" der kirchlichen Gemeinschaft, ist der Signifikant für ein Signifikat, eine Bedeutung: den Leben spendenden und Wachstum bewirkenden Geist Jesu.

Darum ist die Kirche im Glaubensbekenntnis keine eigene Größe. Sie ist als „Geistgeschöpf" dem dritten Glaubensartikel über den Heiligen Geist zugeordnet. Alle Lebensäußerungen der Kirche, wie die Gemeinschaft der Heiligen und die Vergebung der Sünden, sind Früchte dieses Geistes. Die Kirche findet unter der Leitung des Heiligen Geistes den Weg zu der Auferstehung der Toten und zum ewigen Leben.

Damit ist auch der Priester als Teil des „gesellschaftlichen Gefüges" jemand, der äußerlich sichtbar als Mensch, als Christ und Repräsentant Jesu Christi wirkt, aber innerlich vom Geist Christi getragen ist. Er ist nicht nur vordergründig der Stellvertreter, der Abgeordnete, der Repräsentant der Gemeinde, er übt nicht nur sozialintegrative Funktionen aus, er ist und tut dies als Geist-Träger.

Das lässt zurückblicken auf den Beginn des priesterlichen Wirkens, auf die Priesterweihe. Die ganze Gemeinde ruft den Heiligen

Geist an, damit dieser sich in der Konsekration des Kandidaten in dessen Inneren niederlässt und ihn umgestaltet in das Bild Jesu Christi. Die Handauflegung findet unter Schweigen statt, damit deutlich wird, dass hier etwas Unverfügbares geschieht. Die ausgestreckten Hände auf dem Kopf des Kandidaten sind das äußere Zeichen, dass diesem Anteil am Geist Jesu Christi geschenkt und übertragen wird.

☞ *Wo und bei welchen Tätigkeiten fühle ich mich tatsächlich vom Geist Gottes getragen?*
Wie sehr und bewusst verlasse ich mich bei der Erfüllung meiner Aufgaben auf das Wirken des Geistes?

Mitwirkung der Gemeinde bei der Weihe

Wie sehr aber das priesterliche Sein und Wirken zugleich ekklesialen Charakter besitzt, zeigt sich in der Mitwirkung der Gemeinde bei der Feier der Weihe. Wenn der Bischof das priesterliche Amt durch Handauflegung und Gebet überträgt, dann tut er dies nicht nur als Nachfolger der Apostel, die ihre Beauftragung direkt auf Jesus Christus zurückführen. Er ist auch die verantwortliche Spitze der Ortskirche. In dieser Eigenschaft fragt er den Regens der Priesterausbildung, ob der Kandidat würdig sei, den priesterlichen Dienst zu übernehmen. Die ritualisierte, aber ernste Antwort des Regens lautet: „Das Volk und die Verantwortlichen wurden befragt, und ich bezeuge, dass er für würdig befunden wurde." Abgesehen davon, was der realistische Hintergrund dieser Antwort ist, zeigt sie doch, dass niemand gegen den Willen des Volkes Gottes zum Priester geweiht werden soll.

Ein weiterer ernstzunehmender Part der gottesdienstlichen Gemeinde als anwesende Kirche ist das feierliche, dreifache Amen als Antwort auf das Weihegebet des Bischofs. Die intensive Zustimmung der Gemeinde zur Weihehandlung ist zwar nicht konstituierend für die Gültigkeit der Weihe, drückt aber die Einbettung der Weihe in die Kirche aus.

Christologische und ekklesiologisch-pneumatologische Dimensionen

Damit wird deutlich, dass Priestersein neben der christologischen immer auch eine ekklesiologische und damit pneumatologische Dimension besitzt. Mit seinem kirchlichen Amt übernimmt der Priester das Amt Jesu Christi und wird dadurch zu dessen Werkzeug. Zugleich übernimmt er das Amt als Amt der Kirche, wird damit zum „Organ" der Kirche, die den Geist Jesu Christi darstellt und dessen Wirken zum Durchbruch verhelfen soll. Darum handelt der Priester zugleich „in persona Christi" und „in persona ecclesiae" (Greshake 1991, bes. 92 ff.).

Der Kolosserhymnus 1,18 bringt das Gemeinte noch einmal auf den Punkt: „Er – Jesus Christus – ist das Haupt des Leibes, der Leib aber ist die Kirche." Das Haupt ist ein Teil des Leibes. Ohne den Leib hätte das Haupt keine Lebenschance im Blick auf seine Sendung in der Welt. Umgekehrt ist der Leib ohne das Haupt undenkbar, denn er wäre in jeder Hinsicht kopflos. Wenn der Priester Jesus Christus in dessen Eigenschaft und Aufgabe als Haupt darstellen soll, muss er also zugleich in einer organischen Verbindung mit dem ganzen Leib stehen.

Die Feier der Sakramente

Diese doppelte Identität des priesterlichen Dienstes kann im Blick auf die Spendung der Sakramente gut verdeutlicht werden. Die Sakramente schenken einerseits Gemeinschaft mit Jesus Christus, sind aber zugleich untrennbar auch Feiern der Gemeinschaft der Kirche. Die Aufgabe des Priesters ist darum immer einerseits die Darstellung Jesus Christi, der dem Menschen beispielsweise die Vergebung der Sünden zusagt, zugleich handelt er aber als Kirche, so wie die Kirche handelt und sich in ihren Sakramenten selbst vollzieht.

Im Vollzug der Eucharistiefeier erleben alle diese doppelte Identität des zelebrierenden Priesters. Er wechselt in der Feier immer wieder die „Rollen". Einmal spricht er als Vorbeter und Vertreter der Gemeinde, dann wieder spricht er sozusagen als Jesus Christus. So fordert er beispielsweise zu Beginn der Präfation die

Gläubigen auf, ihre Herzen zum Herrn zu erheben und dem Herrn, unserem Gott, Dank zu sagen. Diese Aufforderungen spricht der Zelebrant ganz als Mitglied und Repräsentant der Gemeinde aus. In der folgenden Präfation erfüllt er in feierlicher Weise seine Rolle als erster Beter der Gemeinde. In der Rezitation des Einsetzungsberichtes wechselt er dann aber ganz in die Aufgabe, Jesus Christus darzustellen.

In der Feier der Eucharistie kommt also dieser Vorgang des Ineinanders und Miteinanders von Christus und Kirche zum Höhepunkt. Einerseits wird das gesamte Pascha-Mysterium gegenwärtig, vermittelt durch den Priester, der in persona Christi handelt. Andererseits bringt der Priester für die Gemeinde das Mitopfern der Kirche in die Feier ein.

In der Ekklesiologie des Kolosserbriefes (1,24 ff.) können wir diese Doppelstruktur entdecken. Die Leiden, die Paulus in der Ausübung seines Amtes als Apostel Jesu Christi auf sich nimmt, bringt er in die Kirche ein. Er versteht sie als Dienst für die Kirche. Liest man den Text im Blick auf die Eucharistiefeier, bekommt er eine eigene Tiefe.

> *„Jetzt freue ich mich in den Leiden, die ich für euch ertrage. Für den Leib Christi, die Kirche, ergänze ich in meinem irdischen Leben das, was an den Leiden Christi noch fehlt. Ich diene der Kirche durch das Amt, das Gott mir übertragen hat, damit ich euch das Wort Gottes in seiner Fülle verkündige, jenes Geheimnis, das seit ewigen Zeiten und Generationen verborgen war. Jetzt wurde es seinen Heiligen offenbart; Gott wollte ihnen zeigen, wie reich und herrlich dieses Geheimnis unter den Völkern ist: Christus ist unter euch, er ist die Hoffnung auf Herrlichkeit."*

☞ *Welche Bedeutung hat die ekklesiologische und pneumatologische Dimension des Priestertums für mich?*
Wenn ich anderen mein Verständnis vom Priestersein erklären soll, welche Elemente gehören für mich zuerst dazu?

Die marianische Perspektive der Kirche

In allen genannten Gedanken zeigt sich eine doppelte Bewegung: Einerseits kommt Gott in Jesus Christus auf die Menschen zu und sagt ihnen das Heil zu. Andererseits empfängt die Kirche diese Zusage Gottes, sagt ihr Jawort und antwortet mit Dank und Lobpreis: „Das ist würdig und recht!"

Das achte Kapitel von „Lumen gentium" (Nr. 52–69) sieht diese doppelte Bewegung in Maria, der Mutter Jesu, vorgebildet. Maria ist Kirche im Ursprung (von Balthasar/Ratinger 1985): Sie ist offen für die Ansprache Gottes, erschrickt und denkt nach, was die Anrede Gottes bedeuten soll. Sie hört Gottes Verheißung und fragt kritisch nach. Nach der Erklärung, wie ihr Heil widerfahren soll, sagt sie ihr freies und unbedingtes Jawort (Lk 1,26–38).

In seinem Buch „Maria-Ecclesia" formuliert Gisbert Greshake (2014, 585 f.) nach einer ausführlichen Analyse zum Thema drei Leitsätze im Blick auf die Kirche:

Die erste „geistliche Maxime" lautet: „Was Maria ist, müssen wir werden." In unbedingter Verfügbarkeit und ungeteilter Hingabe (und das bedeutet „Jungfräulichkeit") sagt sie ihr Ja, eingebettet in den Glauben ihres Volkes. Sie ist darauf ausgerichtet, ihren Sohn, der der Sohn Gottes ist, in die Welt zu bringen.

Als zweite Maxime formuliert Greshake: „Wir dürfen im ‚Ja' Gottes und korrespondierenden ‚Echo-Ja' Marias leben und sind damit auch zum ‚Ja-Sagen' berufen und befähigt." Die Schöpfung und Erlösung sind auf dieses doppelseitige Ja ausgerichtet.

Daraus leitet sich die dritte Maxime ab: „Alles Handeln der Kirche und jedes Einzelnen empfängt darin seinen Sinn, ‚Mutter im Glauben' für andere zu sein, in diesem Tun aber von sich weg zu verweisen auf den, der ‚es macht', ‚zum Lob seiner herrlichen Gnade' (Eph 1,6)."

Die marianische Perspektive der Kirche, zu der alle Gläubigen und besonders die Priester berufen sind, nimmt also sowohl die Person Marias als der Mutter Jesu Christi in den Blick wie auch die Kirche in ihrer mütterlichen Aufgabe. Nicht ohne Grund formuliert bereits die frühe Kirche, dass die Kirche in der Taufe ihre Kinder „gebiert". Damit wird Maria aus dem für manche Theologen zwielichtigen Winkel der sogenannten Volksfrömmigkeit geholt. Sie ist Vorbild, Leitbild und Verbündete für die Kirche und deren Wirken. Wer sich auf ihr unverdorbenes Konzept des Glaubens einlässt, wird in die Mitte der Kirche geführt.

Dem alten, erfahrenen Spiritual eines belgischen Priesterseminars gestand ein Priesterkandidat, dass er mit Maria nichts anfangen könne. Theologische Erwägungen halfen ihm nicht weiter. Der Spiritual gab dem jungen Mann eine Antwort, die für jeden Christen und jeden Priester gelten kann, der von sich glaubt, ein persönliches Verhältnis zu Jesus Christus zu leben: „Bitten Sie Jesus Christus, dass er Ihnen die Beziehung zu seiner Mutter schenkt, die er für richtig hält!"

☞ *Welche Beziehung habe ich zu Maria als der Mutter Jesu und der „Mutter der Glaubenden"?*
Welche Erfahrungen habe ich persönlich und in meiner Gemeinde mit ihr gemacht?

Konsequenzen für den Leitungsdienst

Betrachtet man die vorausgehenden Überlegungen, wird die doppelte Identität des Priesters in der Darstellung Jesu Christi und in der Repräsentation der Kirche im Allgemeinen und der Gemeinde, in der er wirkt, im Besonderen deutlich. Diese doppelte Identität könnte man in dem bekannten Bild der zwei Seiten einer Medaille beschreiben. Die eine Seite alleine ohne die andere Seite bleibt auch im übertragenen Sinn einseitig.

Eine nur christologische Betrachtung des Priestertums fördert die Tendenz, ein Priesterbild zu favorisieren, in dem der Priester der Ausgesonderte aus und der Erhabene über der Gemeinde ist. Eine nur ekklesiologische Betrachtung fördert ein Priesterbild, in dem der priesterliche Dienst zu einem der vielen Dienste in der Gemeinde eingeebnet wird. In der Ausgewogenheit beider Perspektiven entstehen Formen der Gemeinschaft, der Kommunikation und der Leitung, in der die Leitungskompetenz des Priesters, zugleich aber die Mitverantwortung aller Getauften und Gefirmten zum Zuge kommen.

Nichts ohne die Gemeinde

Von Cyprian wird die Regel einer kooperativen Leitung tradiert: „Seit Beginn meines Bischofsamtes habe ich es mir zur Regel gemacht, nichts nach meiner persönlichen Meinung zu entscheiden, ohne euren Rat und ohne die Stimme meines Volkes zu hören" (CSEL 3,2 512 nach Greshake, 1991, 99). Diese Regel erwächst aus einer großen Klugheit im menschlichen und kirchlichen Miteinander.

Diese Art der Leitung ist aus Motivationsgründen klug. Wenn Menschen an Entscheidungsprozessen beteiligt werden, entsteht eine ungleich größere Motivation, an der praktischen Umsetzung von Entscheidungen mitzuarbeiten, als wenn direktiv Entscheidungen mitgeteilt werden. Wer in Entscheidungsprozessen mitwirkt, entwickelt das Gefühl, in eigener Sache zu arbeiten. Wem Entscheidungen nur mitgeteilt werden, empfindet sich – biblisch gesprochen – als bezahlter Knecht (Joh 10,12), der nicht wirklich in eigener Sache arbeitet.

Entscheidungen, die beispielsweise in einem Pfarrgemeinde- oder Pastoralrat gefällt werden, dienen dem Wachstum der Gemeinde. Darum ist es ferner klug, Entscheidungen zu treffen, die zu dieser konkreten Gemeinde, zu ihren Strömungen und zu ihrer Mentalität passen. Ein Pfarrer bekommt diese jedoch nur in den Blick, wenn er intensiv auf die Wünsche und Befürchtungen, auf die Sehnsüchte und Proteste der Menschen in der Gemeinde hört. Er muss bereit sein, seine eigenen Konzepte zu relativieren, wenn er nur Widerstand spürt. Das macht ihn nicht einfach zum Vollzugsbeamten von Beschlüssen, die zum Beispiel die Gremien der Gemeinde fassen. Vielmehr wird er selbst mit seinen persönlichen Wünschen und Bedenken mitten im Entscheidungsprozess mitarbeiten. Wenn er ehrliche und plausible Gründe und Argumente in einer offenen Atmosphäre einbringt, werden sich die Menschen in der Regel dem nicht verschließen.

Schließlich gibt es eine „spirituelle Klugheit" in Leitungsprozessen. Die Regel Jesu, er sei nicht gekommen, um seinen eigenen Willen durchzusetzen, sondern den Willen seines Vaters zu tun (Joh 5,30), legt die Kirche und die seelsorgliche Arbeit darauf fest, in Entscheidungsprozessen letztlich nach dem Willen Gottes zu fragen. Eine größere Sicherheit, dem Willen Gottes zu folgen, kann nur jemand erreichen, wenn er seine Ideen und Strategien dem Urteil derer aussetzt, die mit ihm auf dem Weg des Glaubens und der Gemeinde sind. Es sind gerade die genannten Wünsche und Befürchtungen, die Sehnsüchte und Proteste der Menschen, in denen Gott an die Türen der Gemeinde anklopft. Wer seine Gemeinde nicht nur organisiert leiten, sondern auch geistlich führen möchte, wird zuerst und ernsthaft auf diese Klopfzeichen achten.

Sensus fidelium

Würden diese Arten der Klugheit nicht beachtet, würden wir nicht das entdecken können, was wir „sensus fidelium" nennen. Unter dem Pontifikat von Papst Franziskus erleben wir in diesen Jahren, wie ein verantwortliches Handeln in Klugheit nach der Regel Cyprians aussehen kann. Für eine so wichtige Sache wie das Sakrament der Ehe begnügt er sich nicht damit, Expertenteams oder vatikanische Verwaltungsstellen Entscheidungsvorlagen anfertigen zu lassen. Er begnügt sich auch nicht mit einem Votum des Bischofskollegiums. Er gibt wichtigen Fragen zu Ehe und Familie bis in die Gemeinden der Weltkirche hinein, um das Lebens- und Glaubensgefühl der Gläubigen zu erkunden.

Abgesehen davon, wie professionell diese Umfrage wirklich war, kommt bei den Gläubigen der Weltkirche die Botschaft an: „Ohne eure Stimme soll nichts entschieden werden." Bei den Gläubigen, bei den Bischöfen, die an den Synoden teilnehmen, bis zu den vatikanischen Behörden wird man nicht mit einer Stimme sprechen können. Zu unterschiedlich sind die Meinungen und Argumente. Darum ist es nicht nur gerechtfertigt, sondern nötig, dass am Ende der Beratungen einer nachspürt, wohin jener Glaubenssinn aller Gläubigen durch den Geist Gottes geführt wird. Nicht zuletzt an einem solchen Punkt von Entscheidungsprozessen wird deutlich, wie wichtig es ist, dass es einen Pastor der Weltkirche und einen Pontifex auf dem Weg zu neuen Ufern gibt.

☞ *Wie schätze ich selbst die Art meines Leitungsdienstes ein?*
Welche Rückmeldungen bekomme ich von meinen haupt- und ehrenamtlichen pastoralen Mitarbeiterinnen und Mitarbeitern?
Welche Grundsätze sind für mich in der Leitung der Gemeinde wichtig?
Was versuche ich tunlichst zu vermeiden?

Nähe und Distanz zur Institution

Besonders in den großen und kleinen Entscheidungen der Weltkirche, der Ortskirchen und auch der Gemeinden gibt es selten eine Einstimmigkeit. Zu unterschiedlich sind die Lebensbedingungen, die Lebens- und Glaubenserfahrungen der Menschen. Gerade wenn es um sehr lebensnahe Themen geht, kommt es zu Differenzen, unterschiedlichen Meinungen und Lebensentwürfen, die nicht immer der offiziellen Linie der Kirche entsprechen.

Die Reaktionen der Einzelnen sind unterschiedlich. Die einen nehmen die kirchlichen Vorgaben sehr ernst und fühlen sich, wenn sie an ihrer Lebenssituation nichts ändern können, als Sünder. Andere kümmern sich nicht um Richtlinien und Leitbilder, weil diese unter die persönliche Konfliktschwelle gesunken sind, etwa im Bereich der Sexualität. Wieder andere wenden sich gegen jene Richtlinien und Leitbilder, erklären sie für falsch oder gar menschenfeindlich und distanzieren sich von ihnen. Mit diesen persönlichen Stellungnahmen geht in der Regel auch eine entsprechende Nähe oder Distanz zur Institution Kirche einher.

Diesen Vorgang gibt es bei den Gläubigen allgemein, aber auch bei den Priestern. Ein wichtiger Unterschied ist jedoch der, dass der Priester, der in persona ecclesiae handelt, sich nicht den Richtlinien und Leitbildern entziehen kann. Während die Gläubigen ihren Protest oder ihre Distanz zur Kirche beispielsweise dadurch zeigen können, dass sie nicht mehr die Gottesdienste besuchen, nicht am gemeindlichen Leben teilnehmen oder gar aus der Kirche austreten, muss der Priester auch am nächsten Sonntag oder gar am nächsten Tag am Altar stehen und Konflikte oft im Verborgenen austragen. Handelt es sich um schwerwiegende Konflikte, wird es zu einer inneren Zerreißprobe kommen.

Besonders in diesen Grenzsituationen des priesterlichen Lebens bedarf es der geistlichen Begleitung oder einer Supervision. Jeder braucht in Entscheidungsprozessen die Nachfrage und den Widerstand von außen. Wer sich diese Hilfe nicht holt, muss sich die Frage gefallen lassen, ob er einfach zu schwach oder gar zu feige ist, einen ernsthaften und verantwortlichen Weg zu gehen. Eine gesunde Balance von Nähe und Distanz zur Kirche zu halten – und besonders zur Kirche als Institution –, ist ein sehr sensibler Vorgang und eine bleibende Aufgabe.

Natürlich kann durch vielerlei Vorfälle eine Distanz zur Institution wachsen. Neben Konflikten mit Leitbildern der Kirche können Enttäuschung über die Amtsführung in einem Bistum, über mangelnde Wertschätzung für die geleistete Arbeit oder auch mangelnder Erfolg in der Seelsorge Gründe für die Distanz sein. Für alle aber gilt die gleiche Art der Bewältigung: im Gespräch mit vertrauenswürdigen Menschen den Konflikt nicht verhärten zu lassen, sondern schon bei den ersten Anzeichen Schritt für Schritt den vermuteten „Stier bei den Hörnern zu packen".

Leider tragen viele Priester, die letztlich aus dem Dienst ausscheiden, jene Konflikte für sich alleine aus. In einzelnen Fällen kann das dazu führen, dass ein Priester seinen Entschluss per Brief dem Bischof oder den bischöflichen Behörden mitteilt. Das aber zerstört einen ganzen Lebensentwurf und hinterlässt eine bleibende Wunde.

☞ *In welchen Fragen fällt mir die Identifikation mit der Institution Kirche leicht?*
In welchen fällt sie mir schwer?
Wo würde ich mich selbst auf einer Skala von 1 bis 10 (1 für absolute Distanz, 10 für absolute Nähe) einordnen?

Der Pfarrer als Arbeitgeber

Ein großes Konfliktfeld in der Leitung, das vielen Priestern schlaflose Nächte bereitet, sind die Aufgaben als Arbeitgeber. Wenn ein Pfarrer von seinen fünf Gemeinden und acht Kindergärten berichtet, muss er zugleich davon berichten, dass er Vorgesetzter von über 100 Mitarbeiterinnen und Mitarbeitern ist. Zwar sind bis zu einem gewissen Grad Delegationen möglich, doch wird der Pfarrer in den meisten Fällen die letzte Verantwortung tragen müssen.

Alle Pfarrer in solchen Situationen berichten von schweren und schwerwiegenden Entscheidungen, wenn es zum Beispiel um die Einstellung oder Entlassung von Mitarbeiterinnen in Kindergärten und Kindertagesstätten geht. Solidarisierungen in den Kollegien gegen Entscheidungen formieren sich und belasten die Atmosphäre. Sehr schnell kann das dazu führen, dass der Pfarrer seinen seelsorglichen Aufgaben in diesem Arbeitsbereich nicht mehr nachkommen kann. Ihm werden Informationen vorenthalten. Wenn er zu einem Teamgespräch kommt, entsteht verlegenes Schweigen, verschwindet die offene Rede, eine feindselige oder trotzige Haltung ihm gegenüber breitet sich aus. Eine seelsorgliche Begleitung der Erzieherinnen wird unmöglich.

In einer solchen Situation beklagt sich ein Pfarrer: „Wie ich es mache, ist es falsch. Entlasse ich die Leiterin des Kindergartens nicht, laufe die Eltern Sturm. Entlasse ich sie, machen die Kolleginnen Front gegen mich." Solche Vorgänge machen es schwer, das „gesellschaftliche Gefüge der Kirche" wirklich als sichtbare Außenseite des Wirkens des Geistes Gottes zu verstehen, der die Kirche belebt und wachsen lässt.

Die Lösung dieses Problems wird nicht durch ein weiteres Führungs- und Leitungstraining für Pfarrer erreicht. Hier gilt es, strukturell die Pfarrer zu entlasten, damit sie das in guter Weise sein können, was sie sein sollen: Repräsentanten der Kirche.

☞ *Wo finde ich meine Aufgabe als Arbeitgeber von pastoralen oder pädagogischen Mitarbeiterinnen und Mitarbeitern reizvoll und gewinnbringend?*
Wo empfinde ich sie als belastend und für die seelsorglichen Aufgaben hinderlich?
Welche Veränderungen wünsche ich mir konkret?
Mit wem kann ich darüber sprechen, damit sich wirklich etwas verändert?

Die Grundaufgaben der Kirche

Wenn der Priester Repräsentant der Kirche ist, dann steht er in der ersten Reihe, wenn es um die Selbstverwirklichung der Kirche geht. Doch er kann nur das verantwortlich gestalten, darstellen, vertreten, vor anderen erklären und mit anderen gemeinsam leben, was er selbst kennt und liebt.

Darum sind die nächsten Schritte in der Betrachtung der Säulen des Priestertums, die Grundformen der kirchlichen Selbstverwirklichung in Beziehung zum Selbstverständnis und seelsorglichen Handeln des Priesters zu setzen.

Kirche ist in dreifacher Weise das, was sie sein soll und sein will, wenn sie das Wort Gottes verkündet, wenn sie in der Feier der Liturgie das von Gott geschenkte Heil gegenwärtig setzt und wenn sie im helfenden Dienst an den Menschen Jesus Christus als den fürsorglichen Hirten erfahrbar macht. Indem die Kirche diese drei Grundaufgaben wahrnimmt, lebt sie ihr eigenes Wesen und schafft Gemeinschaft, communio, zu der sie berufen ist.

Will der Priester die Kirche nicht nur als äußerlich wahrnehmbare Institution vertreten, wie jeder andere Repräsentant seinen Verein, seine Partei, seine Interessengruppe oder seine kommunale oder nationale Einheit vertritt, dann muss er aus Überzeugung diese Grundaufgabe der Kirche annehmen und erfüllen.

Jesus Christus nachahmen

Jesus selbst hat keine theoretische Erörterung des kirchlichen und damit des priesterlichen Dienstes vorgelegt, sondern die Erfüllung dieser Grundaufgaben der Kirche im Voraus gelebt. Er ist das Grundsakrament der Liebe Gottes. Wollen die Kirche und ihre Seelsorger diese Liebe erlebbar machen, schauen sie auf Jesus Christus und dessen heilsbringendes Wirken und ahmen ihn nach. Die nachösterliche Erzählung vom Gang zweier Jünger nach Emmaus (Lk 24,13–50) bebildert und fasst in einfacher Weise zusammen, wie Jesus als Prototyp des Seelsorgers das im Voraus lebt, was die Kirche einholen soll:

– Jesus ist vor allem Reden und Tun jemand, der Gemeinschaft mit den Menschen aufnimmt. Er geht mit den Menschen auf deren

Weg mit. Das kirchliche und priesterliche Handeln muss sich also daran messen lassen, ob es die Lebenswirklichkeit der Menschen tatsächlich wahr- und ernst nimmt. Die Kirche muss bereit sein, sich aus dem Palast des „Es war schon immer so!" herauszubegeben und sich als Zelt Gottes unter den Menschen zu verstehen. Wenn ihr das gelingt, schafft sie wie Jesus Christus selbst *communio*.

- Als Erstes erkundigt sich Jesus in der Begegnung mit den Emmausjüngern nach dem, was die beiden miteinander sprechen. Er will sich daran orientieren, was die beiden bewegt. Und so lässt er sie von ihrem Leben, ihren Hoffnungen und ihrer Trauer erzählen, sehr lange erzählen. Er leistet einen *diakonischen Dienst*, einen therapeutischen Dienst an den Jüngern. Versteht die Kirche ihren Dienst an den Menschen als Fortsetzung der Seelsorge Jesu, dann muss sie hörende und sehende Kirche sein.
- Jesus antwortet auf die Schilderungen der Jünger mit der Verkündigung des Wortes Gottes. Darin deutet er die Erfahrungen der Jünger aus der Perspektive des Glaubens an Gottes Führung durch die Geschichte. Passgenau zur Erfahrung der Jünger wählt Jesus Aussagen der Schrift und der Propheten aus, um ein neues Licht auf die Ereignisse zu werfen. Seine *Verkündigung* ist also nicht einfach die Wiedergabe eines theologischen Gedankensystems, sondern eine lebensnahe Antwort auf die Sorgen der Menschen.
- Schließlich führt Jesus die Jünger in eine neue Art der Einsicht in die Hintergründe des Geschehens von Ostern. Indem er mit den beiden *Liturgie feiert* und das Brot bricht, werden die Gemeinschaft Jesu mit den Jüngern, die erzählte Erfahrung der Jünger und das deutende Wort in eine neue Dimension gehoben. Im Ritus des Brotbrechens wird Vergangenes Gegenwart, werden Erfahrungen zu Wegweisern, werden deutende Worte beglaubigt und begriffen.
- Wer sich auf diesen Prozess einlässt, dem gehen die Augen auf und dem wird ein neues Verstehen geschenkt.

Schöpferische Treue

Die Liebe besitzt, wie bereits angesprochen, eine verähnlichende Kraft. Darum werden die, die Jesus Christus nicht nur als Vorbild guten Handelns betrachten, sondern aus einer personalen Beziehung zu ihm leben, sich ihm in ihrem Denken und Handeln immer mehr angleichen. Sie werden immer mehr das tun wollen, was er getan hat, und es so tun wollen, wie er es getan hat.

Dabei brauchen sie keine Angst zu haben, sich selbst zu verlieren (Lk 9,25), sondern sie werden als Kinder ihrer jeweiligen Zeit in origineller Weise das Handeln Jesu in der Gegenwart vollziehen. Sie werden unter dem Eindruck ihrer eigenen Lebenserfahrungen auf die Erfahrungen der Menschen ihrer Zeit hören, Deutungen aus dem Glauben anbieten und verkünden sowie Kraft und Bestätigung in der gefeierten Gegenwart Gottes und Jesu Christi schöpfen.

So können sie in großer Treue als Nachahmer ihres Herrn wirken. Zugleich werden sie schöpferisch und originell das in das Leben und den Glauben der Menschen einbringen, was durch ihr eigenes Herz gegangen ist und was sie selbst verstanden haben.

In der Schilderung der drei folgenden Säulen des Priestertums können nicht alle Perspektiven der Selbstverwirklichung der Kirche in Verkündigung, Liturgie und Diakonie ausgelotet werden. Das hat die reichhaltige Literatur zum Thema in einer großen Fülle besorgt. Vielmehr sollen einzelne Aspekte der drei Grundfunktionen der Kirche hervorgehoben werden, die gegenwärtig für den Dienst des Priesters besonders wichtig erscheinen.

Schöpferische Treue

[illegible]

5.

Fünfte Säule: Spurensucher sein

Das Christentum scheint in unseren Breiten zu einer „kalten Religion“ (Rüdiger Saftanski) zu erstarren. Jedenfalls ist festzustellen, dass einerseits in den aktiven Teilen der Gemeinde ein breites Engagement vorhanden ist, andererseits aber beim größten Teil der Kirchenmitglieder und erst recht der Gesellschaft die Begeisterung für den christlichen Glauben und für die Kirche schwindet.

Ein Beispiel: Bei einer Fahrt durch die Schweiz strahlte ein Sender Interviews mit jungen Schweizer Frauen aus, die zum Islam konvertiert waren. Sie wurden nach den Gründen für ihre Konversion befragt und gaben bereitwillig und ausführlich Antworten, die ein Licht auf den Zustand der christlichen Kirchen werfen. Eine junge Muslimin berichtete: „Ich bin ganz normal katholisch sozialisiert. Ich wurde getauft, ging zur Erstkommunion und zur Firmung. Aber ich habe nie etwas dabei empfunden. Dann lernte ich den Islam kennen. Da spürte ich auf einmal, dass Allah bei mir ist, wenn ich zum Beispiel in mein Auto einsteige. Und er ist immer noch da, wenn ich wieder aussteige. Das hat mich überzeugt.“

In einer fast kindlichen Weise und sehr subjektiv beschrieb die junge Frau eine Erfahrung, die offenbar ihr viel näher kam als die Katechesen einer langen Vorbereitung auf die Erstkommunion und die Firmung. Viele Hundert Stunden Religionsunterricht und sonntägliche Gottesdienste konnten sie offenbar in ihrer Erfahrungswelt nicht erreichen. Im Islam erlebt sie nun einen sehr pragmatischen Glauben, der ihr zur Lebenshilfe wird.

Szenenwechsel in den Religionsunterricht einer Berufsschule: Als es in einer konfessions- und religionsübergreifenden Stunde um das Thema ging, was Gott mit dem Leben der Menschen zu tun hat, versuchte der Religionslehrer anhand von Beispielen zu erklären, wie Gott im Leben der Menschen anwesend sein könne. Der Einwand vieler Schüler war, dass das doch alles nur Interpretationen und frommes Gerede sei. Am Ende der Stunde kamen einige muslimische Schüler zum frustrierten Lehrer, um ihn zu trösten: „Herr Pfarrer, machen Sie sich nichts draus. Die verstehen das halt nicht!“

Als ein anderer Religionslehrer im Kollegenkreis von seiner Erfahrung berichtete, wurde dessen anders ausgerichtete Einstellung sichtbar: In einer Klasse habe er drei Schüler, die immer wieder „so platt“ von ihren religiösen Erfahrungen berichten. So erzählten sie etwa von schwierigen Situationen, in den ihnen Gott geholfen haben. Der Kommentar des Religionslehrers: „Die drei Schüler reden wie Leute aus den Freikirchen, zu denen sie offenbar einen Bezug haben. So einfach ist es auch wieder nicht mit den Gotteserfahrungen. Das sind subjektivistische Aussagen, die man eigentlich so nicht stehen lassen kann.“

Lässt man diese drei Erfahrungen auf sich wirken, braucht man den Unterschied zwischen einer „kalten“ und einer „heißen“ Religion nicht mehr zu erläutern.

Die Frage nach der Erfahrung Gottes

Ob es uns als Theologen oder Seelsorger passt oder nicht, die Frage der aktiven Zugehörigkeit zur Kirche entscheidet sich letztlich nicht aufgrund theologischer Einsichten, sondern am konkret erlebten Glauben als Lebenshilfe. Wenn besonders in Grenzsituationen des Lebens die Sinnfrage laut wird, wenn die Suche nach Geborgenheit in einer immer unüberschaubarer werdenden Welt quält, wenn die Suche nach Halt virulent wird, nachdem jemand aus der virtuellen Welt des globalen Netzes wieder aufgetaucht ist, dann entscheidet die positive Antwort auf die Frage: Wo können Hilfen bei Lebensproblemen und wo eine Beheimatung gefunden werden?

Letztlich geht es um die entscheidenden Fragen: Existiert Gott? Und: Hat er etwas mit meinem Leben zu tun? Der Glaube an einen Gott, der die Menschen in ihrer Lebenswelt begleitet und darum relevant für das Leben ist, drückt sich in Formen des Umgangs mit ihm aus, etwa im Gebet und im Gottesdienstbesuch.

In unserer Gesellschaft

Die Statistiken über den Kirchenbesuch sind bekannt. Sie werden als Indikatoren dafür interpretiert, wie es um den Glauben und die Kirchlichkeit der Kirchenmitglieder bestellt ist. Ein weiterer, wohl noch wichtigerer Indikator ist das Gebet zu Hause. Das Gebet, etwa das tägliche Tischgebet, das jemand alleine, mit dem Ehepartner oder in der Familie pflegt, zeigt an, ob der Glaube zu Hause angekommen ist und im alltäglichen Leben eine Rolle spielt. Das Tischgebet ist „nur" ein Ritual, doch wenn solche Rituale verloren gehen, verflüchtigen sich die Anknüpfungspunkte für Religion und Religiosität im Leben außerhalb der Kirchenräume.

Das Institut für Demoskopie Allensbach stellte ab 1965 zu mehreren Zeitpunkten zwei Fragen (Allensbacher Jahrbuch 11 und 12; Allensbacher Archiv 2012):

- „Es gibt ja manches, was in den einen Familien üblich ist und in den anderen Familien nicht üblich ist. Zum Beispiel: Wenn Sie an Ihre Kindheit zurückdenken – wurde da vor oder nach der Mahlzeit ein Tischgebet gesprochen?"
- „Und tun Sie es heute?"

1965 gaben in Westdeutschland – in Ostdeutschland wurden die Zahlen erst ab der Wende erhoben – 62 Prozent der Bevölkerung an, in der Herkunftsfamilie gebetet zu haben, und 29 Prozent gaben an, diese Praxis weiterzuführen. 2012 konnten sich immerhin noch 43 Prozent an die Glaubenspraxis in der Herkunftsfamilie erinnern, aber nur 9 Prozent pflegten zu diesem Zeitpunkt noch das Tischgebet. In der Altersgruppe von 16 bis 29 Jahren waren es nur 4 Prozent. Diese Zahlen zur gelebten Glaubenspraxis in Form eines Rituals zu Hause liegen deutlich unter den Zahlen der Gottesdienstbesucher und zeigen einen noch größeren Abstand zu den Zahlen der nominellen Kirchenzugehörigkeit an. Diese Tendenz nicht wahrzunehmen, wäre töricht.

Die ernsthafte Frage, ob Menschen wirklich mit Gott in ihrem Leben rechnen, schließt die Frage ein, ob sie ein persönliches Verhältnis zu Gott entwickeln können, das sich auf Erfahrungen stützt. Das ist allerdings nicht nur eine Frage jenseits unserer Gemeindegrenzen. Diese Frage muss zunehmend auch in unseren Gemeinden gestellt werden.

☞ *Wie schätze ich die Glaubenssituation in unserem Land ein? Wie in meiner Zivilgemeinde?*
An welchen Erfahrungen mache ich fest, ob die Menschen überhaupt auf der Suche sind?

In unseren Gemeinden

Als Beispiel diene die Erstkommunionvorbereitung, in welche die Gemeinden ein unglaubliches Potenzial an Personal, Zeit und Material einsetzen. Oft werden die Kinder über ein Dreivierteljahr auf ihre Erstkommunion vorbreitet. Der Einsatz von didaktisch klug aufbereitetem Material, von Arbeitsblättern über Legematerial bis zu katechetischen Tüchern, gelingt nahezu perfekt. Stellt man allerdings am Ende des Vorbereitungsprozesses die Frage, ob die Kinder wirklich ein persönliches Verhältnis zu Jesus Christus gewonnen haben, steht als Antwort meist ein großes Fragezeichen. Niemand kann beurteilen, was tatsächlich in den Herzen der Kinder in dieser Zeit geschehen ist. Doch weist die Zeit nach der Erstkommunion aus, dass die Bindung an die Person Jesu, natürlich vermittelt durch konkrete Menschen, nicht sehr stark geworden sein kann. Man darf vermuten, dass Gott und Jesus Christus im Alltag dieser Kinder, angeleitet durch das Lebensbeispiel ihrer Eltern, kaum eine Rolle spielen.

Die Frage nach der Existenz Gottes und dessen Wirksamkeit im Leben der Einzelnen und der Gemeinschaften ist aber die Grundfrage, an der sich letztlich die lebensmäßige Plausibilität der Religion entscheidet. Es darf nicht sein, dass sich die Kirche und die Gemeinden um viele, in sich gute und wünschenswerte Anliegen kümmern, dabei aber unbemerkt bleibt, dass sie das „innere Pünktlein“ verlieren könnten.

☞ *Wie schätze ich die Glaubenspraxis meiner Gemeindemitglieder zu Hause ein?*
Wie schätze ich die Bindung an Jesus Christus und die Gemeinde ein, die aufgrund der katechetischen Arbeit erreicht werden kann?
Wo habe ich zuletzt mit Mitbrüdern oder pastoralen Mitarbeiterinnen und Mitarbeitern über diese Fragen gesprochen?

Konnten wir dabei auch über unseren eigenen Glauben ins Gespräch kommen?

Erster Auftrag des Priesters: die Verkündigung

Die erste Berufung des Priesters ist es, das Wort Gottes zu verkündigen. „Presyterorum ordinis" Nr. 4 formuliert:

> *„Das Volk Gottes wird an erster Stelle geeint durch das Wort des lebendigen Gottes, das man mit Recht vom Priester verlangt. Da niemand ohne Glaube gerettet werden kann, ist die erste Aufgabe der Priester als Mitarbeiter der Bischöfe, allen die Frohe Botschaft Gottes zu verkünden, um so in der Erfüllung des Herrenauftrags: „Gehet hin in alle Welt, und verkündet das Evangelium allen Geschöpfen" (Mk 16,15), das Gottesvolk zu begründen und zu mehren. Durch das Heilswort wird ja der Glaube, durch den sich die Gemeinde der Gläubigen bildet und heranwächst, im Herzen der Nichtgläubigen geweckt und im Herzen der Gläubigen genährt, wie der Apostel sagt: „Der Glaube kommt aus der Predigt, die Predigt aber durch Christi Wort" (Röm 10,17). Die Priester schulden also allen, Anteil zu geben an der Wahrheit des Evangeliums, deren sie sich im Herrn erfreuen."*

Vergleicht man diese klaren Worte zur ersten Option des priesterlichen Dienstes mit der seelsorglichen Realität, dann werden viele Pfarrer wohl nachdenklich kommentieren: „Schön wäre es, diese Option auch zeitlich zu spüren." In der Predigtausbildung gab es die Anregung, am Montag jeweils die Schrifttexte des nächsten Sonntages zu lesen, um sie in der Woche mitgehen zu lassen und im Herzen zu erwägen. „Schriftauslegung im Horizont der gegenwärtigen Situation" zu betreiben und im realen oder virtuellen „Gespräch mit den Zeitgenossen" zu sein, waren wichtige Perspektiven der Predigtvorbereitung. In der Realität setzen sich viele Priester oft erst am Samstagvormittag an die Vorbereitung ihrer Predigt, die dann in mehreren Sonntagsgottesdiensten jeweils authentisch gehalten werden soll. Alle Gottesdienstbesucher sollen das Gefühl haben: „Er spricht ganz für uns!"

Natürlich kann das, was wichtig ist, nicht immer in eine entsprechend lange Zeiteinheit umgemünzt werden. Doch für die eigene Zufriedenheit benötigt jeder ein sinnvolles und vertretbares Maß an Zeit für Aufgaben, die angeblich wichtig sind.

Um einen Vergleich zu wagen: Wenn ein Ehemann seiner Frau immer wieder beteuert, wie wichtig sie für ihn sei, er aber fast immer mit anderem beschäftigt ist, wird sie ihm auf die Dauer nicht glauben. So wird auch ein Priester nur dann auf Dauer die Verkündigung des Wortes Gottes als seine wichtigste Aufgabe erleben und spüren, wenn ihm dafür genügend Freiraum bleibt.

☞ *Ich könnte einen Zeitkuchen aufzeichnen und dabei berücksichtigen, wie viel Zeit ich tatsächlich für die Vorbereitung meiner Verkündigung habe.*
Was wünsche ich mir anders? Was möchte ich verändern?

Im weiteren Konzilstext heißt es:

> *„Niemals sollen sie ihre eigenen Gedanken vortragen, sondern immer Gottes Wort lehren und alle eindringlich zur Umkehr und zur Heiligung bewegen, ob sie nun durch eine vorbildliche Lebensführung Ungläubige für Gott gewinnen oder in der ausdrücklichen Verkündigung den Nichtglaubenden das Geheimnis Christi erschließen; ob sie Christenlehre erteilen, die Lehre der Kirche darlegen oder aktuelle Fragen im Licht Christi zu beantworten suchen. Die priesterliche Verkündigung ist aber in den gegenwärtigen Zeitumständen nicht selten außerordentlich schwer. Um Geist und Herz der Zuhörer zu erreichen, darf man Gottes Wort nicht nur allgemein und abstrakt darlegen, sondern muss die ewige Wahrheit des Evangeliums auf die konkreten Lebensverhältnisse anwenden."*

Hier tritt eine weitere Spannung zutage. Einerseits soll der Priester niemals seine eigenen Gedanken vortragen, andererseits das Evangelium auf die konkreten Lebensverhältnisse anwenden. Diese Anwendung kann aber nur geschehen, indem dieser konkrete Mensch, Christ und Priester, in die Zeit hineinhört und hineinfühlt, die Lebensverhältnisse interpretiert, um dann eine Korrelation zum Evangelium herstellen zu können.

Jene Spannung, in welche die Kirche heute gestellt ist, wurde beispielsweise in einem Fernsehtraining junger Seelsorger deutlich. Diese sollten in einem Interview spontan auf die Frage antworten, wer Gott für sie sei. Dabei sollten sie bewusst für eine Zielgruppe sprechen, die nicht kirchlich sozialisiert ist. Als einige immer wieder versuchten, Zusammenfassungen aus den gehörten theologischen Traktaten zu geben, forderte die trainierende Journalistin: „Vergessen Sie einmal alles, was Sie studiert haben, und reden sie frei aus Ihrer Erfahrung heraus!“ Der Protest war groß: „Wofür haben wir eigentlich Philosophie und Theologie studiert, wenn das in unserer seelsorglichen Praxis nicht relevant sein soll?“ – „Und überhaupt: dieses subjektive Erzählen von Erfahrungen.“ – „Es geht schließlich um die Wahrheit!“

Ansatz der Verkündigung: das Leben

„Verkünde das Wort, tritt dafür ein, ob man es hören will oder nicht; weise zurecht, tadle, ermahne, in unermüdlicher und geduldiger Belehrung.“ Dieser Imperativ in 2 Tim 4,2 klingt uns sehr in den Ohren. Er weckt die Vorstellung, dass der Seelsorger ein allgemein und zu jeder Zeit gültiges Wort im Auftrag Jesu zu verkünden hat, ohne Rücksicht darauf, welche Tagesmeinungen und Stimmungen gerade die Öffentlichkeit dominieren oder wo sich gerade das Ansehen der Kirche und ihrer Vertreter im Ranking der Beliebtheit befindet.

Dieser Imperativ kann sogar die Vorstellung wecken, dass Martyria leicht in Martyrium umschlagen kann. So verkündet der erste Märtyrer der Kirche, Stephanus, den Umstehenden nur von dem, was er in seinem lebendigen Glauben sieht. Doch das bringt die Menge so sehr in Rage, dass sie ihn steinigt. Mit Martyrium brauchen wir glücklicherweise in unserer gesellschaftlichen Situation nicht zu rechnen. Wir müssen schlimmstenfalls mitleidvolle Blicke, ein bedauerndes Lächeln oder auch einmal einen aggressiven Unterton in Diskussionen ertragen. Auf dem freien Markt der Sinnangebote müssen wir uns allerdings dem Wettbewerb mit allen Konsequenzen stellen.

Was sind aber nun die Anforderungen an die Verkündigung in einer Gesellschaft, in der christlicher Glaube und christliche Glaubenspraxis immer weniger eine Rolle spielen?

Leben oder Lehre?

Die Aufforderung des Apostels, das Wort in jeder Lage zu verkünden, gilt. Aber es sagt noch nichts darüber aus, welche Schritte der Verkündigung konkret gegangen werden sollen. Im Prinzip gibt es zwei Möglichkeiten: Entweder setzt die Verkündigung deduktiv bei dem an, was Schrift und Tradition der Kirche in bestimmten Situationen zu sagen pflegen, oder sie schaut induktiv auf das Leben der Menschen und bietet ihnen dann aus Schrift und Tradition das an, was ihr Leben interpretiert und Perspektiven aus dem Glauben eröffnet.

In der Verkündigung Jesu zeigen sich beide Vorgehensweisen. Spricht er etwa in der Bergpredigt vor der Menschenmenge über Fragen des Reiches Gottes – und die jungen christlichen Gemeinden hören seine Worte als eine Verkündigung, die sich an sie richtet –, dann redet er grundsätzlich und in Vollmacht. Wendet er sich aber Einzelnen zu, besonders denjenigen, die mit Anliegen zu ihm kommen, dann lässt er, wie etwa in der Begegnung mit den Emmausjüngern, die Menschen zuerst von ihrem Leben und ihren Sorgen erzählen. Erst dann schenkt er deutende Worte der Verkündigung und Hilfen, diese wiederum in Vollmacht.

Diese Verkündigungssituation gleicht in vielem der unsrigen heute. Da gibt es einerseits die Verkündigung des Wortes Gottes etwa in einem Gottesdienst. Diese Verkündigung orientiert sich an den vorgetragenen Schriftworten, die in der Leseordnung vorgegeben sind. Hinter dieser Art der Verkündigung steht die gläubige Überzeugung, dass das Wort Gottes sich in den Herzen der Menschen seinen eigenen Weg sucht. Zwar wird der Prediger immer wieder versuchen, das verkündete Wort mit der Lebenssituation der Menschen zu verknüpfen. Doch das kann nur in einer allgemeinen Form geschehen, denn es gibt so viele Lebenssituationen, wie Zuhörerinnen und Zuhörer vor ihm sitzen. Diese Verkündigungsart wirkt so, wie es der biblische Text beschreibt: Das Wort Gottes fällt auf guten oder auf steinigen Boden oder ins Gestrüpp. Ähnliche Erfahrungen machen Seelsorger und Lehrer im Religionsunterricht und in den Katechesen mit größeren Gruppen.

Anders verhält es sich mit der seelsorglichen Begegnung und Begleitung Einzelner und kleiner Gruppen, aber auch in den Prozessen von Pfarrgemeinderäten, Ausschüssen und Aktionskreisen. Hier werden die Erfahrungen und Einsichten der Menschen wie in der Emmausgeschichte der Ansatzpunkt der Verkündigung sein. In der gegenwärtigen Situation, in der der Glaube der Einzelnen kaum mehr von Glaubensmilieus getragen wird, gewinnt diese Art der Verkündigung immer mehr an Bedeutung.

Beispiel Taufvorbereitung

Am Beispiel einer Taufvorbereitung seien die Alternativen erläutert (Brantzen 2003). Die eine Möglichkeit besteht darin, den Eltern, die ihr Kind zur Taufe bringen, vorzutragen, wie die Kirche Taufe versteht. Die andere Möglichkeit setzt beim Erleben der Eltern an, um dann das, was diese an Erfahrungen mitbringen, aus dem Glauben zu deuten und auf das Sakrament der Taufe zu beziehen. Um es noch einmal zu sagen: Die erste Möglichkeit wirft in einem christlich geprägten Lebensmilieu wenig Probleme auf, da die jungen Eltern ihren Glauben leben und darum nur eine geistliche Einführung in die Taufe benötigen. Die zweite Möglichkeit wird heute aber notwendiger sein, weil wenig oder gar nicht kirchlich sozialisierte Eltern es als eine befremdliche Ideologisierung ihrer Situation empfänden, würde ihnen nur das „Paket“ der Wahrheit überreicht.

Konkret heißt das: Der erste Teil der Taufvorbereitung besteht darin, dass – in Analogie zur Emmauserzählung – die Eltern von ihren Erlebnissen rund um Schwangerschaft, Geburt und das bisherige Leben des kleinen Erdenbürgers erzählen. Hier werden Eltern davon sprechen, dass sie den Augenblick der Geburt herbeisehnten, erhofften und zugleich befürchteten, immer aber im Gedächtnis behalten werden. Sie werden von der Situation und der Atmosphäre im Kreißsaal berichten, als die Geburt unmittelbar bevorstand. Oft schildern junge Mütter die ersten Augenblicke nach der Geburt so: „Mit bangen Blicken habe ich unseren Kleinen von oben bis unten betrachtet. Ich habe mich gefragt: ‚Sind alle Gliedmaßen da? Ist er gesund? Wann schreit er endlich?‘“ Dankbar und erleichtert können die Eltern nach der Geburt ihr Kind wie ein Weltwunder anschauen und spüren: „Ja, du, unser Kind, sollst leben!“

In einem nächsten Schritt gilt es dann, das Erleben der Eltern aufzugreifen und in Beziehung zu setzen zu dem, was Taufe bedeutet: Als Christen glauben wir, dass uns im Wunder des Lebens Gott in besonderer Weise nahe kommt. Er kommt uns nahe durch dieses neugeborene Kind. – Gott ist der Schöpfer des Himmels und der Erde. Das heißt für die Eltern: „Wir nehmen an der Schöpfung teil. Indem wir Ja sagen zum Leben unseres Kindes, es zeugen und gebären, sagt Gott durch uns ein Jawort zu diesem Kind. Sein Wort gilt umfassend und unbedingt. – In der Taufe feiern wir dieses Jawort Gottes zu dem jungen Leben. – usw."

Das bedeutet: Die Erlebnisse der Eltern können zu ihrer Glaubenserfahrung werden – und zum Glaubensschatz der Kirche in Beziehung gesetzt werden. In den Spuren des Lebens und ihrer Erfahrungen können die Eltern Spuren der Nähe und Begleitung Gottes in ihrem Leben ahnen und entdecken. Dabei sind die elterlichen Wünsche und Sehnsüchte, die sich mit diesem Kind verbinden, die Ängste um die Gesundheit und die Zukunft des Kindes nicht nur didaktisch sinnvolle Anknüpfungspunkte, um dann auf das „Eigentliche" des Glaubens zu sprechen zu kommen. Sie sind vielmehr die „Materie", in der sich Gottesbegegnung und Glaube ereignen – oder nicht. Hier wird für diese Eltern erlebbar, was „mystagogische Seelsorge", „Spiritualität im Alltag" oder „Mystik im Alltag" meinen.

Aufgabe der Seelsorge im Sinne einer Spurensuche nach Gott im Leben und Erleben ist es darum, die Schätze des Lebens, die Hochs und Tiefs, hier insbesondere einer Schwangerschaft, einer Geburt und einer Erziehung, zu heben. Es gehört dann zum prophetischen Deutedienst des Seelsorgers, Anregungen zu geben, wie diese Lebensschätze durchsichtig gemacht werden können auf die Realität Gottes. Seelsorger erfahren vielfach, dass eine solche Tiefensicht des Lebens den Menschen völlig fremd oder neu ist. Eine Annäherung an diese Weltanschauung wird darum behutsam vonstattengehen.

☞ *Wenn ich mich selbst bei der Vorbereitung einer Predigt oder eines Vortrages beobachte, wo beginne ich intuitiv mit meinen Überlegungen?*

Wenn ich mich selbst betrachte: Bevorzuge ich eher einen deduktiven oder einen induktiven Weg in der Verkündigung?
Wie gehe ich z. B. im Gespräch mit Eltern um, die ihre Kinder zur Taufe oder zur Erstkommunion bringen?

Die Frage an den eigenen Glauben des Seelsorgers

Probleme mit dieser Weltanschauung kommen aber nicht nur durch die Menschen, die wir in der Seelsorge begleiten. Nicht selten ist es eine Anfrage an den Seelsorger selbst. In einem Gespräch über Wege der Taufvorbereitung kam die Sprache auf jene Spurensuche als Ansatz der Seelsorge. Ein junger Seelsorger analysierte kompetent die Probleme, die sich aus der mangelhaften Glaubenspraxis der Menschen ergeben. Am Ende fügte er mit gesenktem Kopf hinzu: „Und ob ich wirklich glauben kann, dass Gott in diesem Durcheinander des Lebens von Paaren und Familien immer anwesend ist, weiß ich selbst nicht recht!“

So stellt sich an den Seelsorger selbst die Frage: Ist das „Gott suchen in allen Dingen“ in meinem eigenen Leben so präsent, dass es zur Grundlage auch meines pastoralen Handelns geworden ist? Diese Frage ist darum für den seelsorglichen und priesterlichen Dienst entscheidend, weil sich Leben nur am Leben entzünden kann. So kann sich Glaubensleben auch nur an überzeugendem Glaubensleben entzünden.

☞ *Wage ich mich, das erfahrene Wirken Gottes in meinem Leben in Worte zu fassen, ohne zu vergessen, dass Gott zugleich „in unzugänglichem Licht wohnt“ (1 Tim 6,16)?*
Pflege ich einen geistlichen Tagesrückblick, um sensibel zu werden für die Spuren, die mir Gott im Laufe eines Tages legt?

Vorschlag zu einem Tagesrückblick eines Priesters

○ **Gebet** zur Vorbereitung:

Gott meines Lebens, schenke mir Aufmerksamkeit für deine Nähe in meinem Leben. Sende mir deinen Heiligen Geist, damit ich deine Nähe ahnen und spüren kann.

○ **Erinnern**:

Was hat mich heute besonders berührt, angesprochen oder aufgeregt – eine Begegnung, ein Gespräch, eine Aufgabe, ein Problem?

Wo konnte ich einem Menschen meine seelsorgliche Begleitung anbieten?

○ **Entdecken**:

Wie konnte ich in der einen oder anderen Begegnung Menschen seelsorglich weiterhelfen?

Wie wurde ich durch die Ereignisse dieses Tages in meiner Berufung als Priester und Seelsorger bestärkt?

○ **Antworten**:

Ich mache mir bewusst, dass Gott mich mit den Erfahrungen an diesem Tag besonders ansprechen wollte.

In der stillen Aufmerksamkeit meines Herzens danke ich Gott, ich sage ihm meine Bitten, ich stelle an ihn meine Fragen oder klage ihm mein Leid.

○ **Gebet** zum Abschluss:

Großer Gott, du bist mir nahe in den Menschen, Dingen und Ereignissen dieses Tages. Lass mich Kraft schöpfen für das, was zu tun ist, und schenke mir Geduld für das, was ich nicht verstehe. „Meine Seele preist die Größe des Herrn, und mein Geist jubelt über Gott, meinen Retter“ (Lk 1, 46–47).

(Vgl. dazu: www.spurensuche.de)

Verkündigungspraxis

In der Umsetzung in seelsorgliches Handeln besteht das Problem, dass die immer größer werdenden Seelsorgeeinheiten einer nachgehenden, verstehenden und das Leben deutenden Pastoral diametral entgegenstehen. Einer der oft gesprochenen Sätze der Seelsorger lautet darum: „Was soll ich denn noch alles tun?!" Darum sollen hier auch keine in der Praxis der Seelsorge kaum durchführbaren Aufgabenbeschreibungen vorgenommen werden. Vielmehr soll der Blick auf realistische Perspektiven gelenkt werden.

Der Zentralwert der Verkündigung: Gott suchen

Ausgehend von der oben umschriebenen Lebens- und Glaubenssituation in unserer Gesellschaft steht ohne Zweifel als Zentralwert der Verkündigung die Botschaft an: „Gott existiert – und wir haben ihn erfahren!" Das Problem besteht darin, dass aus den Reihen der Menschen heute – ausgesprochen oder durch Abwendung von Glauben und Kirche dokumentiert – die faustische Antwort kommt: „Die Botschaft hör ich wohl, allein mir fehlt der Glaube!"

In dieser Situation hilft es nicht, jene Botschaft nur immer zu wiederholen. Es hilft auch nicht, diese Botschaft nur didaktisch klüger zu verpacken. Es muss vielmehr ein Prozess der Suche nach Gottes Spuren im Leben der Menschen angestoßen werden.

In einem Vortrag zu einer Jubiläumsfeier des Paderborner Priesterseminars beschreibt darum Kardinal Lehmann (Lehmann 2003, 184) die Aufgabe des Priesters heute folgendermaßen:

> *„Eine ganz zentrale Aufgabe und Fähigkeit des Priesters heute und morgen geht dahin, mit den Menschen und für sie die Spuren Gottes in unserer Welt zu suchen, gerade wenn sie verborgen sind, und zur Sprache zu bringen. Diese Spuren sind selten eindeutig. Darum bedürfen sie der Deutung und der Entfaltung ihrer Bedeutung. Dies geschieht stets im Licht des Evangeliums, zu dem auch die Lehre der Kirche und ihre reiche Tradition gehören. Der Priester muss darin besonders erfahren sein und zu einem Lesemeister der Spuren Gottes in unserer Welt werden. Hierzu ist in besonderer Weise*

auch die Kenntnis der ‚Unterscheidung der Geister' notwendig und ein eigener geistlicher Umgang mit ihr unersetzlich. Er muss darum ein Mann des Wortes sein. Darin liegt auch die Bedeutung des theologischen Studiums."

Fokus in der Verkündigung: Spurensuche

Es geht also nicht darum, dass Priester noch mehr Aufgaben übernehmen sollen, sondern darum, dass sie sich Gedanken über den Fokus ihrer Verkündigung machen. Neue Aktionsprogramme oder Projekte alleine werden nicht helfen. Es geht vielmehr darum, die Gottsuche und Gottes-„Erfahrung" zum zentralen pastoralen Ziel der Verkündigung, ja der ganzen Seelsorge zu machen.

In der Politik spricht man von einem „Querschnittsthema", auf das hin alle Aktivitäten, Papiere, Bestimmungen und Gesetze untersucht werden. Absolute Priorität in der Seelsorge und der Verkündigung der Kirche in der gegenwärtigen Situation muss zweifelsfrei die Gottesfrage haben. Diese Frage ist allerdings nicht nur mit dem Ziel einer intellektuellen, philosophischen oder fundamentaltheologischen Klärung zu stellen, ob die Existenz Gottes denkbar ist, sondern mit dem Ziel einer Glaubenspraxis im Sinne einer überzeugenden Lebenshilfe.

Konkret: In der Vorbereitung von Katechesen, Gottesdiensten, Predigten, Kasualien bis hin zu Gesprächen mit Einzelnen und Gruppen sollte immer inklusiv die Botschaft berücksichtigt sein: „Gott lebt, und wir dürfen an seine Begleitung in unserem Leben glauben."

Inhalt der Spurensuche

Im Sinne der Emmauserzählung werden es in der Regel vier Schritte sein, um Menschen bei ihrer persönlichen Spurensuche nach dem Gott ihres Lebens zu begleiten:

– Nur wenn der Seelsorger bereit ist, sich auf die Gemeinschaft mit einem anderen Menschen einzulassen, wird eine Situation der Öffnung und der Offenheit entstehen. Botschaften wie „Ich habe für dich Zeit!", „Ich bin jetzt für dich da!" oder „Du kannst mir vertrauen!" werden die Tür zum Herzen eines Menschen öffnen, wenn dieser seinerseits Gemeinschaft sucht.

- Das Leben selbst mit seinen Höhen und Tiefen ist der Ort, an dem Menschen ihrem Gott begegnen können.
- Stellt man Menschen die Frage, in welcher Erfahrung sie Gott begegnet seien, beginnt in der Regel ein Abtasten der ganzen Lebens- und Glaubensgeschichte, mit der Vermutung, dass Gott vielleicht mit dieser oder jener Situation zu tun hatte.
- Stellt man dagegen die Frage: „Was hast du erlebt?", dann sprudeln Menschen ihre täglichen und alltäglichen Erfahrungen, Freuden und Sorgen heraus.
- In einem dritten Schritt geht es dann um die Deutung dieser Erfahrungen aus dem Glauben. Hier haben das deutende Wort eines Schrifttextes, die gläubigen Erfahrungen anderer Menschen und die eigenen Erfahrungen des Seelsorgers ihren Platz. Wenn das Leben, so wie es spielt, ernst genommen ist, dann bestehen auch die Bereitschaft und der Wunsch, ihm Sinn zuzusprechen, auch Sinn aus der Kraft des Glaubens.
- Schließlich kann das im Glauben gedeutete Leben in die Feier der Liturgie münden.

☞ *Welche Optionen für meinen Dienst habe ich bisher erkannt?*
Welche Bedeutung hat in meinem Dienst der Aspekt der Suche nach den Spuren Gottes im Leben der Menschen?

Spurensuche mit dem Pfarrgemeinderat

○ **Gebet**

Gott unseres Lebens, schenke uns Aufmerksamkeit für deine Nähe in unserer Gemeinde. Sende uns deinen Heiligen Geist, damit wir deine Nähe und Wegweisung spüren und annehmen können.

○ **Erinnern**

Was hat mich seit unserem letzten Treffen besonders berührt, angesprochen oder aufgeregt – eine Begegnung, ein Gespräch, eine Aufgabe, ein Problem?

Was hat Mitglieder unserer Gemeinde besonders beschäftigt?

Wir überlegen zunächst einzeln. Dann erzählen wir einander unsere Erfahrungen.

○ **Entdecken**

Welche Chancen für unsere Gemeinde können wir in diesen Erfahrungen entdecken?

Welches Angebot oder welche Anfrage an uns könnte sich hinter diesen Erfahrungen verbergen?

○ **Antworten**

Wir machen uns bewusst, dass Gott uns mit diesen Erfahrungen besonders ansprechen will.

In der stillen Aufmerksamkeit danken wir Gott, wir sagen ihm unsere Bitten oder stellen an ihn unsere Fragen. Wir entscheiden, was wir in nächster Zeit in Angriff nehmen möchten.

○ **Gebet**

Großer Gott, du bist uns nahe in den Menschen, Dingen und Ereignissen unserer Gemeinde. Lass uns Kraft schöpfen für das, was zu tun ist, und schenke uns Vertrauen und Geduld für das, was wir nicht verstehen. „Meine Seele preist die Größe des Herrn, und mein Geist jubelt über Gott, meinen Retter" (Lk 1, 46–47).

(Vgl. dazu: www.spurensuche.de)

Kompetenzen des Seelsorgers

Aus den Schritten einer begleitenden Seelsorge lassen sich notwendige Eigenschaften und Kompetenzen des Priesters und Seelsorgers ableiten. Sie seien hier als Zielbilder aufgezählt, wohl wissend, dass jedem Einzelnen immer weitere und neue Entwicklungsmöglichkeiten auf diese Bilder hin im Laufe seines Lebens geschenkt werden.

Beziehungsfähigkeit: Der Priester soll einer sein, der gerne auf andere zugeht, um Gemeinschaft anzubieten. Er wird sich nicht auf eine formal richtige, „wahre" Verkündigung zurückziehen. Er weiß, dass das Zeugnis des Glaubens und der einladende, menschenfreundliche Zeuge sozusagen ein untrennbares Wirkungspaket darstellen.

Aufmerksamkeit: Will der Priester Hilfestellungen zur Suche nach den Spuren Gottes im Leben der Menschen geben, muss er ein Zuhörender sein. Wie die bekannte Figur „Der Hörende" von Ernst Barlach zeigt, wird er ein großes Ohr für die Anliegen der Menschen haben. Für den Begleitungsprozess nutzt es nichts, allgemein zu wissen, „wie wohl die Menschen denken" oder „wie die Menschen so leben". Er benötigt die Fähigkeit, die jeweils einmalige und nicht auf einen allgemeinen Nenner zu bringende Situation einzelner Menschen oder Gruppen aufnehmen und würdigen zu können und zu wollen. Dazu gehört auch die Fähigkeit, andere zum Erzählen ihres Lebens einladen und animieren zu können.

Herzlichkeit: Der Priester wird sich das, was ihm die Menschen erzählen, zu Herzen gehen lassen. Eine wichtige Eigenschaft und Fähigkeit ist die bereits angesprochene Empathie. In einem Gespräch fördert er eine Atmosphäre, in der die Menschen sagen und erleben: „Hier kann ich mich vertrauensvoll aussprechen und mein Problem oder mein Leben anschauen." Seit alters her wird das „Herz" als Sitz der Empfindungen verstanden. Herzlichkeit bedeutet also, dass sich der Seelsorger das Leben der Menschen „zu Herzen nimmt".

Theologe sein: Seelsorge ist keine wertfreie Begleitung, sondern orientiert sich, findet ihr Maß und ihre Ausrichtung am Wort Gottes und dem Erfahrungsschatz der Kirche. Wenn auch Menschen nicht von ihrem Pfarrer verlangen, ein herausragender Theologe zu sein, so muss er dennoch für eine notwendige und gediegene Unterscheidung der Geister im wahren Sinn des Wortes theologisch gebildet sein. Er muss für sich die Grundlinien des Glaubens verstanden haben und immer neu begreifen, um sie, wie Jesus bei den Emmausjüngern, als „Deute-Material" in die Suchprozesse der Menschen einbringen zu können.

Spiritualität: Dieses Wissen darf aber nicht nur lexikalisch durch seinen Verstand gegangen sein, sondern muss in seinem Herzen eine Heimat gefunden haben. Nur wenn die Theologie und der Reichtum der Tradition der Kirche in ihm Platz haben und leben, kann er aus einem geistlichen Fundus für andere schöpfen.

Glaubenssprache: Damit hängt die Fähigkeit zusammen, die theologische Sprache in eine Glaubenssprache überführen zu können. Würde er den Menschen nur die Sonderwelt der theologischen Sprache präsentieren, würde er weitgehend Unverständnis ernten. Vielmehr müssen zu jeder Zeit, nicht zuletzt wegen des Bedeutungswandels vieler Begriffe, neue Sprachmuster und Sprachbilder gefunden werden, um den Glauben und die Glaubenserfahrung so ausdrücken zu können, dass es die Menschen verstehen und annehmen können.

Prophetische Deute-Kompetenz: Aus dem großen Schatz des Glaubens, aus dem reichen Vorrat wie der gute Hausvater das jeweils passende Neue und Alte hervorholen zu können (Mt 13,52), bedarf es einer hohen prophetischen Kompetenz des Priesters. Nur wenn er in sich diese Kompetenz entdeckt, fördert und wachsen lässt, kann er auf die Situation der von ihrem Leben erzählenden Menschen eine vom Glauben getragene Antwort anbieten. In dieser Fähigkeit, von der wir glauben, dass sie letztlich Gabe des Geistes Gottes ist, fließen die anderen genannten Kompetenzen zusammen. Die prophetische Lebensdeutung kann nicht wie ein didaktischer Trick erlernt werden. Sie muss organisch im Seelsorger wachsen und sich für die Menschen als ein authentischer Vorgang erweisen. Die Menschen spüren intuitiv über kurz oder lang, ob jemand vom Geist Gottes beseelt ist, oder nur „Schaum schlägt".

Geduld: Das Wachstum geistlichen Lebens und die Entdeckung von Gottes Spuren im Leben sind ein sehr langsamer Prozess. Plötzliche, das Leben verändernde Bekehrungen gibt es, doch wird der

Priester in der Regel ein geduldiger und abwartender Begleiter sein müssen. Einsichten, die in einem oder in vielen Gesprächen gewonnen werden, werden nicht automatisch zum Habitus eines Menschen. Viele Einsichten und Vorsätze werden im Sand verlaufen, andere in den Hecken des Lebens überwuchert, einige sich aber auch im Leben als tragfähig erweisen.

Geistliche Freude: Damit ein Priester auf die Dauer gerne seinen Dienst verrichten und seine Schwestern und Brüder im Glauben aufbauen und stärken kann, muss er ein froher und glücklicher Mensch sein. Damit ist nicht eine allgemeine Lebensfreude gemeint, sondern eine geistliche Freude darüber, wie der Glaube in den Herzen der Menschen wächst. Gemeint ist ein geistliches Glück, das er empfindet und das sich in seinem gesamten Lebensgefühl niederschlägt, wenn Menschen sich ihm gegenüber öffnen und den Glauben begreifen lernen. Wenn sich das für einen Priester prägender und nachhaltiger auswirkt als beispielsweise das Lob für andere gelungene Tätigkeiten, dann ist er ein geistlicher Mensch, ein Geistlicher.

☞ *Welche dieser Eigenschaften halte ich für besonders wichtig?*
Welche Reihenfolge würde ich für mich und meine seelsorglichen Aufgaben erstellen?
In welchen Kompetenzen wünsche ich für mich selbst mehr Wachstum?

6.

Sechste Säule: Liturge sein

In den folgenden Überlegungen zur sechsten Säule des Priestertums können nicht alle Aspekte der Liturgie und des priesterlichen Dienstes als Liturge erörtert werden. Geschichtliche Perspektiven, kirchenrechtliche Aspekte wie die Rubriken für die gottesdienstlichen Feiern, das Approbationsrecht für liturgische Texte und Formen, die Vielfalt der Riten oder theologische Implikationen müssen zurückstehen. Vielmehr soll sich dieser Säule wiederum induktiv genähert werden, von einer Außenansicht her, vom Erleben des Priesters selbst und vom Erleben der Gemeinde her.

Der Weg in die Feier der Liturgie als Priester ist ein sehr langer. Für die meisten beginnt er mit den Erfahrungen als Kind. An der Hand der Eltern besuchte der Kleine die Gottesdienste. Nicht selten war Gottesdienst gleichbedeutend mit Langeweile und Nichtverstehen der liturgischen Handlungen. Ebenfalls für die meisten begann das „liturgische Leben" neu mit der Vorbereitung auf die Erstkommunion und dem folgendem Dienst als Ministrant. Selbst nahe dabei zu sein, selbst etwas tun zu können, selbst Liturgie mitgestalten zu können, sich in Rituale einzufügen – das war eine eigene Welt. Außerdem gab es so etwas wie eine Ministrantenkarriere. Langsam arbeitete man sich hoch vom „Auszubildenden" zum Flamboträger, zum Akolyth, zum Diener am Altar, dann zum Dienst mit dem Rauchfass. Die Krönung war die Übernahme der Regie als Zeremoniar und das Amt des Oberministranten.

Bei einer solchen liturgischen „Laufbahn" bleibt es nicht aus, dass sich bei dem Jungen und Jugendlichen irgendwann während des Dienstes am Altar die Sehnsucht einstellt, selbst den Gottesdienst leiten zu können. Diese Sehnsucht ist ein Zeichen dafür, dass dieser Dienst ihm etwas bedeutet und ihn reizt. Der Gottesdienst ist eine Erfahrung, die es im sonstigen Leben nicht gibt.

Doch schieben sich in diese Sehnsucht bekanntermaßen andere Lebenserfahrungen ein. Viele Ministranten versehen weiter treu ihren Dienst, doch Priester, genauer: Liturge zu werden, schwindet aus der Liste der persönlichen Optionen. Doch bei einigen kristallisiert sich ein Selbstbild heraus, in dem die Feier der Eucharistie ein wichtiger Bestandteil ist.

Der persönliche Weg des Priesters

So oder ähnlich sieht es wohl für die meisten aus, die den Weg ins Priesterseminar suchen. Allerdings berichten Regenten, dass zunehmend auch solche an die Tür des Seminars anklopfen, die weniger oder gar nicht kirchlich oder liturgisch sozialisiert sind.

Nun kommt der Einwand: Ja, aber – Priester sein bedeutet nicht nur, Liturge zu sein. Richtig! Wenn man die Säulen des Priestertums betrachtet, ist es selbstverständlich, dass jene durch die Liturgie geförderten Motive, Priester zu werden, ergänzungsbedürftig sind. Doch sollten sie in ihrem Eigenwert zunächst gewürdigt werden. Wenn die Energie und der Anstoß aus den genannten Erfahrungen stammen, sollte man sich zuerst freuen.

☞ *Wie war mein persönlicher Zugang zur Liturgie, besonders zur Eucharistiefeier?*
Wie wichtig war das Erleben der Liturgie für die Entscheidung, Priester zu werden?

Das, was einem persönlich wichtig ist, wofür man sein ganzes Leben einsetzt, das möchte man auch gerne an andere weitergeben. Priestern, die einen langen und oft schweren Entscheidungsweg hinter sich haben, denen ihr Dienst immer wertvoller wurde, geht es so ähnlich wie Eltern. Auch sie möchten ihre Lebensweise und Überzeugungen weitergeben, müssen aber feststellen, dass ihre Kinder oft eigene Wege suchen und gehen. Ihre Lebensart und Weltanschauung sind ein Angebot an die nächste Generation, das diese annehmen oder verwerfen kann.

Der Vergleich zwischen Priestern und Eltern lässt sich direkt auch auf die Wertschätzung der Liturgie übertragen. Eltern, denen die sonntägliche Eucharistiefeier ein großes Anliegen ist, leiden darunter, wenn ihre Kinder die Mitfeier verweigern oder sich als Jugendliche und Erwachsene ganz von der Kirche abwenden. Ihnen bleibt nur der Trost, dass das, was sie in die Herzen ihrer Kinder eingepflanzt haben, irgendwann doch einmal Früchte tragen kann.

Wie können nun die, denen Kirche, gelebter Glaube und Liturgie Herzensanliegen sind, die gegenwärtige kirchliche und gesellschaftliche Realität anschauen und begreifen?

Der Kitt einer Gesellschaft

Eine erste Überlegung ist, dass Religion, die sich wesentlich in ihren gottesdienstlichen Feiern ausdrückt und öffentlich zeigt, soziologisch gesehen zu den Komponenten gehört, die man als Kitt einer Gesellschaft bezeichnen kann. Zu diesen gehören solche, die quer durch alle gesellschaftlichen Gruppen, Schichten, Parteien und Lebensentwürfe Menschen mobilisieren, zusammenbringen und Aspekte des Lebens feiern lassen. Dazu gehören die Feiern von Festen wie etwa der Karneval oder das Oktoberfest, der Sport, einige Vereinsarten wie etwa die Schützenvereine in manchen Gegenden – und die Religion.

Sie alle haben untereinander verblüffende Ähnlichkeiten. Sie bewegen hochemotional die Menschen, die an ihren Feiern teilhaben. Sie haben die Tendenz, die Menschen nicht nur für die jeweilige Aktivität, etwa einen Karnevalsumzug, zu sammeln, sondern durch intensive gemeinsame Erlebnisse eine Fangemeinde zu bilden. Sie entwickeln Rituale, in denen sie sich selbst und bestimmte Aspekte des Lebens zelebrieren. Sie bilden Hierarchien aus, deren Spitzen Zeit, Form und Inhalt der Feiern bestimmten oder vertreten. Sie pflegen ihr Image und Ansehen, haben aber auch ihre Skandale und Korruptionsfälle, über die sich die gesellschaftliche Öffentlichkeit ausführlich austauscht und aufregen kann. Die Analogien zur Religion brauchen nicht im Einzelnen ausgeführt zu werden.

Interessant ist, dass es zwischen diesen gesellschaftlich relevanten „Kitt-Komponenten" Verflechtungen und Kooperationen gibt. So werden beispielsweise in Fußballstadien Kapellen eingerichtet, damit die Fans in der „Kathedrale" des Vereins liturgisch vollziehen können, was ihnen wichtig ist. Oder bei einem wichtigen Fußballspiel des regionalen Vereins sitzen hohe kirchlicher Würdenträger auf der Tribüne, um die Nähe der Kirche zur Fußballseele zu dokumentieren. Umgekehrt beteiligen sich Vereine an kirchlichen Veranstaltungen wie Prozessionen oder begehen „Jahrgänge" ihre Jubiläen mit einem Gottesdienst.

Bindungskraft der Religion

Während diese gesellschaftlichen Strukturen nach wie vor in relativ hohem Maße vor der Öffentlichkeit existieren, hat im individuellen Empfinden vieler Menschen ein Fremdeln mit der Religion eingesetzt. Vielleicht kann man noch nicht überall im Blick auf das Christentum von einer „kalten Religion", doch aber von einer deutlich sich abkühlenden Religion sprechen. Während zum Beispiel der Sport auch weiterhin kontinuierlich die Nation oder Region in Atem hält, nach wie vor Fastnachtskampagnen über Wochen hinweg große Volksmassen in Sitzungen und Umzügen bewegen und das Münchner Oktoberfest inzwischen in allen Erdteilen seine Nachahmer gefunden hat, nimmt der Innenerlebniswert der christlichen Kirchen in unseren Breiten deutlich ab.

So sind nach wie vor große Kinderscharen etwa in Sport und Karneval involviert. Diese Bindungskraft besitzen aber die Kirchen mit ihren Gottesdiensten immer weniger. So steht für viele Kinder, die in einem Sportverein gebunden sind, die Entscheidung an, ob sie am Sonntagvormittag Wettkämpfe ausgetragen oder den Gottesdienst besuchen sollen. Letztlich entscheiden die Vorgaben der Eltern das Verhalten der Kinder. Wie dieses sich entwickelt, ist offensichtlich. Sportliche Ertüchtigung steht im Ranking der Bildungsoptionen deutlich über der religiösen Erziehung. 68 Prozent der deutschen Eltern wollen ihren Kindern eine gesunde Lebensweise mit auf den Weg geben, nur 23 Prozent legen auf religiöse Bildung Wert (Chancengleichheit 2012).

Fragen zu den gottesdienstlichen Feiern

Diese Beobachtungen tun denen, die die Kirche lieben, weh. Für sie werden die Zählsonntage darum in den Gemeinden zu einem masochistischen Unternehmen. Die Ergebnisse fühlen sich an wie Abschreibungen, die eine Bank bei Verlusten am Ende eines Jahres vornimmt. Zugleich werden sie zu einem Wettbewerb zwischen Pfarreien und Pfarrern. „Wie viele kommen bei euch noch?", lautet die Frage, die im Blick auf die Zahlen der Gottesdienstbesucher, aber auch bezüglich der Kasualien im Hintergrund quält. Nicht selten greifen Pfarrer zur Aufbesserung der Statistik zu Tricks, indem sie „völlig absichtslos" am Zählsonntag die Vorstellung der Erstkommunionkinder und Firmlinge ansetzen und dazu Eltern, Großeltern, Freunde und Verwandte einladen.

Solange Menschen in einem relativ geschlossenen konfessionellen Milieu leben, steht der Gottesdienstbesuch nicht auf dem Prüfstand. Er ist eine selbstverständliche Funktion des Lebens und besitzt eine Plausibilität in sich. Je bunter, differenzierter und widersprüchlicher das Sinn- und Lebensangebot in einer Gesellschaft wird, desto mehr muss diese Plausibilität erst hergestellt werden.

Die Plausibilität der Gottesdienste entscheidet sich heute letztlich an deren gefühlten Lebensrelevanz. „Hilft mir das Angebot, mein Leben besser, spannender, erlebnisreicher und sinnerfüllter zu leben?" wird zum obersten Entscheidungskriterium. Bei der Beantwortung dieser Frage ist in unserer offenen Gesellschaft der Angebotswettbewerb gnadenlos.

Liturgie einfallsreicher und durch einen größeren Einsatz von Medien und Aktionen attraktiver zu gestalten, reicht nicht aus. Da meist andere „Anbieter" besser ausgestattet sind und ein professionelleres Entertainment betreiben, hat das Gottesdienstangebot ausgesprochen schlechte Karten. Mit der Unterhaltungsperfektion der allgegenwärtigen Medien kann ein Ortspfarrer kaum mithalten.

Außenansicht an sich herankommen lassen

Gegen diese Sichtweise und Einordnung der sonntäglichen Eucharistiefeier stehen viele kircheninterne Argumente: Wir wollen die Menschen nicht unterhalten oder ihnen eine Show anbieten. Vielmehr feiern wir unseren Glauben. Der, der die Mitte unseres Glaubens ist, wird gegenwärtig. Dieses Mysterium ist uns zu heilig und zu wichtig, als dass es mit Sport, Vereinsleben oder Karneval verglichen werden könnte. Es bedeutet eine völlig andere

Dimension des Lebens und will darum nicht mit oberflächlichem Spaß konkurrieren.

Ja, es tut ausgesprochen weh, ein Fußballspiel am Sonntagvormittag als Alternative zur Eucharistiefeier hinnehmen zu müssen. Das Problem ist: Unser Protest und unsere Einwände nützen wenig, denn die Menschen entscheiden sich einfach nach ihren eigenen Kriterien.

So sind wir aufgefordert, den Umgang der Menschen mit den kirchlichen Angeboten und Gottesdiensten zunächst einmal wahr-, ernst und anzunehmen, um dann die Frage danach zu stellen, wie eine neue Hinführung zu dem „Höhepunkt, dem das Tun der Kirche zustrebt" und zu der „Quelle, aus der all ihre Kraft strömt" („Sacrosanctum Concilium" 10) möglich sein könnte.

☞ *Wie schätze ich Religion als Kitt in unserer Gesellschaft ein?*
Wie erlebe ich das Miteinander von Vereinen, Sport, weltlichen und kirchlichen Festen?
Wie geht es mir mit der Erfahrung, dass Glaube in unserer Gesellschaft an Bedeutung verliert?

Erstkommunion oder Erstevangelisierung

Beispiel Vorbereitung auf die Erstkommunion: In einer Gesellschaft, in der kirchliches Leben selbstverständlich war, wurden die Kinder von ihren Eltern in den Glauben und die Glaubenspraxis mit täglichem Gebet und sonntäglichem Gottesdienstbesuch eingeführt. Die Erstkommunionvorbereitung konnte auf dieser Glaubenspraxis aufbauen und brauchte nur das zu ergänzen, was für dieses Initiationssakrament wichtig ist.

Die heutige Praxis der Vorbereitung auf die Erstkommunion tut so, als seien die Voraussetzungen dieselben wie in geschlossenen katholischen Milieus, und leidet und bejammert zugleich, dass die Voraussetzungen gar nicht vorhanden sind. Nähme man die tatsächliche Situation ernst, wäre keine Erstkommunionvorbereitung angesagt, sondern eine Alphabetisierung im Glauben, eine Erstevangelisierung. Wir tun aber weitgehend so, als könnten die Kinder sofort in das tiefste „Geheimnis des Glaubens“ einsteigen, derweil für die meisten von ihnen die Existenz Gottes noch nie Thema war und dieses Thema in ihrem Lebensumfeld, außer im Religionsunterricht, keine Rolle spielte.

Differenzierung in den Gottesdienstformen

Das bedeutet, dass eigentlich eine deutliche Differenzierung in den gottesdienstlichen Angeboten und in der Hinführung zur Eucharistiefeier stattfinden müsste. Dabei geht es nicht darum, den Menschen etwas vorenthalten zu wollen, sondern darum, ihnen das zukommen zu lassen, was sie wirklich wünschen und erwarten.

Angewandt auf die Feier der Erstkommunion bedeutet das: In jeder Gemeinde gibt es Kinder, die mit ihren Familien in einer hohen Identifizierung mit der Kirche leben, welche sich in einer Zugehörigkeit zu der Gemeinde, in der Teilnahme an Gottesdiensten und im Gebet zu Hause manifestiert. Für diese Kinder gilt es nach wie vor, eine direkte Vorbereitung auf den Empfang der Eucharistie zu gestalten.

Für Kinder, die keinen kirchlichen Hintergrund mitbringen, außer dass sie aus Familientradition getauft wurden, eignet sich dagegen die Vorbereitung auf den Empfang der Erstkommunion nicht, sie in den Glauben einzuführen. Sie sprechen über biblische Geschichten, die sie zum Teil aus dem Religionsunterricht bereits kennen, und über den Aufbau der Eucharistiefeier, ohne dass ein echter Sozialisierungsprozess hinein in die Gemeinde und ein personales Verhältnis zu Jesus Christus entstehen. Diesen Kindern entspräche viel mehr, dass sie beispielsweise zu einer feierlichen Segensfeier mit Übergabe des Vaterunsers und einer Bibel geführt würden. Um der Feierlichkeit willen könnte diese Feier durchaus in besonderen Kleidern stattfinden. Aus diesem Anlass könnten die Familien ein Fest gestalten, sodass eine Tradition, deren sich viele durchaus noch bewusst sind, fortgesetzt würde. Anschließend könnte eine Weiterführung für die Kinder angeboten werden, die tiefer in den Glauben hineinwachsen möchten.

Das könnte eine Praxis sein, die einer großen Umstellung in den Gemeinden bedürfte. Weil wir aber Angst vor Protest und ehrlichem Umgang mit dem haben, wozu die Menschen wirklich bereit sind, nehmen wir in jedem Jahr nach großem Einsatz die Enttäuschung hin, dass die Erstkommunion für viele doch eher ein schönes Fest mit folkloristischem Anstrich ist und keine Konsequenzen für eine Glaubenspraxis hat.

Zugang zu den Sakramenten

Das Gefühl der Ohnmacht und Enttäuschung bei vielen Priestern und pastoralen Mitarbeiterinnen und Mitarbeitern wird nicht nur bei der Vorbereitung auf die Erstkommunion ausgelöst. Ähnliche Erfahrungen machen sie bei der Vorbereitung und Feier der Kasualien. Der Grundsatz, niemandem die Taufe oder die kirchliche Eheschließung zu verweigern, der diese empfangen möchte, mag richtig sein. Die Frage ist aber, ob die Menschen jeweils wirklich das empfangen bzw. vollziehen möchten, was die Kirche unter dem jeweiligen Sakrament versteht.

So versteht die Kirche die Ehe als ein Sakrament, als ein Mysterium (τὸ μυστήριον τοῦτο μέγα ἐστίν – Eph 5,32), das die Liebe Gottes zu den Menschen und die enge Verbindung Christi und der Kirche ausdrückt, darstellt und realisiert. In diesem Sakrament verwirklicht sich also wie in allen Sakramenten die Kirche selbst. Ohne rigoristische Ansprüche zu stellen, bedeutet das doch: Paare, die eine sakramentale Ehe schließen möchten, müssten eine enge Beziehung zu Jesus Christus und der Kirche sowie Formen haben, in denen sie diese Beziehung leben, etwa im Gebet.

So mancher Priester bekommt, wenn er sich diese durchaus nicht übertriebenen Bedingungen überlegt, im Blick auf seine eigene Traupraxis Beklemmungen. Extreme Konsequenzen aufgrund dieser Einsicht sind auf der einen Seite, dass manche Priester eigentlich keinen Trauungen mehr assistieren wollen, oder auf der anderen Seite die Resignation: „Neun von zehn Paaren wollen doch gar nicht das, was die Kirche unter Ehe versteht. Ich mache den Paaren und mir selbst keinen Stress mehr. Sie bekommen einfach das, was sie wollen." Wäre nicht auch hier ein gestufter Weg zur sakramentalen Ehe notwendig?

Beerdigung und Erstevangelisierung

Relativ einfach gestaltet sich dagegen der Umgang mit kirchlichen Beerdigungen. Außer in geschlossenen katholischen Gegenden sind Beerdigungen inzwischen tatsächlich Gelegenheiten zu einer Erst- oder Neuevangelisierung. Bei Beerdigungen kommen Menschen zusammen, die durch den Tod des Verstorbenen einerseits mit Trauer erfüllt, andererseits aber mit dem Gedanken an die eigene Sterblichkeit konfrontiert sind. Für beides suchen die Menschen eine Deutung und einen Sinn.

Der beerdigende Priester weiß in der Regel, wie groß oder gering die Beziehung des Verstorbenen und dessen Angehörigen zum Glauben ist. Hier hat er Gelegenheit, adäquat für die jeweilige Trauergemeinde vom Herzstück des christlichen Glaubens zu sprechen: vom Tod und der Sehnsucht nach ewigem Leben sowie von Tod und Auferstehung Jesu. Da hier keine sakramententheologischen Vorgaben eine Rolle spielen, kann er freier und an der jeweiligen Situation orientiert handeln und sprechen.

Verwalter der Sakramente

Vor der Priesterweihe fragt der Bischof nach der Bereitschaft der Weihekandidaten, „die Mysterien Christi, besonders die Sakramente der Eucharistie und der Versöhnung, gemäß der kirchlichen Überlieferung zum Lobe Gottes und zum Heil seines Volkes in gläubiger Ehrfurcht zu feiern". Mit ihrem Versprechen „Ich bin bereit" geben sie ihre Zustimmung, treue „Verwalter" der Sakramente zu sein.

Wie der realistische Blick auf die gegenwärtige pastorale Situation zeigt, kann es für den einzelnen Priester zu einer großen Herausforderung und zu einem „echten Kreuz" werden, die Sakramente in der versprochenen Weise zu verwalten und zu spenden. Er steht zwischen der Anforderung, das zu tun und zu verkünden, was die Kirche mit dem jeweiligen Sakrament meint, und der Anforderung, dem Heil des Volkes zu dienen. Letzteres ist aber doch so zu verstehen, dass das, was die Menschen an Identifikation mit der Kirche leben möchten, ernst genommen werden soll. So kann die Begleitung und Vorbereitung auf ein Sakrament für den Priester zu einer inneren Zerreißprobe werden.

Geistlich mit der Realität umgehen

Bei der Frage, wie der Priester mit dieser Spannung zwischen Anspruch und Wirklichkeit umgehen kann, soll nun keine voreilige Spiritualisierung der Situation vorgeschlagen werden. In den kommenden Jahren müssen sich alle Verantwortlichen auf allen Ebenen zu Entscheidungen durchringen, die dieser Situation gerecht werden. Zu diesen Verantwortlichen zählen die Bischöfe mit ihren Priestern und hauptamtlichen und ehrenamtlichen Mitarbeitern, die Bischofskonferenzen und, da es auch um sakramentenrechtliche Grundsätze geht, die Gesamtkirche.

Doch diese Entscheidungen werden kaum in einem schnellen Durchgang fallen, sondern sich in einem langen Diskussionsprozess herausschälen. Bis dahin werden wohl viele Versuche gestartet, neue Wege in der Gestaltung der Sakramentenpastoral zu gehen.

Elemente einer geistlichen Haltung der Einzelnen, diese Situation zu bewältigen, können sein:

- in einer großen Solidarität mit der Gesamtkirche keine Alleingänge inszenieren,
- zugleich aber mit einer geistlichen Ungeduld auf eine Weiterentwicklung drängen,
- Vorschläge und gelungene Projekte in die Diskussion einbringen,
- in der eigenen Gemeinde mit allen Beteiligten offen und ehrlich die Situation ansprechen,
- in der Begleitung Einzelner mehr darauf achten, wohin die Sehnsucht der Menschen geht, als auf kirchlicher Korrektheit zu bestehen,
- gemeinsam um den Heiligen Geist beten, damit positive, „dem Heil der Menschen“ dienende Wege gefunden werden.

☞ *Wie bewältige ich für mich die Diskrepanz zwischen dem, was die Kirche mit ihren Sakramenten, besonders der Eucharistie, feiert, und dem, was die Menschen verstehen und mitvollziehen können?*

Was wünsche ich mir von den Verantwortlichen in der Kirche und in meinem Bistum?
Wie möchte ich für mich die erlebten Spannungen geistlich sehen und verarbeiten?

An das Geheimnis Gottes rühren

Trotz der notwendigen Problematisierung der gegenwärtigen Glaubenssituation und trotz der Frage nach der Liturgiefähigkeit der Kinder und Erwachsenen heute bleibt in jeder Gemeinde die Erfahrung, dass sich gläubige Menschen treffen, um das Geheimnis ihres Glaubens Woche für Woche, ja sogar Tag für Tag zu feiern. Immer weniger Menschen nehmen nur aus Tradition oder Gruppenzwang an der sonntäglichen Eucharistiefeier teil. Viele oder die meisten verstehen ihre Teilnahme als „participatio actuosa", als eine bewusste, fruchtbare, aktive und volle Teilnahme als lebendige Glieder der Gottesdienstgemeinde. Diese Beschreibung in „Sacrosanctum Concilium" Nr. 14 wird dort immer realistischer, wo Menschen sich aus freier Entscheidung zur Teilnahme an der Liturgie entscheiden.

Diese lebendige Teilnahme ist die Bedingung für die „ars celebrandi", die dem ganzen, sich versammelnden Volk Gottes aufgegeben ist. Alle Gläubigen gemeinsam sollen, so Papst Benedikt XVI. in seinem nachsynodalen Schreiben 2009 „Sacrosanctum caritatis" (Nr. 38 und 40), ein Gespür für das Heilige erlangen. Äußere Formen, die Harmonie des Ritus, die liturgischen Gewänder und die Ausstattung des Gottesdienstortes sollen dazu beitragen, dass die Gläubigen äußerlich wie innerlich an dem heiligen Geschehen beteiligt sind und das Mysterium der Eucharistie erfahren.

Dieses Verständnis geht weit über ein Verständnis von Liturgie hinaus, gemäß dem der Priester die Messe zelebriert und die Gläubigen diese „mit Andacht hören". Dennoch spielt der Zelebrant in der Feier eine entscheidende Rolle, da er der Feier vorsteht und in persona Christi handelt. Darum ist auch die ars celebrandi in besonderer Weise ihm aufgegeben.

Ein Aspekt der priesterlichen Aufgabe als Liturge in der Eucharistiefeier soll exemplarisch etwas intensiver betrachtet werden.

Verschiedene Grade der Ritualisierung

Betrachtet man nacheinander die einzelnen Elemente der Eucharistiefeier, werden verschiedene Grade der Ritualisierung und der Festlegung, welche Texte gesprochen oder gesungen werden, deutlich. So gibt es frei zu gestaltende Elemente neben Einzelriten, die in ihrer Form und ihrem Inhalt mehr oder weniger festgelegt sind (Brantzen, 1993, 295 ff.).

In eher freier Kommunikation werden die persönliche Begrüßung zum Beginn der Eucharistiefeier, die Predigt sowie die Vermeldungen und die Verabschiedung am Ende des Gottesdienstes gestaltet. Demgegenüber gibt es für andere Elemente wie Bußakt, die Art des Vortrags der Lesungen und Antwortgesänge oder den Dank nach dem Empfang der Kommunion zwar Vorgaben, die aber eigen geprägt werden können. Eine dritte Art bilden streng ritualisierte Elemente, die in Inhalt und Form nicht verändert werden dürfen, so besonders das Hochgebet.

Dramaturgie des Hochgebetes

Betrachtet man die Schritte des Hochgebetes, wird eine regelrechte Dramaturgie deutlich, die auf einen Höhepunkt zusteuert. Zu Beginn des Hochgebetes wird in einem responsorischen Teil die Gemeinde auf die Mitte der Eucharistiefeier vorbereitet. Mit der Präfation, die der Priester alleine vorträgt, wird deutlich, dass er nun als amtlicher Leiter der Feier fungiert. Im Sanctus stimmt die Gemeinde in das priesterliche Gebet noch einmal ein. Sie signalisiert damit, dass das, was der Priester nun vollzieht, von der ganzen Gemeinschaft der Gläubigen getragen und unterstützt wird.

Die Epiklese bedeutet dann aber einen deutlichen Einschnitt. Indem über die Gaben von Brot und Wein der Heilige Geist herabgerufen wird, dies rituell-gestisch durch die Ausbreitung der Hände und den Segen über die Gaben verdeutlicht wird, gibt der Priester symbolisch die Macht des Handelns ganz an den Heiligen Geist ab. In der Konsekration der Gaben ist nicht der Priester, sondern Gott selbst der eigentlich Handelnde. Die Rolle des Priesters ist in diesem Vorgang, als Stellvertreter der Gemeinde und als Leiter des Gottesdienstes diese Übergabe der Gaben zu vollziehen.

Der folgende Einsetzungsbericht besitzt eine Doppelstruktur: Einerseits findet eine Berichterstattung über das Abendmahlsgeschehen statt, andererseits wird gleichzeitig der Inhalt des Berichtes ikonisch dargestellt. Die szenische Folge besteht darin, dass der Priester Brot und Kelch – wie er es berichtet – in die Hand nimmt und dann die Worte über Brot und Wein spricht, die Jesus sprach. Der Priester spricht die Worte, die bereits im Einsetzungsbericht als Zitat, nämlich als Zitat der Worte Jesu, ausgewiesen sind. Im Zitat des Zitates mit der gleichzeitigen Darstellung der Handlung wird eine Gegenwärtigkeit des Inhaltes des Einsetzungsberichtes erreicht, die kaum zu überbieten ist. Im Zeichen des gesprochenen Wortes ist der, der spricht, Jesus Christus selbst.

So wird im zeichenhaften Vorgang bereits vollzogen, was der Ritus als Ganzer aussagen will: Jesus ist unter den Gestalten von Brot und Wein gegenwärtig, wie er personal im Abendmahlssaal gegenwärtig war. So wird der Ritus zu einem „signum rememorativum" und zugleich zu einem „signum demonstrativum" der realen Präsenz Jesu Christi.

Diesem Vorgang wird zudem eine Bedeutung mitgegeben, die Jesus dem Abendmahlsritus gab. Das gebrochene Brot (wenn die Zeichenhandlung des Brechens auch erst später im Gottesdienstverlauf stattfindet) und das vergossene Blut erhalten die Widmung: „für euch" und „für euch und für viele". Das Ziel der Hingabe für die Menschen ist die Vergebung der Sünden. Indem diese Widmung ausgesprochen wird, wird der unmittelbare Bezug des Geschehens zur versammelten Gemeinde deutlich. Sie gehört zu denen, um derentwillen das Leben Jesu zerbrochen wurde.

Und noch eine weitere Dimension wird angesprochen: „Tut dies zu meinem Gedächtnis." Im Aussprechen dieses Satzes treffen sich der Auftrag, der in der Vergangenheit gesprochen wurde, und der Auftrag, der im Ritus als neu erteilter Auftrag gegenwärtig wird. Zugleich ist aber der Ritus selbst auch Erfüllung jenes Auftrags in der Gegenwart.

Die ganze Gemeinde akklamiert und ratifiziert für sich das Geschehen, indem sie dieses „Geheimnis des Glaubens" ausdrückt: „Deinen Tod, o Herr, verkünden wir, und deine Auferstehung preisen wir, bis du kommst in Herrlichkeit." Im letzten Teil dieser

Akklamation anerkennt die Gemeinde, dass dieses Zeichen von Brot und Wein auch ein „signum prognosticum“ ist.

Die Rolle des Zelebranten

Mit dieser Analyse des Hochgebetes bis zum Einsetzungsbericht wird die innere Mitte dessen deutlich, was „in persona Christi agere“ meint. Der Priester ist in seinem Dienst zwar immer zur Darstellung Jesu Christi gerufen. An dieser Stelle der Eucharistiefeier aber wird die letzte Konsequenz des Dienstes klar: Die Hingabe Jesu samt deren Widmung für die Menschen wird im Ritus gegenwärtig. Der, der Jesus Christus dazu seine Stimme für die Worte und seine Hände für die ikonische Darstellung leiht, ist zu eben dieser Hingabe berufen.

Hier zeigt sich die Grenze der Beschreibung, der Priester erfülle eine Rolle im Gottesdienst. Er ist eben kein Schauspieler, der im Rahmen seiner Rolle Worte spricht und szenisch etwas darstellt. Wenn ein Schauspiel zu Ende ist, ist auch die Rolle des Schauspielers beendet. In der Eucharistiefeier geht sozusagen die Rolle des Priesters in seine Person ein.

Alle Reflexionen über die Berufung zur Heiligkeit finden hier ihre Sinnspitze. Der Priester ist ja kein leeres Rohr, durch das die Stimme Christi hindurchtönt. Er ist Person, die in diesen Dienst an der Vergegenwärtigung des Pascha-Mysteriums genommen ist. Darum bedeutet seine Hingabe an Jesus Christus auch nicht, dass er mit seinem Menschsein, mit seinen Eigenschaften und Fähigkeiten, auch mit seinen Unzulänglichkeiten und Fehlern aufhört, als er selbst zu existieren. Hingabe meint Hineingabe seiner selbst in die Person Jesu, bedeutet, sich von ihm und von seinem Dienst anstecken zu lassen.

Das hat Konsequenzen für das Leben und die Lebensführung des Priesters allgemein, aber auch für die Gestaltung der Liturgie. Als Liturge ist er gerufen, sich auf diese Innenseite der Eucharistiefeier einzulassen. Die Gegenwart Jesu kann er nicht durch eigene, vermeintlich bessere Worte oder Rituale verdeutlichen. Es ist darum sinnvoll und notwendig, dass er sich auf die Kirche verlässt, die als fortlebender Leib Christi ihm Worte, Gesten und Rituale vorgibt.

☞ *Wie erlebe ich persönlich die Quelle und den Höhepunkt des Lebens der Gemeinde und Kirche in der Eucharistiefeier?*
Welche Gedanken denke ich während des Hochgebetes und des Einsetzungsberichtes?
Wie verstehe ich für mich das „in persona Christi agere" im Blick auf die Eucharistiefeier?
Welche Rückmeldungen habe ich in letzter Zeit über die Art meines Zelebrierens erhalten?

Stimmigkeit von Leben und Dienst

Die Person des Priesters und seinen Dienst, besonders seinen Dienst in der Eucharistiefeier, in dieser Weise einander zuzuordnen, ist ein hohes, vielleicht auch erschreckendes Leitbild. Es fordert den ganzen Menschen. Dass damit keine übertriebene Spiritualisierung des priesterlichen Dienstes vorgenommen wird, legt Paulus in seinem Selbst- und Dienstverständnis nahe:

> *„Ich aber bin durch das Gesetz dem Gesetz gestorben, damit ich für Gott lebe. Ich bin mit Christus gekreuzigt worden; nicht mehr ich lebe, sondern Christus lebt in mir. Soweit ich aber jetzt noch in dieser Welt lebe, lebe ich im Glauben an den Sohn Gottes, der mich geliebt und sich für mich hingegeben hat" (Gal 2,19–20).*

Wer der Eucharistiefeier als Priester vorstehen soll und will, kommt nicht umhin, sich mit diesem Text auseinanderzusetzen. Um die Geltung dieser Aussage zu unterstreichen, sei folgender Text hinzugefügt:

> *„Durch den Glauben wohne Christus in eurem Herzen. In der Liebe verwurzelt und auf sie gegründet, sollt ihr zusammen mit allen Heiligen dazu fähig sein, die Länge und Breite, die Höhe und Tiefe zu ermessen und die Liebe Christi zu verstehen, die alle Erkenntnis übersteigt. So werdet ihr mehr und mehr von der ganzen Fülle Gottes erfüllt" (Eph 3,17–19).*

Im Folgenden mögen drei Überlegungen dazu anregen, sich für diese verheißene Fülle Gottes zu öffnen und sich für sie bereitzuhalten.

Erster Beter der Gemeinde

Damit das angesprochene Leitbild des Priesters überhaupt im Blickfeld bleibt, braucht der Priester Zeiten, in denen er sich zum Gebet zurückzieht. In der repraesentatio Christi kann er sich nicht selektiv das aus dem Bild Jesu Christi herauspicken, was er und wie er es möchte. Wesentlich gehört zu diesem Bild, dass sich Jesus alleine an stille Orte begibt, um zu beten und die Zweisamkeit mit dem Vater zu pflegen. Er benötigt offenbar die Stille, um seine Sendung leben zu können.

Das Gebet Jesu hat viele Facetten.

- Es kann einfach ein Ausruhen beim Vater sein (vgl. Mt 14,23).
- Oder er flieht vor der Menschenmenge, zu der er gesprochen hat oder von der er sich bedrängt fühlt, etwa nach der Speisung der Fünftausend (Mt 14,23 pp.).
- Vor seiner Passion wird sein Gebet zur Rechenschaft vor dem Vater,
- aber auch zum großen Fürbittgebet für die Seinen (Joh 17).
- Schließlich wird das Gebet zum angstvollen Flehen vor seinem Leiden und zur Einwilligung in den Willen des Vaters (Mt 26,42 pp.).

All diese Formen und Inhalte des Gebetes sind allen Jüngern Jesu aufgetragen, denjenigen, die die Gemeinde leiten, allen voran.

- Der Priester benötigt das Ausruhen beim Vater wie die Luft zum Atmen. Ruht er nicht mit Jesus und wie dieser beim Vater aus, wird er atemlos und läuft leer.
- Der Priester bedarf der Fähigkeit zu unterscheiden, wann die Zeit zur seelsorglichen Arbeit, wann die Zeit für Ruhe und Entspannung und wann die Zeit zum Gebet ist. Kann er sich nicht aus dem oft überwältigenden Arbeitspensum befreien, wird er orientierungslos und versinkt in der Arbeit. Er rennt wie in einem Hamsterrad und meint, es sei der Weg nach oben.
- Wie der treue Verwalter, braucht der Priester immer wieder Zeit, in der er vor seinem Herrn Rechenschaft ablegt. Dabei gilt es zu bedenken, dass Jesus Christus diese Rechenschaft eigentlich nicht braucht. Der Verwalter selbst braucht sie, um sich zu vergewissern, dass er noch das will und tut, was ihm aufgetragen ist.

- Wenn der Priester mit offenen Sinnen seine seelsorgliche Arbeit wahrnimmt und sie einschätzt, wird er täglich neu entdecken, wie sehr er mit ganzer Kraft arbeiten kann, doch zugleich die Fruchtbarkeit seiner Arbeit von Gott erwarten muss. Darum wird er sich aus Verantwortung denen gegenüber, die ihm anvertraut sind, für diese tatkräftig einsetzen, doch zugleich zum ersten Beter für die Seinen werden.
- Im Leben jedes Priesters gibt es Ölbergstunden. Ein Ölgarten kann die eigene, eingestandene oder uneingestandene Schwachheit, das eigene Versagen und die eigene Kleingläubigkeit sein. In einem anderen Ölgarten erlebt er wenig Erfolg oder sogar Erfolglosigkeit in der Seelsorge. Ein weiterer Ölgarten kann das Leiden mit der Kirche und manchmal auch an der Kirche sein. In diesen Ölgärten geht der Priester am besten wie sein Meister auf die Knie, um vor Gott das ganze Leid herauszuschreien oder dieses Leid schweigend Gott hinzuhalten.
- In allen Gebetsformen und bei allen Inhalten wird der Priester aber immer wieder die Frage nach dem Willen Gottes stellen. Auf manche Fragen wird er eine baldige Antwort finden, auf andere Antworten wird er lange Zeit warten müssen, manche Fragen wird er aber mit ins Grab nehmen, weil sich ihm keine Lösungen zeigen. Immer aber gilt es, das Bewusstsein und den Glauben zu pflegen, dass Gottes Liebe und sein Plan das ganze Leben umfassen.

☞ *Was ist die Gebetsform, die ich am intensivsten pflege?*
Was sind Gebetsinhalte, die ich besonders oft vor Gott bringe?
Wie kann ich für mich begreifen, dass mein Beten ein Gebet in Jesus Christus sein kann?
Was bedeutet für mich das Wort des heiligen Paulus: „Nicht mehr ich lebe, sondern Christus lebt in mir.“
Inwiefern erlebe ich mich als erster Beter meiner Gemeinde, der vor der Weihe vom Bischof gefragt wurde: „Seid ihr bereit, zusammen mit dem Bischof im Gebet, das uns aufgetragen ist, Gottes Erbarmen für die euch anvertraute Gemeinde zu erflehen?“

Identität plus

Eine andere Perspektive des priesterlichen Betens weist auf die Frage hin, wieviel Eigenes in einem Gebet stecken darf, das sich ganz auf Gott und die Person Jesu ausrichtet. In der Eucharistiefeier sind Inhalt und Form der Gebete, besonders die amtlichen Gebete, vorgegeben. Auch das Stundengebet, zu dem der Priester sich bereits bei seiner Diakonenweihe verpflichtete, besteht aus Texten, die andere verfasst haben. Das Bewusstsein, dass viele Generationen vor uns sowie auch Jesus selbst die Worte der Psalmen gesprochen haben, lässt das Gefühl entstehen, in einen breiten Gebetsstrom einzutauchen. Dennoch sind es die Worte, die zunächst andere gesprochen und überliefert haben.

Drei Gebete zu Beginn des Lukasevangeliums geben einen Hinweis, wie sowohl das amtliche wie auch das persönliche Gebet des Priesters gefüllt sein könnten. Im Magnifikat, im Benedictus und im Nunc dimittis lässt Lukas am Beginn seiner Frohen Botschaft Zeugen auftreten, die beten. Alle sprechen in einer für diese Menschen authentischen Weise Worte und Sätze, die zur geschilderten Situation passen. Alle drei sind vom Geist erfüllt und sprechen in diesem Geist ihre Gebete. Maria preist Gott für das Große, das er durch die Menschwerdung seines Sohnes in ihrem Schoß mit ihr tun will. Zacharias preist den Gott Israels, als er nach der Schweigezeit wieder sprechen kann. Der greise Simeon darf am Ende seines Lebens den Messias in den Armen halten und hat damit die Erfüllung seines Lebens erreicht.

Trotz der persönlichen Worte, die alle drei sprechen, bestehen diese Gebete und Lobgesänge fast vollständig aus Zitaten aus den Schriften des Volkes Israel. Diese überaus kunstvollen Textkompositionen zeigen vordergründig die Sprachgewandtheit des Evangelisten, hintergründig aber, wie aus dem Alten die neue Initiative Gottes entsteht und Gott diese Initiative durch die Menschen gestaltet.

So haben die drei Gebet beides: einen hohen Grad an Authentizität der Betenden und einen hohen Grad an Identifikation mit dem Glauben Israels. So könnte das Ziel des priesterlichen Betens sein, beides im öffentlichen und im persönlichen Beten anzustreben.

Meditation, Stundengebet und Eucharistiefeier

Ein weitere Perspektive priesterlichen Betens drückt jener Satz aus, der in früheren Zeiten öfter in der Priesterausbildung vorgetragen wurde: „Die Eucharistiefeier ist das ehrwürdigste Gebet, das Stundengebet ist das verpflichtendste Gebet, die Betrachtung ist das notwendigste Gebet." Während die Bedeutung der beiden ersten Elemente unmittelbar einleuchtet, bedarf der Inhalt des dritten Elements einer Erklärung.

Damit die regelmäßige, meist fast tägliche Feier der Eucharistie nicht in Routine abgleitet und das Stundengebet nicht zu einer lästigen Pflichterfüllung, die ohnehin viele mit der Zeit aufgeben, verkommt, bedarf es der ständigen Beseelung dieser Formen. Das geschieht nicht nur, aber vornehmlich in der Meditation oder Betrachtung. Hier ist der Ort für eine geistliche Tiefenbohrung, die sich an den individuellen Bedürfnissen und konkreten Situationen der Einzelnen ausrichtet.

Da die Meditation oder Betrachtung aber im Verborgenen geschieht, unterliegt sie auch keiner Sozialkontrolle. Es fällt zunächst niemandem auf, wenn sie keinen Platz mehr im Kalender findet. Darum besteht auch die Gefahr, dass sie als Erste aus dem geistlichen Alltag des Priesters verschwindet. Ihr Fehlen macht sich oft zunächst mit einer inneren Unzufriedenheit bemerkbar. Dann entsteht eine geistliche Atemlosigkeit, weil die äußeren Tätigkeiten den Priester vor sich hertreiben. Dann spürt er irgendwann, dass die vielleicht durchaus guten Formulierungen einer Predigt oder einer Katechese ein schales Gefühl zurücklassen. Vielleicht kommen dann auch Rückmeldungen, dass der Pfarrer so gehetzt daherkomme. Wenn der innere geistliche Funke verschwunden ist, stellt sich schließlich die Grundsatzfrage.

☞ *Wie halte ich es mit dem Stundengebet? Warum pflege ich diese Praxis?*
Welchen Stellenwert haben in meinem geistlichen Leben Meditation und Betrachtung?
Wie sehr kann ich mich mit den offiziellen Gebeten der Kirche identifizieren?
Spüre ich öfter den Impuls, Gebetsvorlagen zu ändern oder auszutauschen? Warum?

7.

Siebente Säule: Hirte sein

Ein uraltes Bild

> *„Man sagt, er ist der Hirte für jeden, und nichts Böses ist in seinem Herzen. Seine Herde ist gering, und doch hat er den Tag damit verbracht, sie zu sammeln."*
> *„Wo ist er heute? Schläft er etwa? Seht, man sieht seine Macht nicht!"*
> *„Trefflicher König, der Nützliches tut für seinen Vater, der ihm das Land gegeben hat. Er ist eingesetzt, um dieses Land zu weiden und das Volk und die Leute am Leben zu erhalten. Er schläft nicht bei Tag und bei Nacht und sucht jedes wohltätige Werk und ersinnt nützliche Dinge."*

Für jüdische und christliche Leser oder Hörer klingen diese Texte (Müller 1961) sehr vertraut. Gott wird angesprochen als der Gute Hirte seines Volkes. Wenn die Menschen seine Hilfe nicht spüren, dann fragen sie ängstlich, ob er wohl schläft. Der König, dem sein Land von Gott gegeben ist, hat den Auftrag, an Gottes Stelle für das Volk zu sorgen. Er schläft nicht und tut alles, damit es dem Volk gut geht.

Bevor Israel diese Bildmotive für die Beschreibung ihres Gottes Jahwe verwendete, entstanden die zitierten Texte etwa 2000 Jahre früher in Ägypten. Das Bild vom Hirten, der für die Seinen sorgt und sie vor Gefahren schützt, ist also ein uraltes Bild, um Eigenschaften Gottes und seiner Stellvertreter auf Erden zu beschreiben. Seit dem 3. Jahrtausend v. Chr. ist „Hirte" ein Titel der Könige in Ägypten und Mesopotamien. Deren Auftrag ist es, Recht und Ordnung, ägyptisch: Ma'at, aufrechtzuerhalten und für das Wohl der Menschen zu sorgen.

Das Bild vom sorgenden Hirten hat somit einen langen Wanderungspfad hinter sich, bevor z. B. der alte Jakob seinen in Ägypten wiedergefundenen Sohn Josef segnet und bekennt: „Gott, der mein Hirte war mein Lebtag bis heute". (Gen 48,15) Andere Texte scheinen altägyptische Textteile aufzunehmen, so etwa Jer 31,10: „Er, der Israel zerstreut hat, wird es auch sammeln und hüten wie ein Hirt seine Herde." Oder Jes 40,11: „Wie ein Hirt führt er seine Herde zur Weide, er sammelt sie mit starker Hand." Ps 121,4: „Nein, der Hüter Israels schläft und schlummert nicht!"

Der eindringlichste alttestamentliche Text von Gott als dem Hirten ist sicher der Psalm 23. In geradezu liebevoller Weise wird die Sorge Gottes um die Menschen geschildert. Für Christen wurde der Tisch, den Gott für die Menschen deckt, ein Vorausbild für die Eucharistie, das Öl und der mit Wasser reichlich gefüllte Becher wurden Vorausbilder für Taufe und Firmung.

Jesus als der Gute Hirte

Anders als in altorientalischen Großstaaten wurde das Bild vom Guten Hirten aber nicht zu einem nur noch formelhaften Gottes- und Königsprädikat, sondern blieb in der Frömmigkeit Israels tief verwurzelt. So bleibt auch im Neuen Testament das Bild vom Hirten ein Bild für die Sorge Gottes, etwa im Gleichnis vom verlorenen Schaf (Lk 15, 4 ff.), mehr aber wird es zum Bild für Jesus Christus.

Jesus versteht sich nach Joh 10,1 ff. selbst als der Gute Hirte, der im Gegensatz zu Dieben, Räubern und Taglöhnern sein Leben für seine Schafe hingibt. Seine Sorge für die Schafe ist bedingungslos. Zudem tut er seinen Dienst an den Schafen im Auftrag des Vaters. Dieser Dienst weitet sich zu einem Dienst für die Kirche.

Durch die Nähe zur altägyptischen Vorlage ist es nicht verwunderlich, dass besonders in der frühen koptischen Kirche das Bild vom Guten Hirten eine herausragende Rolle spielte. Aber auch sonst wird dieses Bild ikonografisch bereits früh umgesetzt, etwa in der Katakombenmalerei.

Als schlechthin die Darstellung vom Guten Hirten darf wohl das Mosaik im Mausoleum der Galla Placidia in Ravenna verstanden werden. Über der Türe auf der Innenseite des Raumes sitzt der Gute Hirte Jesus Christus auf einem treppenartigen Stuhl, mit der linken Hand sich am Kreuz-Hirtenstab festhaltend, mit der rechten Hand ein Schaf fütternd oder streichelnd. Zugleich wendet er den Blick einem anderen Schaf zu. Alle sechs Schafe im Umkreis wenden ihre Köpfe dem Hirten zu, die weiter weg ruhenden recken ihre Hälse ihrem Hirten entgegen. So suggeriert das Bild: Diesem Hirten können alle vertrauen. Dieser Hirte behält alle, die ihm anvertraut sind, im Blick.

Die Hirten der Kirche

Bereits neutestamentliche Texte bedienen sich des Bildes vom Guten Hirten, um die Aufgaben der Leiter der christlichen Gemeinde zu beschreiben. Die Ämterliste in Eph 4,7–16 nennt das Hirte-Sein als ein Amt, das aus der Gnade Christi fließt. 1 Petr 5,1–4 fordert von den Ältesten die Eigenschaften des Guten Hirten ein und ermahnt sie, für die ihnen anvertraute Herde Gottes zu sorgen. Sie sollen dabei ihre Herde nicht zu etwas zwingen, sondern sie in Freiheit führen. Die Leiter der Gemeinden sollen ferner nicht in die eigenen Taschen wirtschaften, sondern aus Neigung selbstlos ihren Dienst tun. „Wenn dann der oberste Hirt erscheint, werdet ihr den nie verwelkenden Kranz der Herrlichkeit empfangen."

Der Dienst der Ältesten hat das Ziel, dass alle „tot seien für die Sünden und für die Gerechtigkeit leben". „Denn ihr hattet euch verirrt wie Schafe, jetzt aber seid ihr heimgekehrt zum Hirten und Bischof eurer Seelen" (1 Petr 2,24–25).

Im Laufe der Kirchengeschichte blieb das Bild vom „pastor bonus", wenn auch mit verschiedenen Akzentuierungen, kennzeichnend für alle Dienstämter der Kirche. Das Zweite Vatikanische Konzil spricht in diesem Sinne auch mit großer Selbstverständlichkeit vom Hirtenamt der Bischöfe und der Priester.

Erzieher im Glauben

Dekret „Presbyterorum ordinis" Nr. 6:

> *„Die Priester üben entsprechend ihrem Anteil an der Vollmacht das Amt Christi, des Hauptes und Hirten, aus. Sie versammeln im Namen des Bischofs die Familie Gottes, die als Gemeinschaft von Brüdern nach Einheit verlangt, und führen sie durch Christus im Geist*

zu Gott dem Vater. Wie zu den übrigen priesterlichen Ämtern wird auch zu diesem eine geistliche Vollmacht verliehen, die zur Auferbauung gegeben wird. In der Auferbauung der Kirche müssen die Priester allen nach dem Beispiel des Herrn mit echter Menschlichkeit begegnen. Dabei sollen sie sich ihnen gegenüber nicht nach Menschengefallen verhalten, sondern so, wie es die Lehre und das christliche Leben erheischt.“

Wie der Hirte die Herde sammelt, sollen die Priester ihre Aufgabe als Dienst an der Einheit und der Auferbauung der Gemeinde und Kirche versehen. Sie sollen dabei den Menschen mit Menschlichkeit begegnen, ihnen aber nicht nach dem Mund reden.

„Darum obliegt es den Priestern als Erziehern im Glauben, selbst oder durch andere dafür zu sorgen, dass jeder Gläubige im Heiligen Geist angeleitet wird zur Entfaltung seiner persönlichen Berufung nach den Grundsätzen des Evangeliums, zu aufrichtiger und tätiger Liebe und zur Freiheit, zu der Christus uns befreit hat. Noch so schöne Zeremonien und noch so blühende Vereine nutzen wenig, wenn sie nicht auf die Erziehung der Menschen zu christlicher Reife hin geordnet sind.“

Das Verständnis der Priester als Erzieher im Glauben („in fide educatores“) hört sich nach heutigem Verständnis sperrig an. Würde ein Pfarrer seiner Gemeinde signalisieren, er sei ihr Erzieher, bekäme er entsprechende Rückmeldungen. Beachtet man das Wortfeld von „educare“, kann man der Formulierung vielleicht doch einen positiven Aspekt abgewinnen: „herausziehen“, „herausführen“, „emporführen“. In einer biblischen Assoziation könnte man die Funktion des Mose entdecken, der das Volk Gottes aus der Gefangenschaft heraus- und in eine neue Freiheit emporführt. Christologisch gewendet, könnte man formulieren: Jesus Christus führt aus der Knechtschaft der Sünde heraus in die Freiheit der Kinder Gottes.

Der Priester soll also, für alle sichtbar, in Teilhabe am Amt Christi, diese Aufgabe ausführen. Er erfüllt seinen Auftrag, indem er sowohl für die Einzelnen wie auch die ganze Gemeinschaft seiner Gemeinde Sorge trägt. Der Konzilstext bettet diese Aufgabe des Priesters in das gemeinsame Zeugnis der ganzen Gemeinde ein und spricht von einer „echten Mütterlichkeit", in der die Menschen zu Christus geführt werden sollen.

☞ *Welche Rolle spielt in meiner persönlichen Spiritualität das Bild vom Guten Hirten?*
Besitze ich Bilder von Jesus Christus als dem Guten Hirten?
Welchen Platz gebe ich diesem Bild in meiner Verkündigung?
Was kann für mich die Aufgabe bedeuten, Erzieher im Glauben für meine Gemeinde zu sein?
Wie kann ich dieses Verständnis auf einzelne Aufgaben in der Seelsorge anwenden?

Diakonische Perspektive

Der Hirtendienst des Priesters im Sinne der Sorge für die Gemeinde betrifft alle priesterlichen Aufgabenfelder. In der Verkündigung des Evangeliums und der Feier der Liturgie soll er genauso Hirte sein wie in der Sorge um die alltäglichen Belange der Menschen. Dass der diakonische Aspekt keine Nebensache ist, zeigt die Tatsache, dass eine der Fragen des Bischofs vor der Priesterweihe lautet: „Seid ihr bereit, den Armen und Kranken beizustehen und den Heimatlosen und Notleidenden zu helfen?" Der diakonische Aspekt des Dienstes, der in besonderer Weise in der Diakonenweihe betont wird, ist mit der Priesterweihe also nicht überholt. Diakonie ist eine bleibende Aufgabe.

Im Blick auf die Praxis in der Gemeinde wird es meist nicht darum gehen können, dass der Pfarrer ganze diakonische Bereiche selbst übernimmt. Er soll aber eine Sensibilität für diesen Strang der Selbstverwirklichung der Kirche entwickeln, pflegen und immer neu finden. Vieles kann in diesen Bereichen von anderen übernommen werden. Doch dass der diakonische Dienst im Bewusstsein der Gemeinde und vor allem in seinem eigenen eine zentrale Rolle spielt, liegt in seiner Verantwortung.

Meist wird er diakonische Initiativen aufgrund anderer Belastungen eher nur zulassen und unterstützen können. Genau diese Unterstützung sowie die Wertschätzung des Engagements der

Gemeindemitglieder ist aber seine dringende und nicht delegierbare Aufgabe. Dass die vielfältigen Arbeiten in der Gemeindecaritas, vom Kindergarten bis zur Hospizgruppe, von der Erziehung in den Familien bis zur Kleiderkammer oder dem „Brotkorb" für die Armen der Gemeinde, erfüllt werden, darf nicht als eine Selbstverständlichkeit angesehen werden. Der Dank, das Lob und das „Vergelt's Gott" aus dem Mund des Pfarrers ist für die Mitarbeiterinnen und Mitarbeiter, die sich ihrerseits als Hirten engagieren, der einzige, aber notwendige „Lohn" für die Mühen.

Damit der Priester jene Sensibilität behält, ist es klug und ratsam, selbst in einem, wenn auch kleinen diakonischen Bereich mit anzupacken. Nur das, was man selbst tut, behält auf die Dauer im eigenen Bewusstsein einen gebührenden Platz. Darum sollten Aufgaben, die zweifellos auch einen diakonischen Aspekt besitzen, etwa Beerdigungen oder Hausbesuche in den Familien der Erstkommunionkinder, nicht dazu dienen, sich vom diakonischen Bereich zu dispensieren.

Vielmehr sollte der Pfarrer trotz seiner vielfältigen Verpflichtungen an einer Stelle bewusst die diakonische Flagge zeigen, um seiner selbst willen, aber auch, um die Bedeutung der Diakonie für alle sichtbar herauszustreichen. Darum reservieren Pfarrer in ihrem Zeitbudget beispielsweise eine Stunde in der Woche für die Essensausgabe beim „Brotkorb", oder machen bewusst selbst Hausbesuche bei sozial schwachen Familien.

Im Folgenden seien zwei Aspekte des Hirteseins und der diakonischen Seelsorge herausgegriffen, die für die konkrete Arbeit des Priesters grundlegend sind. Der eine betrifft die Voraussetzung dafür, dass der Priester menschlich und geistlich seinen Hirtendienst erfüllen kann. Der andere betrifft seine Leitungsaufgabe gegenüber den haupt- und ehrenamtlichen Mitarbeiterinnen und Mitarbeitern.

Selbst geborgen leben

Die Voraussetzungen für den priesterlichen Dienst, besonders in dem Sinne, für andere Menschen Hirte sein zu können, kann man so beschreiben: Nur wer selbst eine Heimat hat, kann anderen eine

Heimat schenken. Nur wer selbst in seinem Leben Geborgenheit erfährt, kann anderen Geborgenheit anbieten. Und nur wer sich selbst immer wieder als Eingeladener erlebt, auch als Eingeladener beim Hochzeitsmahl Gottes, kann anderen den Tisch zum Mahl des Lebens und zum Mahl der Eucharistie decken.

Das bedeutet nicht, dass er alle diese Erfahrungen seit früher Kindheit gemacht haben muss. Vielleicht muss er bekennen, keine gute und glückliche Kindheit und Jugend erlebt zu haben. Doch dann muss er Schritte gegangen sein und Erfahrungen gemacht haben, die über die Widrigkeiten des Lebens hinausweisen und über sie hinausführen.

Der Vertrauenspsalm 23 spricht vom Geschenk der Beheimatung und Geborgenheit in Gott. In archaischen Bildern wird dieses Geschenk, das durch viele Lebenserfahrungen hindurchscheint, beschrieben. In einer Betrachtung der einzelnen Verse können sich das Leben und das Selbstwertgefühl auch eines Priesters spiegeln, was in dem Bekenntnis gipfeln mag: „Ja, das ist der Haltepunkt, der Ruhepunkt und die Verwurzelung meines Lebens: Der Herr ist mein Hirte!"

In der folgenden Betrachtung soll nicht weitergehend auf die exegetische Diskussion zu diesem Psalm eingegangen werden, in dessen Hintergrund die Erfahrungen Israels etwa beim Exodus stehen. Wir gehen davon aus, dass dieser Text durchgehend von Jahwe als dem guten König und Hirten spricht (Zenger 1997, 225 ff.). Die hoffnungsvollen Aussagen des Textes sollen existenziell auf das priesterliche Leben angewendet werden.

☞ *Die folgenden Anregungen laden dazu ein, meditativ bei jedem Psalmvers zu verweilen und seine Aussage im Blick auf die eigene Spiritualität zu bedenken.*

Nichts wird mir fehlen?

1. *Der Herr ist mein Hirte,*
   nichts wird mir fehlen.

Zu Beginn des Psalms steht ein Bekenntnis, das wohl das Ergebnis langer Erfahrungen mit Jahwe, dem Herrn des Lebens und der Geschichte, ist. Es ist nicht die Überschrift zu einem Programm, sondern eine Überzeugung.

In einer geistlichen Aneignung dieser Überzeugung stellt sich aber sogleich die Frage, ob mir tatsächlich nichts fehlt, oder ob diese Aussage nicht eher eine übersteigerte, fast schwärmerische Aussageform zu dem ist, was ich mir ersehne.

Konkret angewendet, mag ein Priester fragen, ob etwa gesundheitliche Mängel, mangelhafte Fähigkeiten in so manchen Bereichen des Lebens und der Arbeit oder nicht erfüllte Sehnsucht kleingeredet werden sollen. Oder wird etwa ein Zustand geschildert, der in einer ungewissen Zukunft erreicht werden soll?

Wenn die Grundaussage dieses Verses und aller folgenden Verse nicht leeres Gerede sein soll, muss dahinter die Überzeugung zu finden sein: Gott führt mich auf einem Weg, der sich für mich manchmal beschwerlich und defizitär anfühlen mag. Doch letztlich und auch bereits jetzt ist dieser Weg der für mich richtige und heilvolle. Diese Überzeugung braucht, wie es der Vers 4 ausdrücklich beschreibt, nicht eine belastende Realität zu verdrängen, sondern sucht und findet sogar „in finsterer Schlucht" die führende Hand Gottes.

In den Psalmen wird zwar sehr oft der Stil gewählt, dass der einzelne Beter in der Ich-Form spricht. In diesem Psalm wirkt die persönliche Betroffenheit besonders. Die Fürsorge und die Geschenke Gottes werden auf „mich" hin gesprochen, „mir" zugesprochen. Gott ist nicht nur allgemein der Hirte des Volkes, er ist zugleich „mein Hirte".

Er gibt Raum und Ruhe

2. *Er lässt mich lagern auf grünen Auen*
   und führt mich zum Ruheplatz am Wasser.

Die „grünen Auen" signalisieren Überfluss, Schönheit, ein gutes und reichliches Leben. Sie deuten einen Lebensraum an, in dem es sich in Freude leben lässt. Sie lassen auch daran denken, dass Gott ein Lebensareal schenkt, in dem sich der Mensch in Freiheit entfalten kann: „Du schaffst meinen Schritten weiten Raum, meine Knöchel wanken nicht" (Ps 18,37).

Neben der Üppigkeit der grünen Auen schenkt mir Gott einen „Ruheplatz am Wasser". Es ist ein Ruheplatz, an dem ich mich regenerieren, Atem schöpfen, ausruhen kann. Er steht für einen Zustand des inneren und äußeren Friedens.

Dieser Aspekt spricht wohl jedem Pfarrer aus der Seele: endlich einmal Ruhe haben. Natürlich darf die Arbeit Anstrengung und Einsatz fordern. „Aber irgendwann reicht es!" Und an diesem Punkt stellen sich die provokanten Fragen: Wo und wie suche ich Ruhe, wenn es reicht? Welche Fluchtpunkte stehen mir zur Verfügung? Welcher Ort oder welche Orte verschaffen mir Ruhe und Abschalten?

Hier geht es nun nicht um eine vielleicht banal anmutende Konkretisierung des Psalmtextes, sondern um eine harte Gegenprobe zu einem Text, der so wohlig über die Lippen kommen kann: In welcher Form suche ich z. B. Ruhe, wenn ich abends spät nach einer Sitzung in meine Wohnung komme? Wie suche ich Ruhe, wenn über Wochen hinweg kein freier Tag möglich war? Hier brauchen wohl keine weiterführenden Fragen formuliert zu werden, weil sie jeder kennt!

Mein Verlangen

> 3. *Er stillt mein Verlangen;*
> *er leitet mich auf rechten Pfaden, treu seinem Namen.*

Beim Hören dieses Verses entstehen sofort die Assoziationen: Was ist mein „Verlangen"? Wohin treibt mich mein Wollen, meine Sehnsucht? Welche Bedürfnisse habe ich? Nun ist es aber keineswegs so, dass der Psalm den moralischen Zeigefinger hebt. Er fordert im Gegenteil zu einer ehrlichen und nüchternen Bestandsaufnahme dessen auf, was mein Verlangen ist. Alles, was in mir an Verlangen ist, darf sein. Ich darf und soll es in Ruhe, am „Ruheplatz am Wasser", anschauen und vor mir und Gott bekennen: „Ja, das bin ich, Herr!"

Dann aber verheißt dieser Vers, dass Gott genau dieses mein Verlangen stillt. Wie beim Stillen einer Mutter meint das Stillen hier nicht nur ein Ruhigstellen oder Neutralisieren des Verlangens, sondern dass dieses Verlangen satt wird.

Dieses Stillen geschieht so, dass es mich auf den richtigen Lebenspfad leitet. Gott stillt mich nicht mit Vertröstungen, die mich letztlich in eine Lebenssackgasse führen. Er geht auf mein Verlangen so ein, dass es mich in sein Heil hineinführt.

Und Gott tut es, weil er es nicht anders „kann", weil seine Treue für mich immer das Gute, das Heil möchte. Selbst wenn ich mein Gestilltwerden selbst in die Hand nähme und dabei Wege der Untreue einschlüge, würde er mich wie ein Guter Hirte zurückholen: „Wenn wir untreu sind, bleibt er doch treu, denn er kann sich selbst nicht verleugnen" (2 Tim 2,13).

Im schlimmsten Fall

4. *Muss ich auch wandern in finsterer Schlucht,*
ich fürchte kein Unheil; denn du bist bei mir,
dein Stock und dein Stab geben mir Zuversicht.

Vers 4 zeigt, dass es in diesem Psalm nicht um eine unrealistische Idylle geht. Schwere und gefährliche Wege und Situationen werden nicht ausgeblendet, sondern direkt angesprochen. Und das ist nicht konjunktivisch zu verstehen im Sinne von „für den Fall, dass ich in finsterer Schlucht wandert würde". Es meint vielmehr: „Jedes Mal, wenn ich in finsterer Schlucht wandere." Vielleicht gerade jetzt.

Der Psalmbeter ist so überwältigt von der Hirtentreue Gottes, dass er kein Unheil fürchtet. Die Überzeugung von Gottes Fürsorge ist so in alle Fasern seines Herzens eingegangen, dass er nicht etwa aus religiösem Zweckoptimismus davon ausgeht, alles mit ihm werde gut enden, sondern dass er tatsächlich in der ruhigen Geborgenheit Gottes lebt. „Denn du bist bei mir!" Gott ist und bleibt der Gott im Dornbusch, der für sein Volk und für mich persönlich gegenwärtig ist.

Kämen dem Beter dennoch Zweifel, gäben zwei Herrschersymbole ihm Zuversicht. Mit der Keule wird der Hirtenkönig die Feinde verjagen, mit dem Hirtenstab wird er sanft die ihm Anvertrauten auf einen ungefährlichen Weg geleiten, auch mich.

Nach dem Lesen dieses Verses kann wohl niemand sagen: „Das ist bereits mein Lebensgefühl." Zu oft sind wir in Konfliktsituationen so sehr involviert, dass wir das Gefühl haben, die Wellen schlagen über uns zusammen. Doch es gibt Hoffnung, sich jenem Lebensgefühl nähern zu können. Heilige und heiligmäßige Menschen sind dafür Beweise. Wenn beispielsweise der heilige Ignatius in einer Erwägung von sich meint, er brauche, auch wenn ihm das Liebste genommen würde, wohl eine Viertelstunde, bis sich sein Herz wieder beruhigt habe, dann nährt das die Hoffnung, dass ich mich dieser Haltung annähern kann. Vielleicht ist es ein Gradmesser, wie weit ich in meinem Streben nach Heiligkeit – wie bei der Säule Christ sein bereits angesprochen – vorangeschritten bin. Vielleicht bedeutet Heiligkeit zuerst und vor allem auch: angstfreies Ruhen in Gott.

Höchste Würdigung

> 5. *Du deckst mir den Tisch vor den Augen meiner Feinde.*
> *Du salbst mein Haupt mit Öl,*
> *du füllst mir reichlich den Becher.*

Spätestens mit diesem Vers wird klar, dass Gott als Hirte den Menschen nicht als Schaf, als Herdenvieh behandelt. Das teritum comparationis in der Gleichnisrede vom Guten Hirten ist nicht die Gleichung, Gott sei der Hirte und die Menschen seien die Schafe, sondern die Fürsorge und der Heilswille Gottes für die Menschen. So drückt Vers 5 auch die höchste Auszeichnung, Würdigung und Wertschätzung für den Menschen aus: Gott selbst, der Hirtenkönig, lädt ihn an seine Tafel. Nicht nur das. Er deckt auch selbst den Tisch und erhebt ihn über die Feinde, die ihm Schlechtes zufügen wollen.

Es ist nicht die Einladung zu einem einfachen Essen. Es handelt sich um ein Festbankett. Das Öl auf dem Haupt erinnert an den ägyptischen Brauch, den Festgästen Ölkügelchen auf die Haare oder die Perücke zu legen, die dann im Laufe des Festes zerschmolzen und Wohlgeruch verbreiteten. Zudem erinnert die Salbung mit Öl an die Berufung der Könige. Und der reichlich mit Wein gefüllte Becher deutet die Fülle des Mahles an.

Die Bereitung des Mahles durch den Hirtenkönig selbst erinnert Christen aber auch an die Fußwaschung im Abendmahlssaal. Der echte Hirte ist sich nicht zu schade, als Kellner, Mundschenk oder gar als Sklave für die Seinen da zu sein. Er gibt zugleich ein Beispiel dafür, wie die Freunde Gottes sich untereinander verhalten sollen.

Würdigung und Wertschätzung braucht jeder, auch ein noch so selbstloser Mensch, der ganz für andere da sein möchte. Diese Würdigung und Wertschätzung darf jeder durch andere Menschen erleben. Diese sind aber brüchig. Wie schnell kommt es etwa in einer Gemeinde oder Gruppe zu Meinungsverschiedenheiten, die eskalieren können. Manchmal steigen Menschen die Stufen der Eskalation so schnell nach oben, dass von einer Würdigung des Konfliktpartners nichts mehr übrig bleibt. Dann mag es schwerfallen zu glauben, dass die Wertschätzung durch Gott unverbrüchlich ist. Doch die Einladung, dass er mir den Tisch deckt, steht.

Lebenslänglich

> 6. *Lauter Güte und Huld werden mir folgen mein Leben lang*
> *und im Haus des Herrn darf ich wohnen für lange Zeit.*

Der letzte Vers ist ein Ausblick. Der Hirtendienst Gottes an mir wird nie enden. Die Güte und Huld, die mir durch diesen Dienst geschenkt werden, sind eine Ausstattung für das ganze Leben. Der Tisch, den er mir gedeckt hat, steht immer für mich in seinem Haus bereit. Ich darf Dauergast bei ihm sein. Die Gemeinschaft mit ihm ist mein bleibender Anteil.

Der letzte Satz lautet nach einer wörtlichen Übersetzung: „Ins Haus des Herrn kehre ich zurück.“ Das legt die Interpretation nahe, dass die Hirtensorge mit meinem irdischen Leben nicht endet, sondern über den Tod hinaus in den ewigen Wohnungen gilt.

Ein Hirte sein, der selbst seinen Hirten kennt

Die vor der Betrachtung des Psalms genannten Voraussetzungen für den priesterlichen Dienst können nun zusammenfassend so formuliert werden: Wer in dieser Weise selbst bei Gott Heimat und Geborgenheit findet, kann auch anderen Heimat und Geborgenheit schenken. Wer sich selbst immer wieder als Eingeladener erlebt, auch als

Eingeladener beim Hochzeitsmahl Gottes, kann anderen den Tisch zum Mahl des Lebens und zum Mahl der Eucharistie decken.

Leitung als Hirte wahrnehmen

Die Anwendung dieser Aussagen gilt für alle Bereiche der Seelsorge. Ein besonderer Bereich ist die Leitungsaufgabe gegenüber den haupt- und ehrenamtlichen Mitarbeiterinnen und Mitarbeitern. Dieser soll im letzten Abschnitt unter der Perspektive des Hirteseins betrachtet werden.

Kevin Lemann und William Pentak haben in ihrem Buch „Das Hirtenprinzip" (2005) sieben Erfolgsrezepte guter Menschenführung zusammengestellt. Beide amerikanischen Autoren sind Wirtschaftsberater und Sanierer, die Weltfirmen wie IBM, Pepsi-Cola, Pizza-Hut und McDonald's beraten haben. Die in Romanform verfasste Anleitung wird von Anselm Bilgri, einem früheren Benediktiner und Cellerar der Abtei St. Bonifaz und Prior im Kloster Andechs, im Vorwort kommentiert: „Diese uralte Kunst des Führens und Leitens einer Schafherde ist ein vollkommenes Modell der Menschenführung."

Das ist umso erstaunlicher, als heutige Prediger etwa am Guten-Hirten-Sonntag zwar über den Hirten Jesus predigen, sich aber doch irgendwie dabei unwohl fühlen. Schließlich wollen sie keinen erwachsenen Christenmenschen als Schaf bezeichnen. So weisen sie in ihrer Verkündigung, wie es auch Bilgri von sich selbst beschreibt, darauf hin, das Bild des Guten Hirten stamme aus einer agrarisch und nomadisch geprägten Welt. Man benötige heute andere Bilder, um die Kunst der Lebensführung und des Umgangs mit Menschen zu lernen.

Doch weit gefehlt! Zwar tauchen in dem genannten Buch nach dem Vorwort die Wörter Bibel, Gott oder Jesus Christus nicht mehr auf. Dennoch steht auf jeder Seite inklusiv die Aussage: Und die Bibel hat doch recht! Das Bild vom Hirten ist ein Modell, nach dem jeder Pfarrer erfolgreich seine Gemeinde oder Gemeinden leiten kann. Er muss nur genauer darauf schauen, welche Details dieses Bild beinhaltet.

Im Folgenden soll den sieben Schritten des Buches nachgegangen und sollen die Regeln guten Managements auf den priesterlichen Leitungsdienst in der Gemeinde angewandt werden. Eine Differenzierung sei aber zu Beginn dieses Versuches vorgenommen. Es geht bei der Anwendung nicht um alle 5.000, 10.000 oder 20.000 Menschen, die zur Gemeinde oder zur Seelsorgeeinheit gehören. Es geht zunächst um die Führung der haupt- und ehrenamtlichen Mitarbeiterinnen und Mitarbeiter.

Den Zustand der Herde genau kennen

Die erste Regel der Leitung besteht aus dem Imperativ: „Kenne immer genau den Zustand deiner Herde!" Der Roman schildert, wie der anleitende Professor, der auf seiner Farm eine Schafherde besitzt, sich an jedem Samstag hingebungsvoll jedem einzelnen Schaf widmet und es auf seinen Gesundheitszustand überprüft. Als Dank und Vertrauenserweis laufen ihm die Schafe freudig entgegen, wenn er erscheint.

Kenne den Zustand deiner Mitarbeiter! Damit ist im Blick auf die Mitarbeiter natürlich auch der Zustand deren Arbeit gemeint. Doch noch mehr geht es zunächst darum, den Zustand der Mitarbeiter als Menschen zu kennen. Wenn es nur um die Arbeitskraft der Einzelnen geht, entsteht bei den Mitarbeitern bald der Eindruck, ausgenutzt und nicht wirklich ernst genommen zu werden. Es entsteht eine geschäftsmäßige Atmosphäre ohne Herz.

Wenn aber der Mensch als Ganzer in den Blick kommt, wenn seine persönlichen Anliegen angesprochen werden dürfen, wenn er sich trauen darf, aus familiären Gründen auch einmal später kommen zu können, dann entwickelt sich ein Vertrauensverhältnis, das nicht zuletzt auch zur Arbeit motiviert.

Damit ist nicht gemeint, um die persönliche Situation eines Mitarbeiters herum die Arbeit so zu drapieren, dass diese sich immer nach den persönlichen Bedürfnissen des Mitarbeiters richten muss und darum an zweiter Stelle rangiert. Es geht um den Blick auf das ganze Leben.

In der Praxis bedeutet das konkret: Der Pfarrer wird sich regelmäßig nach dem Befinden der Mitarbeiter erkundigen, nach dem

Ehepartner und den Kindern fragen, sich von Familienfesten erzählen lassen, kurz: all dem im Gespräch Platz einräumen, was den Mitarbeiter bewegt.

Damit praktiziert der Pfarrer als Hirte das, was die Mitarbeiter selbst in ihren Gruppen und Kreisen aktiv tun sollen: ihrerseits sich als Hirten erweisen.

☞ *Wie versuche ich, meine Mitarbeiterinnen und Mitarbeiter auch als Menschen wahrzunehmen und zu würdigen? Fällt mir das eher leicht oder schwer?*
Lassen das meine Mitarbeiter überhaupt zu?

Das Format der Schafe entdecken

Die zweite Regel nach dem Hirtenprinzip lautet: „Entdecke das Format deiner Schafe!" In dem Roman fahren am zweiten Lern-Samstag Hirtenlehrer und -schüler zum Zentrum der Schafversteigerungen. Die Lehre dabei ist, dass der Hirte ein Sensorium dafür entwickeln muss, welches Tier in seine Herde passt und welches nicht. Für die Führung eines Arbeitsteams bedeutet das, die richtigen Menschen für die entsprechenden Aufgaben einzusetzen.

Für die Personalführung heißt das entsprechend:

- Der Pfarrer muss die Fähigkeiten, aber auch die Schwächen seiner Mitarbeiter kennen. Und dann gilt es, einen Mitarbeiter für solche Aufgaben einzusetzen, bei denen seine Stärken voll zum Zuge kommen können.
- Neben den Fähigkeiten braucht jeder Leidenschaft für seine Arbeit. Ist er nicht mit dem Herzen dabei, erledigt er nur einen Job und ist froh, wenn 38,5 Stunden Arbeitszeit in der Woche zu Ende sind. Der Pfarrer muss also abschätzen können, wofür seine Mitarbeiter Leidenschaft entwickeln.
- Eine weitere Facette des Mitarbeiterformates ist die innere Einstellung. Geht ein Mitarbeiter mit einer positiven Einstellung an seine Arbeit, gelingt sie in weit höherem Maß, als wenn er mit Widerwillen seine Arbeit erledigt. Positiv eingestellte Mitarbeiter sind eine Bereicherung für die Gesamtseelsorge und eine Bereicherung des Teams. Miesepeter dagegen

nehmen vielleicht kurzfristig Arbeit ab, werden aber bald zur Belastung.

- In einer Zeit, in der die Seelsorge umstrukturiert wird wie nie zuvor, offenbaren Mitarbeiter bald ihren Hang, entweder auf Neues zuzugehen und es zu gestalten, oder aber ihren Hang, eher Altes zu loben und festzuhalten. Der leitende Pfarrer sollte jeden mit Aufgaben betrauen, die ihm entsprechen.
- Schließlich hat das Format eines Mitarbeiters mit dessen Erfahrungen in der pastoralen Praxis zu tun. Zwar müssen alle immer wieder bereit sein, sich auch auf Neues einzulassen. Doch bereits gemachte Erfahrungen prädestinieren und motivieren für ähnliche Aufgaben.

Im Lesen dieser Mitarbeiterformate tauchen unwillkürlich zwei „Aber" auf. Das eine Aber bezieht sich auf die Mitarbeiter, das andere auf den Pfarrer selbst.

Beim Zusammenstellen eines Pfarrteams ist der Pfarrer auf die hauptamtlichen Mitarbeiter angewiesen, die ihm die Personalführung des Bistums schickt. Er kann zwar mit den Bewerbern um eine Stelle sprechen. Doch dabei hat er keinen großen Spielraum. Er kann vielleicht feststellen, ob die „Chemie" stimmt. In der Regel wird er aber froh sein, überhaupt einen Mitarbeiter zu bekommen. Und dennoch gilt in entsprechender Weise die Regel, das Format des Mitarbeiters zu beachten, eben so, wie es möglich ist. Besonders bei ehrenamtlichen Mitarbeitern kann diese Regel in vollem Umfang greifen.

Das zweite Aber bezieht sich auf den Pfarrer selbst. Bei der Lektüre der Facetten des Mitarbeiterformates kann sich bei einem Pfarrer die selbstkritische Frage einstellen: „Bin ich eigentlich fähig, alle diese Feinheiten der Personalführung zu beachten?" Das ist in der Tat ein Problem! Hier ist zunächst die Hirtensorge des Bischofs gefragt, seinen Priestern nach den gleichen Kriterien solche Stellen zuzuteilen, die sie bewältigen können. Ferner muss er dafür sorgen, dass seine leitenden Pfarrer die genannten Führungsqualitäten erwerben. Geschieht das nicht oder unzureichend, muss er sich seinerseits die Frage gefallen lassen, ob er, der den Hirtenstab des Bistums trägt, verantworten kann, seine Priester auf der Weide alleine zu lassen.

☞ *Fühle ich mich der Aufgabe, Mitarbeiter einzuschätzen und entsprechend einzusetzen, gewachsen?*
Wenn ich meine haupt- und ehrenamtlichen Mitarbeiterinnen und Mitarbeitern an meinem geistigen Auge vorüberziehen lasse: Wie schätze ich ihre Motivation und ihre Einstellung ein?

Identität anbieten

Die dritte Regel lautet: „Hilf deinen Schafen, sich mit dir zu identifizieren!" Hierzu macht der Lehrer seinem Hirtenschüler klar, dass jedes Schaf eine Ohrmarke benötigt, damit seine Zugehörigkeit zur Herde für alle deutlich wird.

Diese Regel sollte nun aber nicht direkt auf ein Pfarrteam übertragen werden! Allein die Vorstellung zaubert einem jeden ein Lächeln aufs Gesicht. Der wichtige Aspekt dieser Regel ist, dass es nicht nur in der Natur der Schafe, sondern auch des Menschen liegt, zu einer Gruppe oder Gemeinschaft gehören zu wollen. In der Anleitung des Buches hört sich das so an: „Große Führungspersönlichkeiten flößen ihren Anhängern ein Gefühl dafür ein, dass das, was sie tun, äußerst wichtig ist und dass sie dazugehören. Sie tun das, indem sie ihren Leuten einprägen, wer sie persönlich sind und wofür sie stehen."

Ist dieses Führungsverhalten nicht ein authentisches Verhalten des Hirten, dann degeneriert es leicht zur Manipulation, die hier aber nicht gemeint ist und ausgeschlossen werden soll. Ein Leiter, mit dem sich seine Mitarbeiter identifizieren sollen – in kirchlichen Kreisen nennt man dies meist Loyalität –, gewinnt deren Vertrauen nur, wenn sein Interesse an den Personen und der Arbeit der Mitarbeiter einfühlsam und authentisch ist. Das, was im Blick auf die erste Säule des Priestertums über die Eigenschaften der Empathie, der Wertschätzung und der Echtheit gesagt wurde, kommt hier zur Anwendung.

Die Ohrmarke der Schafe weist aber doch darauf hin, dass eine gemeinsame Identität sich in irgendeiner Weise ausdrücken will. Wenn zum Beispiel der Pfarrer, der fünf Gemeinden zusammenführen soll, mit seinen haupt- und ehrenamtlichen Mitarbeitern ein Symbol, ein Signet, ein Logo für den Gemeindeverbund erarbeitet, geht es um jene Corporate Identity, durch die sich die Gemeinde in der Öffentlichkeit präsentiert und ihre Werte und Ziele vertritt. Welche Werte und Ziele vertreten werden sollen, muss aber zuvor gemeinsam gesucht, gefunden und in eine Form gebracht werden. Ein solcher Prozess ist keine methodische Spielerei, sondern ein Medium, über die Fundamente der gemeinsamen Arbeit ins Gespräch zu kommen.

☞ *Welche Werte und Ziele verfolge ich in meiner Gemeinde?*
Welchen Anteil haben meine Mitarbeiter an der Definition der Werte und Ziele?
Gab es in meiner Gemeinde einen Prozess, unsere gemeinsamen Vorstellungen, unsere „Unternehmensphilosophie“ zu formulieren und darzustellen?

Sicherheit des Weideplatzes

Um dem Managerschüler die vierte Regel der Kunst des Hirten „Gewährleiste die Sicherheit deines Weideplatzes!“ zu vermittelt, greift der Hirtenlehrer des Buches zu einer Schocklektion. Die beiden fahren zu einem völlig vergammelten Weideplatz in der Nähe eines Abwasserkanals. Die Schafe sind in einem verheerenden Zustand. Ausgemergelt und mit verfilzter Wolle stehen sie auf verdorrtem Gras. Schmeißfliegen sitzen in den Augen und legen ihre Eier in Wunden. Der Stall vergammelt, die Zäune zerfallen. Die Vernachlässigung durch einen schlechten Hirten ist rundum zu sehen.

Dann erläutert der Lehrer seinem Schüler, was mit den Schafen geschieht, wenn die Sicherheit des Weideplatzes nicht gewährleistet ist: Die Angst geht um, es entsteht Rivalität und es entwickeln sich Seuchen.

Diese Folgen kann man in einem Team sehr schnell verifizieren. Wenn die Mitarbeiter nicht das Gefühl haben, dass ihre Arbeit geschätzt und geschützt wird, wenn sie die Erfahrung vermissen, dass der Leiter hinter ihnen steht, vielleicht spüren, dass er argwöhnisch die Arbeit beobachtet, um sogleich Fehler zu ahnden, dann geht die Angst um. Die Folge der Angst ist das Bemühen der Mitarbeiter,

Probleme möglichst zu vermeiden. Problemvermeidung aber ist ein Zeit- und Motivationsfresser.

Unsicherheit und Angst erzeugen zudem Rivalität unter den Mitarbeitern. Bald möchte jeder selbst der sein, der es besser als die anderen macht. Gegenseitige Abwertung ist die Folge.

Wenn dagegen der leitende Pfarrer seine Anwesenheit zur Unterstützung der Mitarbeiter nutzt, entsteht das Gefühl, dass jede Arbeit wichtig ist. Der Pfarrer wird möglichst umgehend über anstehende Fragen und Probleme informieren, damit diese sich nicht wie eine Seuche ausbreiten, die Atmosphäre vergiften und das Gefühl allgemeiner Unsicherheit erzeugen.

☞ *Wie schätze ich die Atmosphäre in unserem Pfarrteam ein?*
Gibt es dazu Rückmeldungen aus dem Team oder aus der Gemeinde?
Wenn ich meine eigenen Führungsqualitäten betrachte: Gehe ich eher auf Probleme zu, oder versuche ich sie eher zu vermeiden?

Der Hirtenstab

Um die fünfte Regel zu erläutern, zeigt der Professor seinem Studenten einen 200 Jahre alten Hirtenstab, den er aus England mitgebracht hat. Der Student beschreibt den Stab zunächst als Wanderstab, der am oberen Ende wie ein Fragezeichen gekrümmt sei. Ihm wird erklärt, dass die Zepter der Könige in alter Zeit diese Stabform besaßen, weil sie sich als die Hirten ihres Volkes verstanden. Doch die entscheidende Erklärung des Stabes lautet: „Bei den Schafen ist es so, dass sie dazu neigen, sich immer nur auf das Gras zu konzentrieren, das sie direkt vor dem Maul haben. Darum muss jemand den Überblick darüber haben, wohin die Herde zieht."

In dieser Aussage den Zustand zu entdecken, in dem eine Gemeinde und ihre Mitarbeiter oft verharren, fällt nicht schwer. Im Kreislauf der Jahre gibt es die immer wiederkehrenden Feste und liturgischen Feiern, die Vorbereitung auf Erstkommunion und Firmung, die Taufsonntage und die Beerdigungswerktage und vieles andere mehr. So mancher Pfarrer und pastoraler Mitarbeiter fühlt sich gleichsam in ein Rad gespannt, das sich unaufhörlich dreht und dreht. In genau dieser Situation braucht es des Hirten, der liebevoll, aber bestimmt mit seinem Hirtenstab das Rad anhält und fragt: „Wo wollen wir eigentlich hin?" Gäbe es diesen Hirten nicht, bekämen alle über kurz oder lang den Drehwurm – um im Bild zu bleiben. Bischof Kamphaus hat diesen Zustand gelegentlich als „Volldampf im Leerlauf" beschrieben.

☞ *Ich könnte mir einen Hirtenstab zulegen, der mich an die Aufgabe erinnert, jene Frage „Wo wollen wir eigentlich hin?" wachzuhalten. Wie oft stelle ich mir ernsthaft diese Frage? Wie oft stellen wir sie im Team? Und was ist meine und unsere Antwort?*

Der korrigierende Stock

Zur sechsten Lektion brachte der Hirtenlehrer einen „iwisi" aus Afrika mit, einen Prügel, geschnitten aus einer Wurzel mit einer Verdickung an einem Ende. In Irland heiße er „knobkerrie", im Mittleren Osten „shebet". Es ist der Stock, mit dem der Hirte Feinde vertreibt. Der Stab stehe für eine Führungsaufgabe, die nicht so erfreulich sei. Der gekrümmte Hirtenstab stelle die Verantwortung des Hirten dar, seine Mitarbeiter zu führen, der Stock oder Stecken dagegen die Verantwortung, sie zu korrigieren: „Das ist der Teil des Führens, bei dem sich die Führungskräfte, insbesondere die neuen, am häufigsten falsch verhalten. Wenn Sie den Stecken zu oft oder nicht richtig verwenden, verlieren Sie das Wohlwollen der Leute. Verwenden Sie ihn zu wenig oder überhaupt nicht, so verlieren Sie den Respekt."

In diesem Fall wird also der Feind nicht draußen gesucht, um mit dem Stock nach ihm zu werfen und ihn zu vertreiben. Es geht um den Feind im eigenen Haus. Dabei sind nicht die Mitarbeiter die Feinde, sondern falsches Verhalten. Da aber in der Kirche alles friedlich und „christlich" vonstattengehen soll, das Harmoniebedürfnis sehr ausgeprägt erscheint, ist die „correctio fraterna" zwar ein oft verwendetes Wort, aber in der Anwendung kaum beliebt. Wer hängt schon gerne „der Katze die Schelle an"? Wer macht sich schon gerne unbeliebt, indem er andere auf Fehler oder Fehlverhalten hinweist? Wer wird nicht zurückhaltend bei der Vorstellung, dass nach einer „correctio" die Stimmung verdorben sein könnte?

Und dennoch ist es genau so, wie es der Hirtenlehrer beschreibt: Wer immer alles schönredet, wo ernsthafte Kritik notwendig wäre, wird in seinen Beurteilungen und Kommentaren nicht mehr ernst genommen. Wer immer nur meckert und kritisiert, mit dem wollen die Menschen möglichst wenig zu tun haben.

☞ *Wie schätze ich meine Fähigkeit ein, andere wohlwollend und aufbauend zu kritisieren?*
Wie ertrage ich selbst Kritik? Bei welcher Gelegenheit habe ich Kritik zuletzt einstecken müssen?
Mit welchen meiner Mitarbeiterinnen oder Mitarbeiter müsste und möchte ich eigentlich ein ernstes Wort reden? Was hindert mich daran?

Hirte zu sein kostet dein Herz

In der letzten Lektion beim Hirtenlehrer wird die Frage nach den Kosten gestellt, die für eine Menschenführung nach dem Prinzip des Hirten entstehen. Die Antwort des Lehrers: „Es kostet Sie Ihre Zeit, Ihren Einsatz, Ihre eigene Energie und Ihr persönliches Engagement. Es kostet Sie selbst ... Sie lernen hier keine Liste von Managementtechniken, sondern eine Lebenseinstellung." Und: „Was einen Hirten zum Hirten macht, ist nicht der Stab oder der Stecken, sondern sein Herz. Was eine große Führungspersönlichkeit von einer mittelmäßigen unterscheidet, ist, dass die große ein Herz für ihre Leute hat."

Hier schließt sich der Kreis der Gedanken, die in den „Sieben Säulen des Priestertums" vorgestellt wurden. Wollte man vieles oder vielleicht sogar alles in einem einzigen Satz zusammenfassen, könnte man jenen Satz aus dem profanen Buch zur Menschenführung in Unternehmen umformulieren:

„Was den Priester zum Priester macht,
sind nicht ausgefeilte Rede,
nicht liturgische Gewandung,
nicht gediegene Verwaltung,
sondern sein liebendes Herz,
sein Herz für Gott
und sein Herz für die Menschen."

Literaturverzeichnis

○ *Verwendete Literatur:*

Allensbacher Jahrbuch der Demoskopie 1998–2002, Band 11, hrsg. von Elisabeth Noelle-Neumann und Renate Köcher, München 2002; Band 12, hrsg. 2009.

Allensbacher Archiv, IfD-Umfragen (zuletzt 10097), September 2012.

Balthasar, Hans Urs von/Ratzinger, Joseph, Maria – Kirche im Ursprung, Freiburg 1985, neu 1997.

Benediktionale, hrsg. von den Liturgischen Instituten Salzburg, Trier und Zürich, Einsiedeln/Zürich/Freiburg/Wien 1978.

Brantzen, Hubertus, Priestersein in Gemeinschaft. Rezeption und Relecture von „Presbyterorum ordinis" 7–9, in: Geist und Leben 83(2010) 1, 27–40.

Brantzen, Hubertus, Lebenskultur des Priesters. Ideale – Enttäuschungen – Neuanfänge, Freiburg/Basel/Wien 1998.

Brantzen, Hubertus, Seelsorgliche Kernkompetenzen. Perspektiven der Pastoralausbildung, in: Wort und Antwort 51(2010)1, 11–18.

Brantzen, Hubertus, Spurensuche in der Taufvorbereitung. Das Erleben der Eltern zeigt den Weg, in: Anzeiger für die Seelsorge 2003/4, 16–20.

Brantzen, Hubertus, Gemeinde als Heimat. Integrierende Seelsorge unter semiotischer Perspektive, Freiburg (Schweiz) 1993.

Chancengleichheit durch Förderung von Kindern – ein deutsch-schwedischer Vergleich, hrsg. vom „Bild der Frau", Durchführung der Untersuchung und Auswertung: Institut für Demoskopie Allensbach, Hamburg 2012.

Corpus Scriptorum Ecclesiasticorum Latinorum – CSEL 3,2.

Erikson, Erik H., Identität und Lebenszyklus, Frankfurt 1973.

Greshake, Gisbert, Priestersein. Theologie und Spiritualität des priesterlichen Dienstes, Freiburg/Basel/Wien 2005.

Greshake, Gisbert, Maria-Ecclesia. Perspektiven einer marianisch grundierten Theologie und Kirchenpraxis, Regensburg 2014.

Klasvogt, Peter (Hrsg.), Leidenschaft für Gott und sein Volk. Priester für das 21. Jahrhundert, Paderborn 2003.

Lehmann, Karl Kardinal, Priester im 21. Jahrhundert. Werbeoffensive für den priesterlichen Dienst, in: Klasvogt 2003, 171–186.

Leman, Kevin, The birth order book. Why you are the way you are (reprint 1985), New York 1992.

Leman Kevin/Pentak William, Das Hirtenprinzip. Sieben Erfolgsrezepte guter Menschenführung, Gütersloh 2005.

Limbeck, Meinrad, Matthäus-Evangelium (Stuttgarter Kleiner Kommentar – Neues Testament 1), Stuttgart 1991.

Müller, Dieter, Der gute Hirte. Ein Beitrag zur Geschichte ägyptischer Bildrede, in: Zeitschrift der Ägyptischen Sprache und Altertumskunde, hrsg. von Fritz Hintze und Siegfried Morenz, Bd. 86, Berlin 1961, 126–144.

Roloff, Jürgen, Der erste Brief an Timotheus (Evangelisch-Katholischer Kommentar XV), Zürich/Einsiedeln/Köln 1988.

Sachse, Rainer, Therapeutische Beziehungsgestaltung, Göttingen/Bern/Wien/Toronto/Seattle/Oxford/Prag 2006.

Schweizer, Eduard, Der Brief an die Kolosser (Evangelisch-Katholischer Kommentar zu Neuen Testament), Zürich/Einsiedeln/Köln 1976.

Toman, Walter, Familienkonstellation. Ihr Einfluss auf den Menschen und sein soziales Verhalten, München 1980.

Waach, Hildegard, Franz von Sales. Das Leben eines Heiligen, Eichstätt/Wien 1986.

Wilckens, Ulrich, Der Brief an die Römer (Röm 1–5) (Evangelisch-Katholischer Kommentar VI/1), Zürich/Einsiedeln/Köln 1978.

Wolter, Michael, Der Brief an die Römer (Teilband: Röm 1–8) (Evangelisch-Katholischer Kommentar zum Neuen Testament), Neukirchen-Vluyn/Ostfildern 2014.

Zerger, Erich, Die Nacht wird leuchten wie der Tag. Psalmenauslegungen, Freiburg/Basel/Wien 1997.

Zöller, Josef Othmar, Abschied von Hochwürden, Frankfurt 1969.

○ *Weitere Literatur zum Thema:*

Augustin, Georg/Kreidler, Johannes (Hrsg.), Den Himmel offen halten. Priester sein heute. Mit einem Geleitwort von Karl Kardinal Lehmann, Freiburg/Basel/Wien 2003.

Bode, Franz-Josef, Priester: Wurzeln und Visionen einer spannenden Berufung, Osnabrück 2009.

Bode, Franz-Josef, u. a., Wie als Priester heute leben. 2 x 10 Provokationen, Stuttgart 2015.

Hillenbrand, Karl (Hrsg.), Priester heute. Anfragen – Aufgaben – Anregungen, Würzburg 1990.

Hillenbrand, Karl/Kehl, Medard (Hrsg.), Du führst mich hinaus ins Weite. Erfahrungen im Glauben – Zugänge zum priesterlichen Dienst, Würzburg 1991.

Kamphaus, Franz, Priester aus Passion, Freiburg/Basel/Wien 1993.

Kehl, Medard/Kessler, Stephan C., Priesterlich werden. Anspruch für Laien und Priester, Würzburg 2010.

Klasvogt, Peter/Lettmann, Reinhard (Hrsg.), Priester mit Profil. Zur Zukunftsgestalt des geistlichen Amtes, Paderborn 2000.

Kunzler, Michael, Liturge sein. Entwurf einer Ars celebrandi, Paderborn 2007.

Papst Johannes Paul II., Nachsynodales Apostolisches Schreiben „Pastores dabo vobis" über die Priesterbildung im Kontext der Gegenwart, Vatikan 25. März 1992

Wollbold, Andreas, Als Priester leben. Ein Leitfaden, Regensburg 2010.

Stichwortverzeichnis

Dauernd wiederkehrende Begriffe wie Gott, Jesus Christus, Gemeinde, Seelsorge, Seelsorger, Priester oder Amt werden nicht eigens ausgewiesen.